NON PROFIT MANAGEMENT & HUMANITY COACHING

비영리경영과 인성코칭

김성철 | 오현주 | 홍삼열

박영사

머리말

새로운 비전과 꿈을 이루기 위한 비영리경영을 위해서는 위기에 대처하는 해법으로 명확한 전략 수립과 핵심사업 자원 배치, 비용과 현금흐름의 철저한 관리, 매출과 이윤 확대, 그리고 이 시대를 살아가고 있는 현대인이라면 누구에게나 목마름으로 남아 있는 인성코칭 등이 필요하다고 본다. 비영리경영과 인성코칭의 협업을 통해 조직 내에서 코칭이 활용될 때 인간다운 인간, 경영다운 경영이 이루어진다는 것은 의심치 않는다.

비영리경영관리는 합리적으로 이루어져야 하지만, 그 합리성은 조직적 사고와 계산적 사고, 사람의 성품, 즉 인성에 의하여 뒷받침된다. 즉, 사업을 조직화하고, 계수적으로 생각하는 것이 그것이다. 이들 두 가지 사고의 전개로서, 조직적 관리 또는 실체적 관리와 계수적 관리, 인성적 관리가 성립한다.

경영관리는 경영상에서의 각종 업무수행이 경영목적을 위하여 가장 효과적으로 행해질 수 있도록 여러 가지 시책을 체계적으로 연구하고 경영조직체를 만들어 이를 운영하는 일을 의미한다. 초기의 경영관리는 경영자의 경험과 직관력(直觀力)을 바탕으로 행해졌으나, 경영규모의 확대, 경영내용의 복잡화, 경영환경의 급격한 변화 등으로 경영관리의 과학화가 필연적으로 필요하게 되었다.

'경영'은 오래전부터 실제로 존재하였던 현상이지만 이 현상을 탐구의 대상으로 하는 '경영학'은 역사가 그렇게 오래되지 않았다.

경영학의 양대 조류 중 하나인 독일 경영학의 경우 17세기, 그리고 또 하나의 조류인 미국 경영학은 20세기에 들어서 본격적으로 연구되기 시작하였으며, 오늘날 우리가 알고 있는 경영학은 산업혁명 이후 본격적으로 발전하였다고 할 수 있다. 경영학의 연구영역을 위와 같이 규정하더라도 경영학의 발달과정을 살펴보면 경영학에서 다루었던 경영현상은 국가에 따라 다소 차이가 날 수 있다.

그리고 윤리 경영(moral management)이란 경영 활동의 규범적 기준을 사회의 윤리적 가치체계에 두는 경영 방식을 뜻하는데 윤리경영을 실천하기 위해서는 많은 노력이 필요하다. 우선 윤리경영의 실천 여부를 모니터링할 수 있는 성과평가 시스템의 정비가 필요하고, 단기적 성과가 아닌 장기적인 관점의 질적인 평가지표를 만들어야 한다. 소비자의 기업에 대한 평판, 기업이 지역 사회에 공헌한 정도, 종업원의 기업 경영에 대한 만족도 등 윤리경영에 관한 지표들을 평가할 필요가 있는 것이다. 이제는 인간다움이 회복되고 시대가 원하는 소통이 유연해지기 위해 비영리경영과 인성코칭이 융합되어 새로운 면모를 보여줌으로써 한국적 비영리경영학이 무엇인가에 대한 고민과 사회복지기관의 특질에 대해 본격적으로 연구하고 새로운 비전과 꿈을 이루기 위하여 지속적인 관심과 노력으로 나아가야 할 것이다. 그러할 때 한국적 비영리경영이 좀 더 나은 단계로 도약할 것이라고 보면서, 비영리경영과 인성코칭이 협업이 되어 학문기관에 첫발을 내딛게 되어 무엇보다 벅찬 감정이다. 부족한 본서를 통하여 비영리경영과 인성코칭의 학문적 발전에 도움이 되길 바라며...

2021년 7월
저자 일동

차례

비영리경영학의
이해

비영리경영학이란 무엇인가?

01   경영의 개념

1) 미래사회복지의 위기

(1) 미래사회복지의 위기

① 케인스 경제학

복지국가는 종종 케인지안적[1] 국가와 거의 동의어로 혼동되고 있으며 또한 복지국가는 다소 적극적인 재분배적 국가와도 동일시되는 경향이 있다. 또한 복지국가는 빈민들에 대한 원조를 수행하는 것을 주된 임무로 하는 국가라고 광범위하게 인식되고 있다. 그러나 복지국가의 개념은 케인지안적 완전고용정책 및 그 국가 체계와 선명하게 구분될 수 있으며 재분배라는 함의에 있어서도 그것이 복지국가의 목표라기보다는 그것의 몇 가지 결과들 중 하나라고 말할 수 있다. 더욱이 복지국가의 체계를 연구하면 그것에 고유한 재분배의 유형, 즉 수직적 재분배 아닌 수평적 재분배의 유형이 드러날 수도 있을 것이다.

또한 이러한 연구의 결과는 복지국가의 주축인 사회보험의 관점이 빈민에 대한 원조의 관점과는 중요한 차이를 가지고 있다는 점도 드러내게 될 것이다. 마찬가지로 이러한 연구는 복지국가라는 개념과 잘 구분되지 않는 사회 보장 및

---

1) 케인스 경제학(Keynesian economics)은 20세기 영국의 경제학자 존 메이너드 케인스의 사상에 기초한 경제학 이론이다. 케인스 경제학은 공공 부문과 민간 부문이 함께 중요한 역할을 하는 혼합경제를 장려한다.

사회 정책의 개념들이 의미하는 바를 드러내야 할 것이다.

② 국제통화기금(IMF)

역사적으로 복지국가 최초의 법령들이라고 평가되는 것들이 도입된 것은 영국과 독일에서였다. 따라서 복지국가의 이념의 발생에 관한 연구를 이들 나라들로부터 출발하는 것이 당연한 일로 인식될 수도 있다. 그리고 이러한 상황은 매우 일반적이고 보편적인 것이어서 구체적으로는 많은 차이점들을 갖고 있는 영국과 독일에 대해서도 설득력 있는 설명을 제시한다고 볼 수 있다. 적어도 그것은 당시 공화제적 민주주의를 표방했던 모든 나라들의 공통된 고통들에 관한 분석이다. 선진국에 이어 개발도상국들까지 본격적으로 저출산·고령화하면서 국가 재정부담을 타파할 연금 개혁이 각국의 화두로 떠오르고 있다. '유럽발 재정 위기'를 몰고 온 그리스는 공공부문의 비대화, 관대한 연금제도에 따른 재정적자로 채무불이행 위기에 몰려 유로존과 국제통화기금(IMF)[2]의 구제금융까지 받았다. 초고령 국가인 일본 역시 그리스만큼은 아니지만 국가가 복지를 책임지는 분위기와 경제위기가 겹치면서 엄청난 재정적자에 허덕이고 있다.

③ 국민연금

우리나라도 2060년이면 국민연금[3]이 바닥날 것이라는 전망이 나오는 가운데 지금부터 대비하지 않으면 선진국의 과정을 뒤따를 수 있다는 우려의 목소리가 나온다. 과거에는 연금 수령 전 최근 15년간 최고 월급을 기준으로 산정해 최대 월급의 130%까지 연금으로 받을 수 있었으나, 최근 근로기간 전체 월급 평균의 80%까지만 지급하는 방식으로 바뀌었다. 그리스 정부 관계자는 이 같은 상황에 대해 "경제위기가 닥치고 나서야 정부, 국민, 정당이 정신을 차리게 된 것"이라고 설명했다.

---

2) 국제통화기금(IMF)은 국제적인 통화 협력, 금융 안전성 확보, 국가간 무역의 확대, 고용 및 지속 가능한 경제성장의 촉진, 그리고 전 세계 빈곤의 감소를 목표로 활동하고 있다. IMF는 1945년 창립되었으며, 현재 전 세계 186개 회원국으로 구성되어 있다.

3) 국민연금공단(國民年金公團, National Pension Service, NPS)은 국민연금을 운영하기 위하여 대한민국 정부가 설립한 보건복지부 산하 기관이다. 약자로는 NPS로 표기한다. 정부로부터 기금 관리를 위탁받은 공기업이기 때문에 기금관리형 준정부기관으로 분류된다.

④ 위기관리

역사가 시작된 이래로 인류는 각 시대와 환경에 따라 여러 가지 위기를 맞곤 했다. 대표적으로 자연재해, 질병, 전쟁 등의 큰 위기를 접하면서 인류는 이 위기를 모면하기 위해 여러 가지 방법과 노력을 기울여 현 상태를 유지하거나 더 나은 상태를 추구하려고 했다.

또한 그 과정 속에서 새로운 문명과 문화가 태동되기도 했다. 그 속에서 인간은 모든 인류의 문제가 해결될 것만 같은 생각을 가지기도 했다. 하지만 앞에서 열거한 대표적인 위기보다 개인 또는 인간상호관계 속에서 가지게 되는 여러 가지 문제(위기)를 완벽하게 해결하지는 못했다.

하지만 이러한 위기를 예방하거나 치료하기 위한 목표로 여러 가지 이론과 모델이 임상적인 실험과 인간이해를 통해 나타났다. 무엇보다도 위기상태에 빠진 클라이언트의 문제가 더 확대되기 전에 사회복지사의 빠른 개입과 이해가 필요하리라 본다. 사회복지사는 무엇보다도 클라이언트 스스로가 자신의 문제와 환경을 바로 볼 수 있는 시각을 가질 수 있도록 원조해주는 역할을 잊어서는 안 될 것이다.

인간이 접하는 위기는 예측불허라고 하지만 이 위기를 통해 좌절하거나 넘어지는 것보다도 한층 더 앞으로 나아가는 증진의 기회가 되기를 바라며. 또한 이를 위해 사회복지사의 원조와 대처능력이 향상되기를 바란다. 정치, 경제, 사회, 문화 모두가 위기의 상황에 있음을 직시하면서 사회복지도 위기의 현시점에 있는데 이 위기의 상황을 지혜롭게 잘 극복해나가야 할 것이다.

불황기에 위기관리의 중요성은 아무리 강조해도 지나치지 않다. 위기관리의 성패는 기업 이미지와 주가의 차원을 넘어 생존 문제와도 직결된다.

위기관리는 그만큼 중요하다. 위기관리를 잘하는 기업은 동일한 위기상황하에서 충격이 덜하다. 실제로 동일한 위기상황하에서 위기관리를 잘하는 기업은 그렇지 못한 기업에 비해 주가 하락률이 30%나 낮았다는 실증 분석도 있다.

우수한 기업과 그렇지 못한 기업은 위기상황에서 대처하는 방식이 근본적으로 다르다. 우수한 기업은 다가올 위기상황을 선제 대응하여 오히려 도약의 기회로 활용한다. 반면 그렇지 못한 기업은 위기가 발생한 후 피해를 최소화하는 사후 대응에 무게중심을 두고 있다.

더욱 심각한 것은 위기상황에 아무런 대책 없이 꼼짝없이 당하는 경우다. 위기 발생 시 안절부절, 우왕좌왕하는 가운데 사태는 극단적으로 치닫게 된다. 위기는 소리 없이 온다. 위기를 잘 극복하면 살아남고 그렇지 않으면 죽음이다.

실패의 늪은 너무 참혹하다. 그렇기에 위기관리를 잘해서 도약의 기회를 만들어야겠다.

⑤ 집중경영

램 차란[4]이 제시하는 위기경영에서 가장 핵심은 참여하고 몰두하라고 제시한다. 기업의 파격적인 변화를 주는 '집중경영'이 필요하다. 회사 내부 상황과 외부 흐름에 대해 분석하고 연구하고 창의성을 발휘해서 대안을 만드는 것이 중요하다. 바닥 정보를 이용하여 회사의 최악의 사태를 준비하고 꿋꿋하게 준비하면 새로운 가능성의 대안을 찾을 수 있다.

(2) 위기를 이기는 6가지 특징

① 불황을 이기는 6가지 특징

불황을 이기는 6가지 특징으로는 정직과 신뢰, 활기를 불어넣은 능력, 현실과 밀착된 전망, 낙관주의가 가미된 현실주의, 집중경영, 미래를 대비하는 대담성이라고 할 수 있다. 경영자의 자세로서 현실을 인정하고 직시하는 자세가 필요하다고 본다. 책상 밑에 웅크리고 앉아 손가락만 빨고 있다면 회사가 잿더미로 변할 것이다. 길을 잃으면 목표를 설정하고 목표 안에 답이 있다고 본다. 절대로 잊어서는 안 되는 것이 핵심이고, 핵심을 강화하기 위해서는 주변을 정리하는 것이 필요하다. 브랜드는 자산이기 때문에 하나의 브랜드가 탄생하기까지 시간과 노력을 얼마나 투자했는지 잊지 말고 제품의 가격을 내림으로써 브랜드 이미지를 하락시켜서 저평가의 유혹에 넘어가지 말아야 한다(김성철, 2016).

② 위기는 기회

위기는 곧 기회다. 그런데 그 위기를 어떻게 기회로 구별해 낼 것인가는 더욱 더 중요하다고 본다. '충성 고객' 그들은 위기를 돌파하는 데 꼭 필요한 존재들이다. 경기가 불황일지라도 그들은 자기가 믿는 브랜드의 가치를 믿고 구입하

---

4) 바나라스 힌두 대학교에서 엔지니어링으로 학위를 받고 나중에 하버드 경영대학원에서 공부하고 1965년 경영학 석사(MBA), 1967년 경영학 박사(DBA) 학위를 받았다.

고 입소문으로 간접광고까지 하는 최고의 고객이다.

우선 충성 고객이 될 수 있는 고객 디자인 대상을 정하고 집중 투자한다. 평온할 때 경영은 누구나 잘 할 수 있다. 그저 현재의 체제를 유지하고 조절해 주면 되기 때문이다.

하지만 위기 때는 다르다. 미래를 보고 지금의 현재의 위기를 벗어날 수 있는 최고의 전략을 세워 줘야 한다. 위기에 대처하는 해법으로 명확한 전략 수립과 핵심사업 자원 배치, 비용과 현금흐름의 철저한 관리, 매출과 이윤 확대 등세 가지가 필요하다고 본다.

가격할인보다 수요가 감소하는 이유에 대해 고객의 목소리에 귀를 기울여 더좋은 성과를 거둔 현대자동차, 국내 최초로 인터넷을 통해 자동차보험을 판매해일반관리비의 축소 없이 효과적인 성과를 거둔 교보생명, 인수한 투자사의 강력한 재무 자원을 활용해 기업금융 위주의 전략에서 소매금융 위주의 전략으로 성공적으로 전환한 제일은행의 사례를 통해 각 기업의 전략적 포지션과 조직구조, 재무점검 등 경기침체 시 자사에 필요한 해법을 모색해 볼 수 있는 생각의 계기를 마련한다.

생존은 모든 기업에게 가장 근본적이면서도 최우선적인 목표 중 하나일 것이다. 그러나 경기침체는 리스크와 더불어 전략적 기회를 제공하게 마련이다. 실제로 경기침체 시에 평상시보다 훨씬 더 많은 기업들이 감격적이고 인상적인 변화를 맞게 된다. 지금은 국가적으로 위기이다. 이러한 위기 속에서도 참여와 몰입으로 비영리경영을 이루어 나가야 할 것이다(김성철, 2016).

2) 경영의 개념

경영은 경영학의 연구대상을 이루는 것으로, 경영학의 방법론의 상이에 따라여러 가지 의미로 사용된다. 경영이란 말은 독일어 베트리프(Betrieb)를 번역한것으로, 기업의 운영 또는 기업운영의 장(場)으로 독일에서는 국민경제와 밀착해서 연구되는 경영경제학과 내부경영기술에 중점을 둔 경영학 간의 논쟁 속에서 연구되어 왔다. 또한 미국에서는 경영이 공장과 기업의 실천적 관리기술연구를 축으로 연구되었기 때문에 관리라는 뜻도 있다(김성철, 2016).

(1) 개별경제학(個別經濟學: Einzelwirtschaftslehre)[5]

개별경제학의 입장에서는 종합경제로서의 국민경제를 구성하는 독립적인 개별경제단위를 경영이라 보기 때문에, 경영의 개념 속에는 생산경제의 단위인 기업뿐만 아니라 가계나 재정 등의 소비경제의 단위도 포함된다.

(2) 경영경제학(經營經濟學: Betriebswirtschaftslehre)

경영경제학의 입장에서는 경영을 독립적인 생산경제의 단위이며, 재화와 서비스의 생산이나 배급에 종사하는 경제적 조직이라고 본다. 따라서 경영경제학에서는 공공재정이나 가계 등 소비경제의 단위는 경영의 개념에서 제외된다.

(3) 경영관리학(經營管理學: business management/business administration)

미국의 경영관리학의 입장에서는 관리하는 것(managing)이라는 말에서 보는 바와 같이, 경영을 수익성 원리가 아닌 경제성 원리(經濟性原理)에 따라 이끌어지는 개별경제의 활동이라고 본다. 따라서 미국의 경영관리학에서는 영리기업을 주된 연구대상으로 하되, 비영리기업(公企業)이나 가계뿐만 아니라 모든 관리대상 조직체(예 학교·교회 등)로서의 개별경제도 그 연구대상으로 한다. 그리하여 오늘날에 와서는 경영을 하나의 사회구성체로 보면 경영은 조직(組織)이며, '경영한다'라고 하는 과정개념으로 보면 경영은 의사결정이라고 인식되고 있다(김성철, 2016).

(4) 의사결정지향적 경영학

독일경제학의 한 파를 대표하는 H. 하이넨의 의사결정지향적 경영학에서는, 경영이란 조직이며 조직은 경영목적 시스템·정보 시스템·인적 시스템 등의 하위 시스템(subsystem)을 가진 하나의 포괄적인 시스템으로 본다. 또 미국의 경영학에 있어서의 근대 관리론을 대표하는 바너드-사이몬 이론(BarnardeSimon theory)에서는, 경영이란 '조직을 구성하고 운영하는 것'이며, 또한 '의사결정'이라고 본다.

---

5) 경제학(經濟學)은 재화나 용역의 생산과 분배 그리고 소비와 같은 경제현상을 연구하는 사회과학의 한 분야이다. 'economics'라는 용어는 고대 그리스어 οἰκονομία에서 유래한다.

일반저으로 경영은 넓게 인간집단의 계획 통제활동을 가리기지민, 이에 대한 통일된 견해는 확립되어 있지 않다. 사회복지를 진행할 때에 어떤 행동이 목적에 부합하는지 평가하여 최선의 방안을 세워 행동 예정으로 한다.

비영리경영에서의 경영계획은 의사결정을 하고 그것을 문서로 작성하며 기업의 행동에는 모방적·시행착오적·합리적·관습적 행동 등 여러 가지가 있으며 각각에 대응해서 다시 계획을 세운다.

사회가 어려워지고 경제가 힘들수록 기업 간의 경쟁이 치열하고 기업을 둘러싼 환경변화가 심할수록 경영계획을 세울 필요성이 더욱 커진다. 왜냐하면 환경변화가 클수록 기업의 행동변화는 절실해지고 그 변화를 합리적으로 결정해야 하기 때문이다.

(5) 경영학(business management)[6]

경영학에는 조직체 일반(기업·관청·학교·교회·노동조합·군대 등)을 연구하는 넓은 의미의 경영학, 즉 일반경영학과 기업(企業)이라는 특정 조직체인 생산조직체만을 연구하는 좁은 의미의 경영학, 즉 기업경영학이 있다. 일반경영학에는 각종 개별조직체를 각각 연구하는 특수경영학이 포함되며, 최종 과제는 모든 조직체에 보편적으로 타당한 일반원리를 형성하는 데 있다.

4) 경영학의 체계

경영학의 체계를 취급하는 문제에 따라 다음 몇 가지로 나뉜다. ① 경제성 또는 수익성이라는 통일 원리에 따라 기업의 본질을 논하는 기업이론, ② 기업의 외형적·내재적 특색을 설명하는 기업형태론과 기업체제론, ③ 기업에 있어서의 경영관리의 중심부분을 연구하는 경영목적론·경영전략론·의사결정론, ④ 기업의 구조적 측면을 연구하는 경영조직론, ⑤ 기업의 경제적 측면을 연구하는 경영경제론, ⑥ 경영관리의 각 부분을 연구하는 생산관리론·재무관리론·노무관리론 등이 있다.

---

6) 경영학(經營學, 영어: business administration)은 20세기 산업 구조가 복잡해지고 수많은 기업들 사이에 경쟁이 치열해짐에 따라서 실제 회사 경영에 필요로 하는 지식의 체계화와 이의 전달을 위하여 경제학에서 독립한 학문이다.

5) 경영학의 발전

경영학의 발전은 독일과 미국에서 비롯한다. 독일 경영학은 상업학을 모체 (母體)로 하여, 이를 과학화하는 형태로 성립되었다. 그 성격은 기업경영학인 점 에서는 상업학과 일치하나, 과학화의 과정에서 방법론 논쟁이 격렬히 벌어졌고, 그 명칭도 사경제학(私經濟學)·개별경제학·경영경제학 등 여러 가지가 주장되 었으나, 결국 경영경제학이 주류(主流)를 이루게 되었다.

경영경제학은 기업의 실체를 경영으로 파악하고, 경영의 경제현상을 이론적 으로 밝히는 일을 목표로 삼는다. 경영의 경제현상을 객관적으로 설명하면서 거 기에 내재(內在)하는 법칙성을 탐구하는 경험학파(經驗學派)와 경영의 당위성(當 爲性: 내용은 공동체이론)을 주장하는 규범학파(規範學派)로 나누어진다. 경험학파 는 다시 단순한 설명과학으로서의 이론학파와 인과법칙(因果法則)을 목적·수단 관계로 변환(變換)하여 정책론을 내세우는 기술론파(技術論派)로 나눈다.

미국 경영학은 처음부터 실천적인 색채가 농후하였으며, 20세기 초의 과학적 관리법을 원류(源流)로 하여, 경영자를 위한 경영관리학으로서 발달한 것이 오랫 동안 주류를 차지해 왔다. 그것은 경영관리의 기능을, 예를 들면 계획·조직·통 제와 같이 분석하고, 각 기능을 유효하게 실천하기 위한 원리·원칙이나 기법을 연구하는 것이다. 그 성격이 일반경영학이므로 흔히 보편학파(普遍學派)라고 하 며, 또 오늘날에는 현대적 관리론과 대비하여 전통적 관리론이나 고전적 관리론 이라고 한다.

1950년대 이후 미국 경영학에는 전통적 관리론의 경험규범적(經驗規範的)인 성격을 비판하고 시스템론(論)이나 행동과학의 성과를 응용하면서 가설(假說)을 세워, 이를 검증(檢證)하고 법칙화하는 방법론에 의하여 기술과학(記述科學)으로 서의 경영관리론을 구축(構築)하는 방법이 등장하였다. 이를 현대적 관리론이라 하는데, 그것은 또 취급하는 주제에 따라 조직론적 경영학, 의사결론적 경영학 이라고도 한다.

이상은 모두 일반경영학에 속하는 것이지만, 미국 경영학 중에는 기업경영학 에 속하는 학파도 있다. 제도파(制度派) 경제학의 흐름을 참작하면서, '자본과 경 영의 분리'에 대한 연구를 축(軸)으로 하여 기업의 특질을 이론적으로 분석하는 제도파 경영학, 근대경제학의 수법을 경영에 적용하는 매니지리얼 이코노믹스

(비즈니스 이코노믹스), 수학적 경영관리 기법의 개발을 중심으로 한 매니지민드 사이언스(경영과학·관리과학) 등이 그것이다. 미국 경영학의 전모(全貌)는 '매니지먼트 정글'이라는 표현이 있을 정도로 다양하다.

6) 경영복지주의(corporate welfarism)

자본주의 초기에는 가혹한 노동조건, 노동시간의 연장, 부녀나 소년노동의 이용, 노동강화 등으로 특징 지어진 원시적 노동관계가 지배하였으나, 이어 가부장적 경영정책에 바탕을 둔 종업원의 노동환경의 개선, 사택, 레크리에이션 시설 등의 충실화에 의한 복지정책이 갖추어졌다.

복지주의라는 점에서 가부장적 경영정책과 공통적이나, 후자의 경우 복지는 경영자의 혜택으로 부여되고 노동조합을 배제하는 목적을 가진 데 대해, 경영복지주의는 회사의 제도로서 종업원 복지의 충실을 도모하는 것이며 복지는 노동조합의 권리로서 인정된다는 점에 그 근대성이 있다. 또 경영복지주의는 종신고용(終身雇用)에 의한 고용의 안정, 연공임금(年功賃金)에 의한 생활급의 유지 등 기본적인 복지를 충족시킴과 아울러 사택·후생시설(厚生施設)·레크리에이션 시설이나 퇴직금제도 등 복리후생제도의 충실을 기하는 것으로, 이것은 특히 일본의 경영방식에서 뚜렷하게 나타나 있다. 다만 경영복지주의는 재벌계 대기업, 기타의 독점적인 시장지위(市場地位)를 가진 대기업에서 비로소 가능한 제도이며, 경쟁이 심한 업계나 중소기업에 있어서는 실행이 불가능하다. 또 경영복지주의하에서 종업원의 환경요인에 대한 인간적 욕구는 충족되어도 인간의 자주성이나 자기실현욕구라는 종업원의 주체성 요인에 대한 인간적 욕구는 충족될 수 없다는 문제를 안고 있다. 경영복지주의의 앞으로의 방향은 폐쇄적이거나 기업이기주의에 흐르지 말고 기업의 사회적 책임의 일환으로서 일반사회나 지역사회에 대해 개방적인 자세로 경영복지주의가 발전해 가야 할 필요가 있다. 가령, 종업원 자제에 한정되지 않은 장학금제도나 회사의 레크리에이션 시설 등의 지역사회에의 개방 등은 그 실행례(實行例)의 하나이다(김성철, 2016).

6) 비영리경영학의 개념

기업경영과 마찬가지로 사회복지경영도 비영리조직이지만 효율성과 효과성의 입장에서 '경제목적 달성을 위한 경제적 가치의 조직'이며 동시에 '공통의 목적을 향해 결합된 인간공동사회'이므로 경영관리는 '업무관리'와 '인간관리'의 2중체계로 이루어진다.

사회복지는 이러한 종합적 관리를 경영직능의 수직적 분화와 수평적 분화를 통해 수행한다고 볼 수 있다. 비영리경영은 학문적인 복지 소비자의 욕구(needs)에 대한 서비스를 창출하고 서비스를 이루어 내는 자원의 확보·활용 등을 포괄하는 사회복지에 대한 수요와 공급을 정해진 목표 내에서 합리적으로 조정하고 경영관리하는 의미를 가지고 있다. 비영리경영은 사회복지에 관한 정책 형성과 이를 실행하는 임상적 실천 현장에서 사회복지기관 차원에서의 경영관리와 운영관리를 모두 포괄하는 전반적인 과정이며, 복지의 효율성과 효과성을 중심으로 이루어지는 과정이라고 볼 수 있다. 비영리경영학은 이러한 비영리경영을 이루어 가는 사회복지학과 경영학의 융합의 학문적인 과정이며 결과물이다.

비영리경영학의 시각

1) 경영의 의미

(1) 경영의 일반적 정의

경영이란 무엇일까? "경영은 조직의 사명이나 경영목표를 달성하기 위하여 여러 자원을 효율적으로 활용하는 과정" 또는 "경영이란 조직의 목적이나 목표를 달성하기 위하여 조직이 동원할 수 있는 모든 자원을 사용하여 구성원들의 노력을 계획하고, 조직하고, 지휘하고, 통제하는 일련의 과정"이라고 정의할 수 있다.

경영이란 일반적으로 계획(Plan) – 실행(Do) – 평가(See)가 순환되는 관리과정이라 할 수 있다. 또한 경영자의 주체적이고 합리적인 의사결정과정을 의미하기도 한다. 경영이란 결국 조직의 목적을 효율적. 효과적으로 달성하기 위한 일체의 과정이라 할 수 있다.

(2) 루(L. W. Rue)와 바이아스(L. L. Byars)

"경영은 다른 것들을 통해 무엇인가를 수행하는 것", "경영이란 조직의 목적이나 목표를 달성할 수 있도록 사람들에게 방향을 제시해 주는 활동의 형태나 과정이다"라고 정의하고 있다.

(3) 쿤츠(H. Koontz)

경영을 "경영자가 의미 있는 조직목표를 성취하기 위하여 가능한 한 가장 효율적인 방법으로 조직의 일들을 계획하고(Planning), 조직하고(Organizing), 충원하고 (Staffing), 지휘하고(Directing), 통제하는(Controling) 활동이다"라고 정의하였다.

(4) 폴레트(M. P. Follett)와 드리커

"경영은 사람을 통하여 일을 성취하는 기술"이라 정의하였으며, 드리커는 "경영은 조직의 목표를 설정하는 과정이며, 고도의 업무 수행을 위한 조직의 제 자원을 효율적이고 효과적으로 사용하기 위한 의사결정을 행하는 활동"이라 하였다.

(5) 페이욜(Henri Fayal)

"경영은 계획하고(Planning), 조직하고(Organizing), 지시하고(Directing), 조정하고(Coordinating), 통제하는(Controling) 작업"이라고 규정함으로써 오늘날의 경영과정이론의 기틀을 제공하였다.

(6) 바나드와 사이먼(Barnard & Simon)

경영이란 무엇인가에 관해 학자마다 다양한 정의가 있으나, 이를 종합하면 결국 경영이란 "조직의 목표를 달성하기 위하여 사람, 물질, 금융 등 인적·물적, 재무적 자원과 지식, 정보, 기술자원 그리고 전략 등으로 구성된 경영자원 (Managerial Resource)을 효율적으로 배분하고 운용함으로써 최종 생산물을 생산 해가는 순환과정"이라 할 수 있다.

2) 좁은 의미의 경영의 대상과 넓은 의미의 경영의 대상

경영의 개념은 좁은 의미로서 영리적인 기업의 경영만을 의미하지만, 넓은 의미로는 기업을 포함하여 가계나 국가, 지방자치단체, 학교, 종교단체 등 비영 리조직의 경영까지도 포함한다. 특히 글로벌화가 추진되면서 국가도 이제는 국 가세입으로 정해진 세출활동만을 하는 데서 벗어나 글로벌 경쟁의 주체로서 다 른 국가와 경쟁하여 영리를 추구해야 하는 성격을 가지므로 경영의 원리가 그대 로 적용되는 조직체가 되었다.

따라서 이제는 국가경영, 도시경영, 학교경영, 병원경영, 비영리경영이라는 말을 흔히 들을 수 있다. 이는 경영의 개념이 이제까지의 좁은 의미로서가 아니라 넓은 의미로서 받아들여져야 함을 의미하는 것임과 동시에 영리조직과 비영리조직을 포함하는 모든 조직을 운영하는 기본원리로서 작용하고 있음을 알아야 한다.

3) 경영에 필요한 자원

경영에 필요한 자원인 경영자원은 생산품이나 서비스와 같은 최종 산출물을 생산하기 위하여 소요되는 여러 종류의 투입요소를 말한다. 이러한 투입요소는 대개 하드웨어적 측면에서 인적 자원, 물적 자원 그리고 재무적 자원이 필요하고 소프트웨어적 측면에서는 지식, 정보적 자원, 기술적 자원 그리고 전략이 필요하다.

(1) 하드웨어적 자원

① 인적 자원

인적 자원은 경영활동에 참여하는 사람을 뜻하는데, 조직이나 기업에서 사람처럼 중요한 자원은 없다. 자동화나 기계화가 고도로 진전되어 있다 하더라도 경영의 주체는 사람이며, 사람들에 의해 경영의 궁극적인 성과가 이루어진다. 인적 자원을 구성하는 두 개의 집단은 경영자와 종업원이다. 경영자는 기업의 목표를 설정하고, 자원을 배분하고 운영하여 높은 성과를 얻기 위하여 의사결정을 하는 사람이다. 반면에 종업원은 경영자의 지시나 감독에 따라 정신적, 육체적 노동을 제공하는 사람들이다. 종업원과 경영자라는 두 개의 인적 요소는 서로 불가분의 관계에 있으므로 이 두 집단이 의사소통을 원활히 하고 원만한 인간관계를 유지할 때에만 기업은 높은 경영성과를 이룩할 수 있다.

② 물적 자원

물적 자원은 기업이 경영활동을 영위하는 데 필요한 공간의 설비와 건물, 토지, 기계나 장비 등의 물리적 시설과 지리적 입지, 원재료에 대한 접근성 등을 의미한다. 물적 자원 투자는 신중할 필요가 있는데, 일반적으로 물적 자원에 관한 투자는 매우 큰 재무 자원을 소비하는 경우가 많아 투자가 잘못 이루어지게 되면 경영에 큰 어려움이 있을 수 있기 때문이다.

③ 재무 자원

재무 자원은 기업의 경영활동을 수행하는데 자금 등과 같이 재무적 가치를 갖는 자원을 의미한다. 자본은 기업을 창업하고 운영하는 데 필요한 자금으로서 자체적으로 마련할 수도 있으며, 주식이나 채권을 발행하여 투자자로부터 제공받을 수도 있다.

(2) 소프트웨어적 자원

① 지식·정보 자원

지식(Knowledge)·정보(Information) 자원은 기업에 있어서 인적 자원과 재무적 자원 못지않게 중요한 자산이며, 정보사회와 지식기반 사회가 진전될수록 그 중요성은 더욱 높아질 것이다. 산업사회에서 정보사회로 접어든 지금 지식이나 정보의 중요성은 아무리 강조해도 지나침이 없다.

② 기술 자원

기술적 자원은 과학기술이나 생산·공정관리기술, 연구개발(R&D) 등을 의미한다. 기술적 자원들은 공장의 자동화 및 기계화, 업무의 정보화 및 가속화, 신소재의 채택 등을 통하여 새로운 제품이나 서비스를 개발하게 하고 생산 공정 및 시설의 개선과 판매관리의 혁신 등 제반 경영부문에 결정적 영향을 미치는 자원이다.

③ 전략

전략(Strategy)이란 기업이 경영목표를 달성하기 위하여 미래에 수행하여야 할 방향을 정하는 것이다. 즉 기업이 어떤 방향으로 나아가야 할지 또 그것을 실현시키기 위한 방법이 무엇인지 결정하는 것을 전략이라고 한다. 따라서 기업은 반드시 목표달성을 위한 전략을 가지고 있어야 한다.

4) 경영과 관리의 의미

경영(Business Administration)이라는 개념과 관리(Management)라는 개념의 구분이 모호하고 혼동되어 사용되고 있다. 가령, 경영을 Business Management라고 하기도 하며, 또는 그냥 Business 혹은 Management라고 하기도 한다.

경영과 관리를 동일한 개념으로 사용할 것인가 아니면 구분하여 사용할 것인가에 대한 통일된 견해가 아직 없다. 그러나 논리적 편의상 경영을 관리보다 포괄적인 개념으로 간주하고, 관리라는 개념 대신 경영이라는 개념으로 파악하여 설명하면 다음과 같다.

'경영'은 목적을 설정하고 결정하는(Determinative) 기능이고, '관리'란 그 목적을 지향하여 수행하고 집행하는(Executive) 기능이라고 구분하는 시각이다. 이 경우 경영은 관리의 상위적인 개념으로서 장기경영계획 수립 및 기본운영방침의 설정, 외부 이해집단 간의 이해관계 조정과 같은 거시적이고 포괄적인 행동이며 경영수뇌부와 관련된 업무이다. 반면에 관리는 경영보다는 하위적인 개념으로서 경영계획이나 방침을 효율적으로 수행하기 위하여 제 자원을 적절히 배치·지시·감독하는 미시적·지엽적·단기적·기계적인 실천기능으로서 경영의 하층구조와 관련된 업무라고 할 수 있다.

경영과 관리를 경영계층과 관련시켜 정의하는 견해도 있다. 경영이란 최고경영층의 전략적·정책적 결정을 가리키며, 관리는 중간경영층이나 감독계층의 일상적 업무결정을 가리킨다는 견해이다. 이런 이유 때문에 기업의 사장이나 임원 등은 경영자로, 부장이나 과장 등은 관리자로 지칭하기도 한다.

결국 경영은 상위적·기획적 개념으로, 관리는 하위적·실천적 개념으로 보는 것이 타당하다고 본다.

5) 비영리경영의 접근

사회복지에서 경영학은 복지를 새로운 시각으로 보게 한다. 일반적인 사회복지에서 매우 중요하게 강조되었던 이론들은 너무나 추상적이어서 친근하게 여겨지지 않는 것이 대부분이지만 '비영리경영학'에서 본 복지는 그렇지 않다. 물론 우리나라 현실을 생각한다면 아직은 먼 미래의 일 같지만 사회복지가 앞으로 나아가야 할 방향성은 '비영리경영'이라고 생각한다. 비영리경영을 통하여 우리의 시각 전환이 매우 필요하다.

6) 사회복지 경영컨설팅

서울복지재단에서는 2005년부터 '사회복지시설 경영합리화 및 효율성 증진'을 목표로 표준경영모델 개발 연구를 시작하여 사회복지시설 경영컨설팅 사업을 추진하고 있다. 앞으로는 더욱더 다양하고 강화된 내용으로 경영컨설팅이 필요하다고 본다. 이제는 복지도 사회과학과 비영리경영학의 시각에서 효율성과 효과성을 위하여 사회복지경영 컨설팅을 통하여 재정비하고 미래복지를 준비해 나가야 할 것이다. 경영학은 자본주의 경제를 바탕으로 하고 있는 일반적인 기업의 사적(私的) 영리를 목적으로 한 조직체이다. 경영학은 이와 같은 기업의 활동을 조직체의 활동으로 인정하고 그 행동을 분석한다는 데 특징이 있다.

그러나 공기업·공공사업단체·협동조합 등 영리를 목적으로 하지 않는 경제단체와 사회복지단체도 그들의 활동을 조직체의 활동으로 인정할 때에는 경영학의 연구대상이 된다. 이러한 연구대상과 관련해서 기업행동의 의사결정, 부서 간 및 외부 이해단체들 간의 상호작용, 합리적 경영을 위한 제반문제의 관찰과 분석 등 다양한 측면의 연구가 필요하다고 본다.

경영자와 비영리경영학

1) 경영자의 정의 및 중요성

(1) 경영자의 정의

기업은 여러 사람들이 공동의 목적을 달성하기 위해 고안된 조직이며, 조직 내 타인 활동을 조정하고 조직의 목표를 달성하기 위해 방향을 제시하고 조정을 수행하는 사람이 바로 경영자인 것이다.

(2) 경영자의 중요성

경영자는 기업 내 구성원의 역할 및 행동을 규정하는 사람으로서 기업경영에 없어서는 안 되는 가장 중요한 요소이다. 왜냐하면 사회는 조직 없이 움직일 수 없고, 기업조직은 경영자 없이 그 어떤 것도 할 수 없기 때문이다.

(3) 경영과 경영자와의 관계

경영은 기업의 비전과 목표달성을 위해 계획하고 실행하고 이를 평가하는 일련의 과정이다. 그러나 비인격체라고 할 수 있는 기업은 이와 같은 활동들을 스스로 수행하지는 못한다. 즉 기업의 방향을 결정짓고 경영활동을 직접 수행하는 주체가 있어야 하는데, 이러한 역할을 담당하는 인격체가 바로 경영자이다. 따라서 경영자는 경영을 총괄하면서 경영에 대한 책임을 지게 된다.

2) 경영자의 유형

경영자의 유형을 구분하는 기준에는 첫째, 수직적 위계수준에 의한 분류 둘째, 소유와 경영의 분리과정에 의한 분류 셋째, 직무범위에 의한 분류 등이 있다.

(1) 수직적 위계수준에 의한 분류

① 상위경영자(Top Manager)

상위경영자는 조직의 가장 위에 위치하여 이사회에서 결정된 기본방침을 실천에 옮기기 위한 전반적이고 총괄적인 관리기능을 담당하며, 기업의 사회적 책임도 지는 경영자이다.

일반적으로 회장, 사장, 전무, 상무 등 임원에 해당하는 계층에 속하는 경영자이며, 기업의 중장기 목표와 전략의 수립결정, 회사방침과 비전의 설정, 사회적·법률적으로 우호적인 관계의 형성 등에 관여한다.

상위경영자 중에서 회장, 대표이사, 사장 등 기업의 모든 업무를 총괄하고 책임지는 경영자를 최고경영자(CEO: Chief Executive Officer)라고 부른다.

② 중간경영자(Midder Manager)

중간경영자는 조직의 중간 계층에 위치하여 상위경영자에 의하여 결정된 집행방침과 위임된 권한의 범위 내에서 보다 구체적인 관리지침을 수립하여 하위경영자를 지휘·감독하고 근로자에게 직접 명령하는 경영자이다.

일반적으로 중간경영자는 부장, 차장, 과장 등의 직급에 해당하는 경영자로, 상위경영자와 하위경영자 중간에서 상호 간의 이견을 조정하고 원활한 의사소통을 돕는 역할을 수행한다.

③ 하위경영자(First-line Manager)

하위경영자는 현장에서 직접 작업을 담당하는 근로자나 사무원을 지휘 감독하는 경영자로 작업경영자 또는 일선 경영자라고도 한다. 일반적으로 생산 현장의 직장, 조장, 반장 등의 일선 감독자와 사무직의 계장 또는 대리에 해당하는 직책이다.

이들은 실무에 종사하는 구성원들이 하는 업무에 대하여 직접적인 책임을 진

나. 또한 이들은 기술적인 능력을 갖추고 있으며 주로 사원들과 고충, 일정 계획 및 사원들의 행위에 대한 관리책임을 진다.

(2) 소유와 경영의 분리과정에 의한 분류

① 소유경영자(Owner Manager)

소유경영자란 기업을 소유하고 있는 사람, 즉 출자자 또는 대주주가 직접 경영에 참가하여 운영, 관리하는 경영자를 말하는데, 기업 설립 초기에는 소유경영자에 의한 경영이 대부분이다. 소유경영자는 원래 산업화 초기에 기업 규모가 그다지 크지 않고 전문적인 경영능력도 별로 요구되지 않아 기업에 대한 출자와 경영기능을 동시에 수행하던 사람을 의미했다.

② 고용경영자(Employed Manager)

고용경영자는 기업의 규모가 커지고 기능과 역할이 확대됨에 따라 소유경영자에게 고용되어 경영관리기능의 일부 또는 전부를 위탁받아 소유경영자의 특성 분야에 대한 지원역할을 수행하는 경영자로 경영자의 속성보다 종업원의 속성을 더 많이 보유한다.

③ 전문경영자(Professional Manager)

전문경영자란 원래 전문경영체제하의 경영자를 의미하는데, 전문적인 경영지식과 능력을 가진 경영자로 기업의 소유권으로부터 독립해 기업에 대한 경영권을 확보하고 기업경영에서 유일한 의사결정 주체로서의 역할을 하는 자를 가리킨다. 전문경영자는 대규모화된 자본이 필요함에 따라 소유와 경영이 분리되는 현상이 나타났으며, 이러한 경영의 역할을 담당하는 사람으로 종업원의 속성보다 경영자의 속성을 더 많이 보유한다.

전문경영자는 주주를 포함한 이해관계자에 대한 책임을 지고 경영자로서의 역할을 수행하여야 한다. 소유권으로부터 독립된 전문경영자의 역할을 기업 내 각기 다른 이해관계자, 즉 주주·근로자·공급자·채권자 등의 상호 대립하는 요구를 조정할 수 있다.

(3) 직무범위에 의한 분류

① 부문별 경영자(Functional Manager)

부문별 경영자는 특정한 조직 활동 부문인 회계, 재무, 인사, 생산이나 판매 등과 같이 기업의 한 부문 활동에만 책임을 지고 있는 경영자로서 부문 관리자라고 부르기도 한다.

② 총괄경영자(General Manager)

총괄경영자는 기업 전체를 총괄하는 차원에서 경영하는 경영자로 각 분야별 경영자의 상위경영자로서, 부문별 경영자로부터 발생하는 각 부문 간의 이해 상충을 조정·통합하는 역할을 수행한다.

3) 경영자의 분야

(1) 계획(Planning)

계획은 임무와 목표 그리고 이들을 달성하기 위한 행동방안의 선택을 포함한다. 이는 명확하게 경영 목표를 세우고 어떻게 이를 달성할 것인가에 대한 전략을 수립하는 활동을 의미한다.

(2) 조직화(Organizing)

조직화란 수립된 계획을 수행하기 위하여 인적 및 물적 자원을 결합하고 할당하는 것을 말한다. 따라서 조직화란 앞으로 수행하게 될 과업에 따라 조직구조를 구축하고, 조직에 맞는 인원을 배치하며, 이들에게 자원을 공급함으로써 계획을 집행할 수 있도록 한다.

(3) 지휘(Leading)

지휘란 조직 구성원이 부여받은 업무를 자발적으로 수행하도록 그들에게 의욕을 불어넣어 주고 영향력을 행사하는 경영자의 기능을 말한다. 따라서 지휘는 다른 사람의 작업 노력을 행동계획에 맞는 방향으로 유도하는 것으로 경영목표를 효과적으로 달성할 수 있도록 기업 구성원들이 가자의 지무를 충실히 수행하도록 지도하고 격려하는 것들 말한다.

(4) 통제(Controlling)

통제는 조직 구성원들의 행동 결과가 계획에 일치되도록 하기 위하여 이들의 활동을 측정·수정하는 것이다. 따라서 통제는 성과 목표 대비 실제 성과를 측정하며, 목표와 실제 간에 큰 차이가 발생하였다면 그 차이 원인을 규명하고, 관리하여 성과의 지속적 개선이 가능하도록 한다.

4) 경영자의 역할 변화

(1) 기업내부에 대한 역할의 변화

① 기업목적/비전설정 중시

경영자가 수립한 전략이 조직 전체의 목적에 연결되어 구성원의 자발적 동기를 유발하고 소기의 성과를 창출하기 위해서는 전략을 수립하기 전에 기업 목적을 공정하게 정립하여 이를 구성원에게 알려야 한다.

② 관리과정의 중시

진취적인 기업은 조직을 구조로 파악하는 것이 아니라 과정으로 파악하여 수평적 정보전달과정을 중시한다.

③ 종업원 양성 중시

기업의 경쟁력을 창출하는 핵심은 종업원이 지니고 있는 경험과 노하우를 바탕으로 한 지식에 있으며, 경영자는 이러한 경영자원을 개발하기 위해서 종업원의 역량을 지속적으로 개발해야 한다.

④ 리더십

경영자는 자신의 리더십을 충분히 발휘하여 종업원들과 공동으로 목표를 달성할 수 있도록 노력해야 한다.

(2) 기업 외부환경에 대한 역할 변화

① 인식 범위의 확대

경영자의 활동영역이 확대되고 경영환경의 영향이 커짐에 따라 경영자가 인식해야 할 범위도 넓어지고 있다.

② 통합능력

조직 전체의 프로세스는 통합되어야 하며, 각 수준별 기능을 조정하는 것은 경영자의 핵심 역할이다.

③ 효과적인 의사소통

효과적인 의사소통을 위해 경영자는 종업원들에게 일정한 기대치를 제시해 주어야 할 뿐만 아니라 종업원들이 가지고 있는 다양한 기대가치를 합리적으로 구분해 주어야 한다.

④ 지식습득능력

세계화 추세의 경영환경 내에서 경영자는 기술적인 지식뿐만 아니라 문화적 차이, 국제사업관습 등에 대한 지식을 습득할 필요가 있다.

5) 경영자의 능력

(1) 경영자에게 필요한 세 가지 능력

경영자는 조직의 목표달성을 위해 계획을 수립하고, 조직을 구성하고, 부하직원을 지휘·감독·통제하는 일련의 경영활동 과정을 성공적으로 수행하기 위해서는 이에 필요한 전문적 능력을 갖추어야 한다. 각 기능별로 기초 지식을 갖추어야 함은 물론 나름대로의 자질을 갖추고 있어야 한다. 카츠는 어떠한 경영자든 그가 성공하기 위해서는 다음 3가지 분야에 관한 기술을 갖추어야 한다고 주장하였다.

① 선문적 기술(Technical Skills)

전문적 기술이란 맡은바 전문적인 분야에서 방법, 과정 또는 절차에 관하여 특수하게 숙달된 기술 또는 전문지식을 사용할 수 있는 기술을 말한다. 예를 들어 의사, 변호사, 공인회계사 등은 담당분야의 전문적 지식을 지니고 있어야 하듯이 경영자들 역시 자신들이 책임지고 있는 업무를 정확히 파악할 수 있는 충분한 전문적인 지식과 능력을 갖추어야 한다. 여기서 요구되는 전문적인 지식과 능력이라 함은 미래 예측과 관련되어 의사결정에 도움을 줄 수 있는 정보, 전략 실행에 효과적인 기법, 경영통제 및 피드백을 위해 요구되는 사실 등과 같은 것들이 그 예라 할 수 있다.

② 원만한 인간관계의 기술(Human Skills)

인간관계적 기술이란 개인 또는 집단으로서 다른 사람들과 같이 일하고, 그들을 이해하며, 그들에게 동기를 부여할 수 있는 능력을 말한다. 이는 대인 간의 신뢰, 열정 및 인간관계의 형성을 통하여 습득될 수 있다.

훌륭한 인간관계적 기술을 갖기 위해서는 다른 사람들과 대화를 많이 하고 상대방의 이야기를 경청할 줄 알아야 한다. 또한 동기부여를 통하여 부하 직원들이 항상 좋은 분위기, 에너지를 충전할 수 있는 분위기에서 일을 할 수 있도록 함으로써 주어진 목표를 효율적으로 달성할 수 있다. 특히 권위주의적인 조직 내에서 상의하달 식으로 부하직원에서 일방적으로 명령하는 것은 더 이상 바람직한 유형이 아니다.

③ 개념적 기술(Conceptual Skills)

개념적 기술이란 기업의 모든 이해관계와 활동을 조정, 통합할 수 있는 정신적 능력을 말한다. 다시 말해 이는 기업조직을 전체로 보고 각 부분이 어떻게 의존관계를 유지하는지 통찰할 수 있는 능력을 말한다.

조직을 운영하는 데 있어서는 조직 내에서 세부적으로 노련하게 업무를 수행하는 능력도 필요하지만, 조직 밖에서 전반적으로 조직이 지금 어떠한 방향으로 가고 있으며, 조직이 속한 사회가 어디이고, 기업의 경우 지금 어떠한 산업에서 활동하고 있으며, 그 산업이 어떠한 특성을 가지고 있는가를 파악하는 능력도 필요하게 된다. 다시 말해 숲 속에서 나무만 보지 않고 숲 전체를 보는 안목과 능력이 필요하다는 것이다. 이는 특히 상위경영자에게 더욱 요구되는 능력이라할 수 있다.

(2) 경영능력

① 개념적 능력

사고를 통해 추상적인 관계를 다룰 수 있는 정신적 능력으로서 이는 경영자로 하여금 조직을 거시적이고 전체적인 안목에서 바라볼 수 있게 하며, 조직이다른 요소와 상호 종속적으로 관련되어 있다는 것을 알게 해준다.

② 인간적 능력

다른 구성원들과 상호작용하고 의사소통할 수 있는 능력으로서 이는 경영자로 하여금 구성원들을 리드하고 동기부여시키고 이들에게 영향력을 행사할 수있도록 해준다.

③ 기술적 능력

경영기법, 운영 프로세스 등을 활용할 수 있는 능력으로서, 이는 경영자로 하여금 구체적이고 기술적인 문제를 해결할 수 있게 해줄 뿐 아니라 종업원의 과업을 감독하고 평가할 수 있도록 해준다.

④ 경영단계별 능력의 중요성 정도

최고경영자는 개념적 능력이 상대적으로 중요하고, 중간경영자는 인간적 능력, 그리고 하급경영자는 기술적 능력이 상대적으로 중요하다.

6) 경영학의 확대

1920년부터는 경영학이 주로 공학적(工學的) 접근에 의한 산업분야의 과학적관리에 편중되었던 것에서 벗어나 마케팅·재무관리·인사관리·회계 등 다양한분야로 확대되었다. 1930년대에는 노동조합의 영향력 행사의 증가로 인해 자주발생하는 노동문제를 해결하기 위해 노사관계를 정립하고 인적 자원을 효율적으로 관리해야 할 필요성이 증대되었다.

이에 인간관계·노동관계·산업조직·경영관리 등에 관한 연구가 전개되었고 학문적 체계 또한 이루어졌다. 제2차 세계대전 중에는 합리적 경영의사결정에 필요한 과학적 기법, 계량분석 등이 발달하여 경영학의 개량화를 촉진시켰다.

제2차 세계대전 후 소비자들의 심리상태와 행동을 연구하기 위해 심리학·사회학·인류학·인간생태학 등 행동과학을 경영학에 응용하기 시작했다. 이 결과 '소비자행동론', 조직운영에 행동과학을 응용한 '조직행동론'이 성립되었다.

6) 경영학의 발전

이후 1990년대까지 다양한 이론들이 제기되면서 발전해 왔다. 현재는 경영다 각화와 시장다변화를 중심으로 국제경영·리스크 관리 등에 관한 연구가 활발하 며 정보화시대의 도래에 따라 경영정보 시스템이 주요 관심사로 등장했다. 경영 학은 개개인에게 능력의 한계가 있다는 것을 기본적 전제로 삼고 있다.

또한 상황인식이나 물리적 행동능력에도 한계가 있음을 상징한다. 즉 개인은 능력의 한계가 있고 목적을 달성하기 위해 최적의 행동을 취한다는 보장이 없 다. 따라서 행동을 취할 수 있는 몇 가지 대체적 선택 가운데 하나를 택하는 의 사결정을 하게 된다.

이 같은 의사결정을 하려면 시간과 에너지를 소비하게 된다. 경영학은 결국 이와 같은 의사결정을 중심으로 기업 활동을 이해하고 설명하려는 것이다. 사회 복지는 이타적인 마음을 가진 나눔과 섬김의 사역이지만 미래의 복지는 '비영리 경영학'의 시각에서 과학적이고 체계적인 경영학의 이론과 인성을 갖춘 실천에 서 진행될 때 복지의 주체와 객체 모두 희망적인 복지로 나아갈 것이라고 본다.

7) 비영리조직의 마케팅

비영리조직에서 마케팅의 중심목적은 단지 판매와 수요의 창출이 아니라 수 요관리(demand management)가 된다. 마케팅은 인간의 욕구와 수요에서 시작한다. 인간의 필요는 기본적인 만족의 결핍을 느끼고 있는 상태이다.

인간은 생존을 위해 의식주, 안전, 소속감, 자존감 등을 필수적으로 갖추어야 하는데, 이 같은 것들이 결핍되었다고 느낄 때 그 사람은 욕구(need)를 가지고 있다고 볼 수 있다. 이 같은 욕구들은 사회나 마케팅에 의해 만들어지는 것이 아니라 인간이 생리적으로 갖고 있거나 인간의 조건 그 자체에 의해 생겨난다.

소비자들은 갖고 있는 욕구를 만족시킬 수 있는 구체적인 제품이나 서비스에 대한 선호(want)를 갖게 된다. 이러한 선호는 문화나 사회에 따라 다르며, 학교, 기업, 가족 등의 사회적 제도나 힘에 의해 형성되고 끊임없이 변형되어 간다.

특정 제품이나 서비스에 대한 욕구가 구매의사와 능력에 의해 뒷받침될 때 우리는 그것을 수요(demand)라고 한다. 즉 지불능력이 있는 욕구는 시장에서 수요가 된다. 소비자들은 제품이 가져다줄 혜택이나 이익을 계산하고, 지불되는 금액에 비해 가장 큰 이익을 제공하는 제품을 선택한다. 뛰어난 마케팅 기업들은 고객들의 욕구와 수요를 파악하는 데 철저하다.

즉 그들은 소비자들이 좋아하는 것과 싫어하는 것을 알기 위해 소비자 조사를 실시한다. 그리고 마케팅 기업들은 고객의 요구사항, 보증 및 서비스 자료를 분석한다. 또한 기업들은 자신의 제품과 경쟁되는 제품을 사용하는 고객들을 관찰하여 충족시키지 못하고 있는 고객들의 욕구를 파악하도록 판매원들을 교육시키고 있다.

따라서 고객의 욕구와 수요를 세밀하게 이해한다는 것은 마케팅 전략을 수립하는 데 중요한 투입요소를 제공한다. 소비자들은 제품이나 서비스를 가지고 그들의 욕구와 수요를 충족시킨다. 그리고 소비자들은 여러 대안들 중에서 그들의 욕구를 가장 잘 만족시켜 줄 수 있다고 생각하는 대안을 선택한다.

그러나 소비자들은 욕구나 수요의 충족이라는 분야뿐만 아니라 어떤 대안을 얻기 위해 지불해야 하는 대가를 동시에 생각한다. 따라서 소비자들이 제품을 선택하는 데 있어 지침이 되는 개념은 각 대안이 소비자에게 제공할 수 있는 가치라고 할 수 있다.

가치라는 것은 고객이 그 제품을 소유하고 사용하여 획득한 혜택(혹은 이익)과 그 제품을 획득하는 데 소요되는 비용 간의 차이이다. 대안의 가치는 가격을 고려한 대안의 고객만족 수준이다. 만족은 소비자의 기대에 비하여 가치를 전달하는 데 있어 제품에 대해 지각하는 성능에 좌우된다. 만약에 제품의 기능이 기대에 일치한다면 구매자는 만족하는 것이다.

어떤 제품이나 서비스가 소비자의 욕구나 수요를 충족시키고 소비자에게 만족과 가치를 제공한다고 하더라도 그 제품이나 서비스를 제공하는 기업에게도 무엇인가 이익이 있지 않으면 교환은 일어나지 않는다.

교환은 가치 있는 제품이나 서비스에 대해 대가를 제공하고 획득하는 행위를 말한다. 교환이 실제로 일어나기 위해서는 교환의 조건이 교환의 관계자로 하여금 교환 이전보다 더 나은 상태로 만들어 줄 수 있어야 한다. 그런 의미에서 교환은 가치를 창조하는 과정이라고 할 수 있다.

따라서 욕구나 수요를 충족시키는 수단으로서 교환은 상당히 중요한 것이다. 마케팅은 소비자의 욕구를 발견하여 충족시켜 주는 과정이라고 할 수 있다. 사회복지조직의 입장에서는 대상자의 욕구를 정확하게 파악하여 그에 맞는 서비스를 제공하는 과정이라고 할 수 있다.

사회복지조직에서의 마케팅 개념 도입을 위해서는 우선적으로 사회복지조직의 존립 당위성을 제공하는 서비스가 무엇인지가 명확해야 하며, 이를 토대로 고객인 대상자들의 행동을 분석하고 차별화된 마케팅을 통하여 사고의 전환을 시도할 수 있다.

조직문화와 코칭

조직몰입과 교정

조직화와 비영리경영 코칭

1) 조직화

(1) 조직화의 개념

행정관리의 기능 중 가장 핵심적인 요인 중의 하나로서 정적(靜的) 구조만을 뜻하는 것이 아니라 각 조직 구성요소 간의 상호관계를 설정하는 일련의 동태적(動態的) 과정이다.

조직화의 기본적 과제는 지속적인 과제로서 고위층의 행정관리들이 과업수행에 관련된 행정조직 전체와 기술적 방법을 적용시키는 데 있다. 따라서 조직화가 잘 이루어지기 위해서는 인간적 요인·기술적 요인·정치적 요인의 조화가 잘 이루어져야 한다. 일반적으로 조직화에서는 세 가지 영역이 고려되고 있다. 즉, ① 일반적인 조직 내지 구조의 영역으로 통상적인 조직 구성의 수준에 따라 부서 간의 권한을 배분하게 되므로 직무수행을 위한 공식적 조직구조 내지는 조직화가 이루어지는 것이다. ② 직무수행의 절차에 관한 문제영역으로서 결재절차·예산절차·구매절차·수용절차 등의 문제가 고려되어야 한다. ③ 행정직무 수행 수단에 대한 문제영역으로 일상적인 행정업무 수행활동이 원활히 이루어지도록 고려되어야 한다.

(2) 조직화의 의의와 필요성

기업은 하나의 조직이며 이러한 조직은 조직구조를 가지고 있다. 이러한 측면에서 조직화(Organizing)란 조직체의 목표를 달성할 수 있도록 조직구성원의 각자의 직무와 상호 간의 관계를 규정하는 것을 말한다.

즉, 조직화는 누가 무엇을 하도록 할 것인가, 부하는 어떤 상사에게 보고하는가, 누가 할 것인가 등에 대해 공식적이고 구체적으로 결정함으로써 조직구성원의 직무범위를 결정하고 그에 따르는 권한과 책임을 부여하는 활동으로 정의할수 있다.

이러한 조직화의 주요한 목적은 업무를 가장 효과적으로 수행하는 데 필요한 모든 요소들인 사람, 작업 방법, 원자재, 자금 등을 합리적으로 배분하고 조정하는 데 있는데, 이러한 조직화는 기능적 측면과 인적자원 측면에서의 조직화로 구성될 수 있다.

기능적 측면에서의 조직화는 기업의 여러 부문의 경영기능이 효율적으로 수행되고 효과적으로 조정될 수 있도록 조직을 구성하는 것이고, 인적자원 측면에서의 조직화는 가장 능률적인 조직 활동이 이뤄질 수 있도록 조직구성원의 구성을 조정하는 활동으로 볼 수 있다.

(3) 조직화과정

조직이란 경영자의 지휘 내에 있는 사람들이 그들의 공동목표를 달성하기 위하여 서로 얽힌 관계를 구성하는 형태이며, 조직화과정이란 현재부터 미래까지 오랫동안 지속할 수 있는 조직의 기본적 체계를 구성하는 의사결정과정으로 다음과 같이 3가지의 기능에 관계된다.

- 계획된 목표를 달성하는 데 필요한 구체적 활동을 확정하는 기능
- 관련된 활동끼리 연결 부문화 기능
- 부문 간의 연결로서 누가 누구에게 보고하고 누구를 도와야 하는가를 세부화하기 위한 조정 기능(Coordination)과 계층화기능(Hierarchy)

① 과업의 확정

과업의 확정이란 한 개인이 혼자서 업무 전체를 수행하기보다는 세분화하여 직무를 단순화시켜서 개별적으로 수행하는 것을 의미한다. 즉, 조직이 설정한 목표를 달성하기 위해서 요구되는 경영활동으로 이 과정은 될 수 있는 대로 전문화(Specialization)되어야 한다.

② 부문 또는 부서화

부문 또는 부서화란 일정한 기준에 의해 작업자 또는 작업 활동을 결합시켜 일정한 경영자의 관리 통제하에 두면서 조직효율성을 촉진시키기 위해 단위화하는 것을 의미한다.

일반적으로 기능별 부문화, 사업별 부문화, 그리고 행렬형태 부문화의 유형이 있다.

③ 권한과 위임

부서화가 성공하려면 무엇보다도 권한의 연결선이 조직의 상위부터 하위에 이르기까지 잘 연계되어야 한다. 상사의 명령이 부하에게 전달되고, 또한 누가 누구에게 보고하였는지가 잘 알려져야 하는데 이것을 명령의 연쇄 원칙이라고 한다.

또한, 여기에서 강조해야 할 사항은 모든 종업원은 한 사람의 상급자로부터 명령을 받아야 하며, 그 수행 결과도 한 사람의 상급자에게 보고되어야 한다는 명령일원화의 원칙이다.

명령의 연쇄상에서 권한이라는 것이 존재하게 되는데 권한이란 조직에 의해 승인되고 구성원들에 의해 인정된 합법적인 권력으로서 행동을 요구하고 그에 따른 대응을 요구한다. 이러한 권한과 함께 업무수행 결과에 대한 일정한 책임을 지게 되는 것을 책임이라고 한다.

이러한 권한과 책임의 관계에 따라 집권화조직과 분권화조직으로 구분하는데, 집권화조직은 공식적인 권한이 조직의 한 분야 또는 한 사람에게 집중되어 있는 것을 의미하고, 의사결정 권한을 조직 하부로 이양하여 하위직에 있는 사람들에게 책임과 의사결정을 내리고 수행하는 권력을 부여하는 것을 분권화 조직이라고 한다.

④ 통제와 조정

통제와 조정은 조직화의 마지막 단계로, 어느 조직이든지 간에 조직의 한 계층이나 부서에서는 몇 명의 관리자가 필요한가를 결정하여야 한다. 그 결정기준은 부서에서 수행되는 업무를 얼마나 효과적으로 감독할 수 있는가이다. 이를 통제의 범위라고 하는데, 통제의 범위는 상급자 한 사람이 적정한 수의 부하를 통제해야 효과적인 경영이 가능하다는 원칙으로, 쿤츠에 의하면 상위직은 4~8 명, 하위직은 8~15명이 가장 적당하다고 보고 있다.

또한 조정의 원칙에 의하면, 경영자는 전문화되어 분업화된 개인이나 집단의 작업활동을 상호 연결시키는 능력과 실천이 필요하며, 구성원들은 적절한 의사 소통과 서로 간의 활동을 이해하여야 하며, 작업의 흐름 속에서 협동이 이루어 져야 한다.

2) 직무분석과 분화

조직을 만들기 위해서는 먼저 조직에서 수행될 업무를 파악하고 이를 근거로 부서와 직책/직위 등을 만들게 되며, 만들어진 부서는 상하관계가 설정되고 부서 상호 간의 관계도 정의되는데 이를 조직의 분화가 이뤄졌다고 할 수 있다.

즉, 조직의 분화는 어떤 조직이 수행해야 할 업무 전체를 하나하나 모두 파악한 다음 이를 유사하거나 상호관련이 있는 것끼리 연결 후 관계를 설정하는 것이다. 이러한 조직분화는 수평적 분화와 수직적 분화로 구분할 수 있다.

(1) 수평적 분화

수평적 분화란 조직의 업무 중에서 상호 대응되는 수준의 업무단위를 연결 분화하는 것으로, 이러한 기준에는 기능, 제품, 지역, 고객, 업무과정 등이 있다.

① 기능(Function)에 의한 분화

조직에서 수행되는 기본 기능을 중심으로 분화하는 것으로 보통의 기업들은 인사, 생산, 마케팅, 재무 및 회계 등의 기능을 갖게 되는데 이는 즉 부서별로 기업의 조직을 구분하는 것이다.

② 제품(Product)에 의한 분화

제품에 따라 부서를 나누는 것으로 제품 그 자체에 의하여 분화하기도 하고 제품생산라인에 따라 분화하기도 한다.

③ 지역(Region)에 의한 분화

지리적인 요소에 근거하여 조직을 나누는 것으로, 서울, 인천, 경기 등으로 나누기도 하지만, 요즘은 기업이 글로벌화되면서 한국본부, 미주본부, 중국본부 등 국가별로 나누기도 한다.

④ 고객(Customer)에 의한 분화

지사 제품이나 서비스에 대한 고객을 어떤 기준에 의하여 분류하여 그것에 대응되게 조직을 나누는 것으로, 고객의 특성에 따라 이에 대응하는 조직을 구분하는 것을 의미한다.

⑤ 업무과정(Work Process)에 의한 분화

상품이나 서비스를 고객에게 판매하는 과정까지의 일련의 업무순서를 말하며, 이러한 과정에서 유사한 업무를 연결해서 조직을 편성하는 것이다.

⑥ 코칭(Coaching)과정에 의한 분화

코칭은 조직에서 뛰어난 결과를 실현할 수 있도록 조력하는 전문적인 관계로 조직의 목표를 달성하려면 개인과 구성원들의 유기적인 협력과 성과향상을 위해 방향을 제시해 주는 기능을 담당한다.

(2) 수직적 분화

수직적 분화는 조직의 상하, 즉 상사와 부하 간의 관계에 대한 조직구성을 수행하는 것으로 조직의 상하로 이어지는 계층의 수를 구분하는 것을 말한다. 예를 들어 '사장 – 전무 – 상무 – 부장 – 과장 – 대리 – 사원'과 같이 수직적으로 조직을 나누는 것으로, 일반적으로 기업의 규모가 커질수록 수직적 분화에 의한 계층 수가 많아진다.

3) 조직화의 원칙

조직을 만들 때 지켜야 하는 원칙으로 목적의 원칙, 기능화의 원칙, 책임·권한의 원칙, 권한위임의 원칙 그리고 관리한계의 원칙 등 5가지의 원칙이 지켜져야 한다.

① 목적의 원칙

조직의 각 부문은 목표가 있으며 이는 전체 조직의 목적과 부합 또는 조화되어야 하고 공표되어야 함을 뜻한다.

② 기능화의 원칙

조직의 형성시점에 가장 먼저 각 직무의 존재 이유와 그 기능의 내용을 명확히 한 후 그 직무에 적합한 인력을 배치해야 하는데, 즉 조직을 구축할 때 사람 중심이 아닌 일 중심으로 접근하고자 하는 원칙을 말한다.

③ 책임·권한의 원칙

권한과 책임은 상호 적절히 대응해야 하는데, 즉 배분된 책임수행에 필요한, 충분하면서도 일정한 권한이 주어져야 하며, 권한은 공정하게 배분되고 분명하게 표시되어야 함을 의미한다.

④ 권한위임의 원칙

권한위임이란 조직 내의 하위자가 매번 상위자의 지시나 명령을 받지 않고도 자신의 독자적인 판단만으로 직무를 수행할 수 있도록 상위자가 지니는 직무 수행의 권한을 하위자에게 나누어주는 것을 의미한다.

⑤ 관리한계의 원칙

한 사람의 상사가 지휘나 감독 등 관리할 수 있는 부하의 수에는 한계가 있으며, 관리자의 특성이나 업무의 종류에 따라 다르게 나타나기도 한다.

4) 조직화의 경향

조직을 만들고 운영하는 데 있어서 비용을 절감하고 성과는 높이며 종업원의 참여도를 높이기 위한 다양한 방안으로 조직화의 새로운 경향들이 나타나고 있다.

① 명령단계의 축소

조직의 수직적인 위계단계에서 관리상 불필요한 단계를 제거하면 명령단계가 축소되어 보다 능률적인 조직을 만들 수 있으며, 일반적으로 수직적인 조직단계를 줄이면 전체적인 조직의 모양은 횡적으로 넓게 퍼지게 된다.

② 명령일원화 원칙의 퇴조

가장 기초적인 조직 형태인 기능별 또는 부문별 조직에서는 명령일원화 원칙이 강조된다. 그러나 프로젝트 조직이나 매트릭스 조직처럼 명령체계가 복잡한 조직형태가 나타나면서 명령일원화 원칙의 중요성은 상당부분 감소되고 있다.

③ 통제범위의 확대

통제범위란 한 사람의 관리자가 직접적으로 관리하는 부하직원의 수를 말하는데, 명령단계를 축소하기 위하여 조직의 상하단계를 줄이다 보면 필연적으로 통제범위가 확대될 수밖에 없다.

④ 스태프부문의 축소

스태프의 원래 기능은 라인에 '조언'을 하는 것이다. 그런데 많은 조직에서 스태프의 조언으로 인하여 얻은 이익보다 관리상 비용이 더 큰 것으로 나타나고 있다. 또한 스태프와 라인과의 갈등이 종종 발생하여 조직의 효율성을 떨어뜨리고 있다. 이에 따라 많은 조직에서 스태프, 즉 제작부분을 축소하고 있다.

⑤ 분산화와 집중화의 동시진행

분산화와 집중화는 상충되는 것이지만 현실적으로는 동시에 진행되고 있다. 분산화는 업무의 의사결정 권한 및 책임을 하부로 위임하는 경향이 확산됨에 따라 필연적으로 발생하고 있는 한편, 발달된 정보기술을 조직에 도입하여 정보시스템을 구축하면 중앙 통제 및 관리를 할 수 있어 집중화도 동시에 진행된다.

조직구조와 비영리경영 코칭

조직 구성원의 '유형화된 교차작용'(patterned interaction)을 말한다. 조직 구성원들은 조직목표를 달성하기 위하여 서로 협동하면서 끊임없이 상호작용을 계속하는 바, 이러한 계속적인 교차작용 속에서 조직 구성원들의 행위의 유형이 형성된다. 조직구조는 조직 내의 수평적 분화 및 수직적 계층에 따라 다양한 형태를 띠고 있다. 대표적인 조직구조는 베버(M. Weber)가 제시한 관료제조직으로 분업화와 집권화 및 공식화 정도가 높은 조직 형태이다. 그 밖에 애드호크라시 (adhocracy), 사업부제조직, 직능조직, 행렬조직 등이 있으며, 단순조직과 복잡조직도 있고, 기계적 조직과 유기체적 조직도 있다.

조직구조의 특성은 조직설계에 따라 결정되는데 일반적으로 이렇게 결정된 조직구조 형태로는 라인-스태프조직, 매트릭스 조직, 그리고 팀 조직 등이 있다.

1) 라인-스태프 조직

라인조직은 직계식 또는 군대식 조직이라고 하여 최고경영자에서 하위계층까지 명령권한이 직선적으로 연결되는 조직구조이다. 이 조직은 업무의 부서화가 이뤄지지 않은 매우 단순하고 초보적인 형태이며, 모든 조직은 최고경영자부터 시작하여 제품이나 서비스를 제공하는 말단접점까지의 직접적인 명령체계를 갖는데, 이러한 조직체계에서 좀 더 규모가 커지고 복잡해지면 스태프부서가 추가되어진다. 스태프는 전문적 지식이나 기술을 사용하여 라인활동을 도와주는 넉할을 남낭하는 종업원들이다.

즉, 라인－스태프는 조직의 목표 달성에 필요한 핵심적 활동을 수행하는 라인조직에 전문적 지식이나 기술을 가지고 라인의 활동에 조언하며 도와주는 스태프를 결합한 조직을 의미한다.

라인은 직계조직, 스태프는 참모조직을 의미한다. 라인은 상급직원에서 하급직원의 순으로 라인을 계속 연결하는 조직으로 경영의 주된 활동을 할 책임과 권한을 갖고 있다. 스태프의 직원은 전문적인 지식을 활용해서 라인에 조언하는 것이 주요 역할이다. 기업규모가 작을 때에는 라인만으로도 충분하지만 규모가 확대됨에 따라 부문별로 분화하여 스태프를 두게 된다. 간단히 말하자면 영업부·생산부는 라인이고 기획실·총무부·인사부 등은 스태프이다.

2) 매트릭스 조직

매트릭스 조직이란 행정활동을 부문 및 기능부문으로 전문화시키면서 전문화된 부문들을 프로젝트로 통합시키는 단위를 갖기 위해 고안된 조직형태다. 행렬조직 또는 복합구조라고도 한다. 행정부문에 전형적으로 존재하는 매트릭스 조직으로는 지방행정기관과 재외공관조직을 들 수 있다. 가령 전라남도청의 상공국은 산업자원부의 기능 중 전라남도에 해당하는 것만 실시한다. 그리고 재외공관, 즉 대사관에는 대사를 중심으로 영사·상무관·재무관·농무관·노무관·국방무관 등으로 구성되어 있어 외국에서의 자국민에 대한 상업·재정·농업·노동·국방업무를 함께 관리하도록 되어 있다.

매트릭스 조직(Matrix Organization)은 가로와 세로라는 두 개의 계통을 가지고 있는데, 기존 조직틀에서는 명령일원화 원칙이 준수되고 있으나 매트릭스 조직에서는 명령을 가로와 세로로 이원화한다.

이러한 매트릭스 조직은 프로젝트 경영 접근방식으로 불리며, 기능별 조직과 사업별 조직을 바둑판처럼 엮어서 매트릭스 형태로 결합한 것으로 매트릭스 조직구조는 기능별 부서화와 사업별 부서화 방식을 결합하여 각각의 장점을 살리고 단점을 극복하기 위해 사업부에 따라 종업원을 집단화시킨 다음, 특정 프로젝트별로 기능에 따라 다시 집단화시킨다.

매트릭스 조직의 장점은 다음과 같다.

- 조직 내의 다양한 전문가들의 능력을 팀으로 결성하여 이용하므로 인적자원을 효과적으로 활용할 수 있다.
- 프로젝트 팀을 유연하게 구성하여, 환경변화에 신속하게 대응할 수 있다.
- 마케팅부서, 연구개발부서, 생산부서 등의 결합을 통하여 고객 욕구를 충족시키고 우수한 품질의 제품생산이 가능하여 경쟁우위를 통한 이익을 증대시킬 수 있다.
- 기술적이고 인간적인 교류를 통하여 참여자들의 업무능력을 개발시킬 수 있는 기회를 갖는다.

3) 팀 조직

오늘날 치열한 경쟁상황에서 효율적으로 대응할 수 있는 조직으로 설명되고 있는 것이 바로 팀 조직이다. 팀이란 상호보완적인 기술 혹은 지식을 가진 둘 이상의 조직원이 서로 신뢰하고, 협조하며, 헌신함으로써 공동의 목적을 달성하기 위해 노력하고 자율권을 갖는 조직을 의미한다. 즉 팀 조직은 다음과 같은 특성을 갖는다.

- 팀은 두 사람 이상으로 구성된 집단이다.
- 팀원들은 팀 지속 기간 동안 함께 일한다.
- 팀원들은 공동의 목표를 가진다.

이러한 팀의 종류로는 기능 팀, 교차기능 팀 그리고 자주관리 팀으로 구분할 수 있다.

① 기능 팀(Functional Team)

기능 팀은 전통적 조직의 일부로 공식적인 명령사슬에서 상사와 부하들로 구성되기 때문에, 수직적 팀 혹은 명령 팀이라 불리며, 전형적으로 한 부서 단위가 하나의 기능 팀이 된다.

② 교차기능 팀(Cross-Functional Team)

교차기능 팀은 조직 내에서 여러 기능부서들의 요원들로 구성되어 있으며, 주로 신상품개발위원회와 같이 프로젝트를 수행하기 위해 조직된다. 교차 기능 팀은 부서 간 경계를 넘어서서 정보를 공유하며, 부서 간의 의견을 조정하며, 기존의 조직문제에 대해 해결책을 개발하고, 새로운 정책개발을 보조한다.

③ 자주관리 팀(Self-Managed Team)

팀 역할이 성숙되면, 팀은 경영자, 상사 또는 팀장의 지시 없이 스스로 함께 일하게 되는데 이를 자주관리 팀이라고 부르며, 이것은 리더 중심이 아니라 팀원 중심의 조직체로서 작업자들로 하여금 도전의식을 주고 작업이 의미 있게 보이며, 조직과 강력한 소속감을 갖도록 한다.

4) 비영리경영의 새로운 패러다임 인성코칭

중소기업이 성장을 원한다면 시장의 수요 파악은 물론 신제품을 시장에 출하하는 시기에 이르기까지 구체적인 계획을 수립하여 실패 없이 집행해야 한다. 물론 경영자는 제일선에서 인적, 물적 자원을 활용하면서 신제품을 개발하지 않으면 안 된다. 중소기업의 경영에 있어서 생산기술의 중요성은 인정되지만 중소기업이 모든 기술을 보유한다는 것은 사실상 어려운 일이다. 중소기업은 자기기업이 필요하다고 생각되는 기술을 보유하고 그 수준을 향상시켜 나가되 부족한 기술은 외부기술을 활용해야 한다.

또한, 중소기업경영에서 상위의 위치를 확보하기 위해서는 충실한 정보를 많이 갖고 있어야 한다. 중소기업의 정보는 경영자가 중심이 되어 수집해야 하며 현장종업원들의 의견 경청과 함께 현장정보를 최대한 수집·활용하는 것도 바람직한 일이다. 중소기업이 필요한 자본을 적절한 시기에 조달하기란 용이한 일이 아니다. 이는 중소기업의 담보력이 약하고 신용에 약해서 자본조달에 어려움이 있기 때문이다.

중소기업의 재무관리의 핵심은 자본조달, 자본운용 이외에 기업의 경영활동의 실태를 계수로 표현하는 것이다. 중소기업이 재무기반을 강화하기 위해서 경영자가 재무원칙에 입각한 자본조달, 자본운용을 비롯하여 재무관리능력을 강화해야 한다.

경영자의 경영감각에 대한 옳고 그름, 즉 수평적이고 신뢰하는 관계에 기반하여 그 기업의 장래를 결정하게 되므로 경영감각 요소는 서로 얽히고 작용하여 전체적으로 경영현장에서 발휘되기에 이른다.

첫째, 사업에 관계된 업계의 움직임, 상품의 동향, 유통의 변화 등에 관한 분별력과 판단력이 있어야 한다. 이는 경영감각 중에서도 가장 중요한 부문이라고 본다. 고도의 정보화 시대에서 수많은 정보를 얻고 남의 의견에 따르는 창업자보다 자기 나름대로의 뜻과 계획을 정리하고 미래지향적인 경영자가 되어야 한다.

둘째, 기업의 경영에 전력을 집중할 수 있는 자세가 필요하며 이루어 내고 말겠다는 의욕이 있어야 한다. 경영자가 전심전력을 다해 경영에 집중한다면 다른 사람들이 외면하거나 간과하지 않을 것이다.

셋째, 기업의 뛰어난 경영전략이라 해도 목표달성에 방해가 되는 내부 외부의 장애요소들을 제거하지 않으면 효율적인 성과향상에 미치지 못한다. 현재 상태에서 어떤 것을 제거하면 효과적일지 조직 내에서 코칭을 통한 집단지성이 중요한 부분을 차지한다.

넷째, 아무리 훌륭한 생각이나 의견이 있더라도 그것을 구체화시키는 실행능력이 없으면 쓸모없는 것이 될 것이다. 따라서 경영자는 자신이 결정하고 실행할 수 있는 권한을 가지고 있으므로 주저함이 없는 올바른 판단으로 실천에 옮길 수 있는 실행력이 풍부한 사람이어야 한다.

가장 중요한 리더십의 덕은 상황에 대처하는 '유연성'이다. 경영환경이 불확실하고 조직에 위기의식이 커질수록 리더는 보다 유연한 리더십 감각이 있어야 한다. 조직의 리더는 변화에 민감하고 열린 눈으로 위기를 관리하며 또한 새로운 기회를 반전의 시간으로 삼을 수 있어야 한다. 변화를 두려워하거나 이에 대한 감각이 없는 리더는 절대로 리더로서 성공할 수 없다.

경영환경이 어렵고 복잡해질수록 리더의 감각이 중요한 이유는 변화에 대한 유연성이 기업의 '전략적 선택'에 중요한 요인이기 때문이다. 미래를 바라보고 미래 성장 산업으로의 투자를 할 수 있는 결단력을 갖춘 리더만이 냉혹한 현실 위에 '전략적 선택'을 할 수 있다고 본다. 이 선택만이 경영환경이 좋아졌을 때 경쟁 기업보다 차별적이고 우월적 위치를 차지할 수 있다. 이를 위하여 혼돈과

불확실성에 대응하기 위한 새로운 리더십 경영감각과 시스템이 필요하다. 세계가 더 이상 순탄하지 않은 항시 변화의 시대를 살아가고 있기 때문이다. 불확실성 환경은 '소통'의 중요성을 강조한다. 현재 회사가 처한 상황을 모든 직원들과 조정 없이 진솔하게 공유하고, 함께 해결책을 고민하는 리더의 감성감각이 있어야 한다.

현실의 긴박감 속에서도 리더는 긍정적인 마음 자세로 조직 구성원들과 적극적으로 소통하며 공유하여야 한다. 경영의 주체는 사람이기 때문이다. 미래는 감당하기 힘들 정도로 엄청나게 빠른 속도로 변하고 있기에 변화에 대한 민첩성과 유연성을 겸비한 소통의 리더십 경영감각으로 복지경영의 주체도 인간이라는 명제를 잊지 말고 끊임없이 통찰력을 가지고 미래의 꿈을 이루어 나가야 할 것이다.

경영이란 말은 독일어 베트리프(Betrieb)를 번역한 것으로, 기업의 운영 또는 기업운영의 장(場)으로 독일에서는 국민경제와 밀착해서 연구되는 경영경제학(Betriebs−wirtschaftslehre)과 내부경영기술에 중점을 둔 경영학(Betriebslehre) 간의 논쟁 속에서 연구되어 왔다. 또한 미국에서는 경영이 공장과 기업의 실천적 관리기술연구를 축으로 연구되었기 때문에 관리라는 뜻도 있다.

일반적으로 경영은 넓게 인간집단의 계획·통제활동을 가리키지만, 이에 대한 통일된 견해는 확립되어 있지 않다. 사회복지를 진행할 때에 어떤 행동이 목적에 부합하는지 평가하여 최선의 방안을 세워 행동 예정으로 한다.

비영리경영에서의 경영계획은 의사결정을 하고 그것을 문서로 작성하며 기업의 행동에는 모방적·시행착오적·합리적·관습적 행동 등 여러 가지가 있으며 각각에 대응해서 다시 계획을 세운다.

사회가 어려워지고 경제가 힘들수록 기업 간의 경쟁이 치열하고 기업을 둘러싼 환경변화가 심할수록 경영계획을 세울 필요성이 더욱 커진다. 왜냐하면 환경변화가 클수록 기업의 행동변화는 절실해지고 그 변화를 합리적으로 결정해야 하기 때문이다.

경영계획의 종류는 첫째, 계획의 대상에 따른 분류로 대외전략계획·구조계획·활동계획이 이에 해당된다.

둘째, 기업의 행동변화 정도에 따른 혁신계획·개량계획·유지계획 등이다. 이들 중 환경변화가 심한 때일수록 혁신계획이 중요하다.

셋째, 계획의 구체성에 따른 일반적 목표·방침과 구체적 계획이다. 일반적 목표·방침은 행동의 대체적 방향과 달성해야 하는 수준을 제시한다. 구체적 계획은 실행계획이라 할 수 있으며 단계적 의사결정 방법에 따라 세워진다.

넷째, 계획의 사용 횟수에 따른 분류로, 1회용 계획과 반복 사용하는 계획이 있다. 1회용 계획이란 신제품 개발계획이나 대규모 설비 투자계획을 가리킨다. 그 외에 기업의 창립 기념 축전 계획 등도 이에 포함된다.

다섯째, 특정한 목적에 따른 프로젝트 계획과 기능별 계획이다. 프로젝트 계획은 대규모 1회용 계획인 경우가 많고 연구개발·판매·생산·일반관리 등 여러 가지 기능을 포함하고 있다. 기능별 계획은 생산·판매·인사·재무 등의 각 부문별로 세워지는 것이다.

여섯째, 일부분에 관한 부분계획과 부분계획을 한데 모은 종합계획이다. 프로젝트 계획과 기능별 계획은 부분계획에 속하며 종합계획은 어떤 기간의 종합이므로 기간종합계획이라고도 한다.

일곱째, 기간에 따른 장기계획과 단기계획이다. 장기계획은 3~5년 때로는 10년간에 걸친 것이며 대외전략과 구조계획을 주로 한다. 또한 변화 정도로는 혁신계획, 구체성에서는 방침계획, 횟수에서는 1회용 계획이며 기능별 계획보다 오히려 프로젝트 계획을 주로 한다. 이에 비해 단기계획은 6개월 또는 1년간의 계획으로, 장기계획을 전제로 세워진다.

계획과정의 핵심은 의사결정 과정이라고 할 수 있다. 합리적 의사결정은 목적의 설정, 정보의 수집, 아이디어 및 대체안의 설정·평가·종합조정, 심의와 결정의 차례로 이루어진다. 계획의 실행에는 실행담당자의 결정과 실행 명령이 필요하며 그 뒤에는 실적검토와 계획의 개정이 이루어진다.

비영리경영은 수평적이고 신뢰하는 관계에 기반한 인성발달이 핵심역량이 되는 인적자원의 중요한 요소이다. 궁극적으로 인성코칭은 비영리경영에 새로운 패러다임으로 비영리경영의 장래를 결정하게 되므로 비영리경영의 성장뿐만 아니라 국가의 발전과 경쟁력 구비에 중요한 요소임을 알 수 있다.

비영리경영과 인성코칭은 사회의 급격한 변화로 인한 경영환경변화에 적응하고 변화에 도전하는 혁신을 실현시킬 수 있다는 점에서 그 의의를 찾을 수 있다고 본다.

조직문화와 조직 변화관리

1) 조직문화의 개념

조직마다 제각기 독특하게 갖고 있는 보편화된 생활양식. 다시 말해서 조직문화란 한 조직 내의 구성원들 대다수가 공통적으로 가지고 있는 신념·가치관·인지(認知)·행위규범·행동양식 등을 통틀어 말한다.

조직문화는 그 조직이 대외적 환경에 적응하고 내부적으로 통합화하는 과정에서 생기는 여러 가지 문제점들을 극복하기 위하여 모색되고 개발되어 형성된 것이다. 이와 같이 조직문화는 조직 구성원들의 공통된 경험을 바탕으로 하여 이루어진 것이므로 조직이라는 하나의 공동체를 결속시켜 주고 구성원들로 하여금 일체의식(一體意識)과 조직에 대한 충성심을 갖게 한다.

조직문화(Organizational Culture)란 조직구성원이 공유하는 신념, 가치, 규범 등의 집합체로서 구성원의 의사결정과 행동에 영향을 미치는 것을 말한다. 따라서 조직문화는 첫째, 조직구성원들에게 정체성을 제공하며, 둘째, 조직구성원들의 조직몰입을 촉진하고, 셋째, 조직체계의 안정성을 증진시키며, 넷째, 조직구성원들의 행위를 안내하고 형성시키는 학습도구의 역할을 수행한다.

이러한 조직문화는 기업이라는 관점에서 볼 때, 그 기업에 잠재적으로 공유된 기본 전제, 가치관, 규범의 독특한 양식으로서 이것을 통해 기업구성원들은 언어, 상징물, 사교모임, 관행 등에서 가시적으로 행동방식을 나타내는 총체적인 생활양식이다. 즉, 조직문화는 그 구성원들의 가치관뿐만 아니라 의식, 일화, 전설, 신화, 설화 등을 통해 형성되며, 영향요인으로는 창업자나 최고경영자의 경영이념, 조직의 역사, 기업이 속한 산업의 문화 등이 조직문화에 영향을 미친다.

① 기본전제(Basic Assumption)

기본전제는 기업과 구성원 전체의 행동에 영향을 미치는 핵심적 요소로서 구성원들이 인식하지 못하는 잠재의식적인 기본 가정으로 구성원들이 묵시적으로 옳다고 믿는 생각이나 느낌이다.

② 가치관(Values)

사람들에게 중요하고, 의미 있다고 생각하는 그 무엇에 대한 기본 믿음이며, 시간이 지나도 변하지 않는 믿음의 체계이다.

③ 규범(Norms)

구성원들의 행동에 대한 규칙으로 규칙을 준수하고자 하는 믿음이 모두에게 공유될 때, 하나의 조직문화를 만들어 낼 수 있다.

④ 사교모임

새로운 구성원이 어떻게 소개되는가를 나타내는 프로세스로서 기업에서는 신입사원 채용 후 이루어지는 오리엔테이션 교육에서부터 나타난다.

⑤ 상징물

특별한 의미를 가지면서 추상적인 고유 가치를 나타내는 가시적 증거로서 문화적 표현으로서 단순하면서도 기본적인 것이다.

⑥ 언어

음성, 스타일, 몸짓 등으로 공유된 시스템으로서 문화를 나타낸다.

⑦ 관행

가장 복잡하지만, 가장 눈에 띄는 문화적 요소로서 문화의 내용이 완전히 밖으로 표출되는 구체적 제도나 관리방식이다.

2) 조직문화의 종류

일반적으로 기업은 자신이 지향하는 방향이 내부인가 외부인가, 그리고 공식적인 통제 행동이 안정적으로 일정한가, 또는 유연하게 변화하는가에 따라 같은 관료적 문화, 씨족문화, 시장지향적 문화, 기업가 문화의 유형으로 나눌 수 있다.

① 관료적 문화(Bureaucratic Culture)

내부지향적이며 종업원들의 행동이 공식적인 규칙이나 표준절차에 의하여 움직이는 문화로서, 수직적인 보고체계를 통하여 조정 활동이 이루어진다.

② 씨족문화(Clan Culture)

종업원의 행동에서 공식적인 규칙이나 절차가 거의 없으며, 통제가 유연하고, 이 경우 전통, 충성심, 개인적인 헌신, 사교모임, 자체관리 등이 조직문화 속에 존재한다.

③ 시장지향적 문화(Market-Oriented Culture)

시장지향적 문화는 목표지향적인 행동을 중요시하는 가치와 규범을 갖고 있으며, 이러한 문화를 갖는 기업은 경쟁력 확보와 이윤 중심적 사고 속에서, 종업원들이 성과에 대하여 책임을 지는 조직이다.

④ 기업가 문화(Entrepreneur Culture)

기업가 문화는 위험 부담이나 역동성, 창의성을 중시하여 조직은 외부지향적이며, 소홀한 통제를 행사하고, 선도적인 조직이 되기 위해서 실험정신과 혁신의지를 강하게 보인다.

이상과 같이 네 가지의 기업문화는 조직의 성과와 연결되며, 적절한 조직문화는 제품이나 서비스의 특성에 알맞아야 한다. 또한 기본적으로 고객의 기대감에 부응하는 문화를 만들어야 한다. 특히, 그 기업만의 독특한 문화가 없는 조직은 어떠한 형태로든 장기적으로 지속할 수 없는 가장 중요한 요소이기도 하다.

3) 조직변화의 개념과 저항

① 조직변화의 개념

조직변화란 조직의 유효성, 능률, 만족 등을 높이기 위해 조직의 환경이 변화함에 따라 조직구조, 관리체계, 조직행위 면에서 조직의 특성을 변화시키는 것을 말한다. 조직의 변화를 유발시키는 외부적 요인으로는 기업 간 경쟁의 심화, 소비자의 욕구변화, 정부의 규제, 기술혁신, 물가변동이나 환율 변동 등 기업 외적 환경변화를 들 수 있으며, 조직 내부적 요인으로는 목표의 변화, 전략의 변화, 기술 변화, 구성원의 태도 등의 변화 등과 같이 기업 내에서 통제 또는 예측이 가능한 요인들이다.

이러한 조직변화에 대해 레빈(Lewin)의 연구에 의하면, 조직변화는 해빙(Un-freezing), 변화(Changing), 재동결(Refreezing)의 단계를 거쳐 이뤄진다고 한다.

② 조직변화의 과정: Lewin의 연구

레빈(Lewin)은 조직변화가 해빙 → 변화 → 재동결이라는 과정을 통해 변화한다고 주장하였다.

- 해빙은 개인이나 집단으로 하여금 변화에 대해 준비하도록 하는 단계로서 과거의 방식을 깨뜨림으로써 새로운 방식을 받아들일 태세를 갖도록 하는 단계이다.
- 변화는 한 개인이 다른 사람이나 집단의 호의적인 반응을 얻기 위하여 또는 나쁜 반응을 회피하기 위하여 그들의 영향력을 수용할 때 발생하는 순종, 그리고 한 개인이 다른 사람 또는 집단과의 관계가 만족스럽고 자기의 자아 일부를 형성한다고 느껴 그들이 태도를 받아들일 때 발생하는 동일화, 마지막으로 유발된 태도나 행위가 내재적으로 보상되며, 한 사람의 가치체계에 부합될 때 발생하는 내면화 단계로 변화하는 것이다.
- 재동결은 이러한 변화과정을 통해 새로 획득한 태도·지식·행위가 개인의 성격이나 계속적인 중요한 정서적 관계로 고착화되는 단계이다.

③ 변화에 대한 저항

조직변화에 대한 저항요인은 크게 개인적 저항요인과 체계적 저항요인으로

十분해 볼 수 있나.

- 개인적 저항요인은 변화로 인하여 기존의 경제적·사회적 이익이 위협받고, 변화에 수반되는 불안이나 불확실성 등으로 인하여 발생한다.
- 체계적 저항요인은 변화를 실시할 능력이나 수단이 부족, 기득권, 공식적 규제, 비공식적 조직의 관계 등으로 인하여 발생한다.

④ 저항관리

변화가 있기 전에 충분한 사전 교육과 조직 내 커뮤니케이션을 수행하고, 조직구성원들이 참여를 통해 변화에 몰입할 수 있도록 지원하며, 변화로 인한 문제와 불평 등을 경청하여 이를 해결함으로써 변화를 촉진한다.

오늘날의 모든 조직은 개방시스템으로서 환경과 상호작용하면서 존재할 수밖에 없다. 그러므로 환경의 변화에 따라 조직의 변화를 요구하게 되며, 환경의 강력한 요구가 없더라도 조직의 자생력과 성과를 높이기 위해 스스로 개선하려는 변화가 필요하다.

즉, 조직변화(Organizational Changing)란 조직을 구성하는 사람, 구조, 기술 등을 변화시키는 것으로 변화 과정에서 비공식적 과정, 직무특성, 인적 요소, 공식적 조직구조 등 초점을 어디에 맞추는가에 따라 변화 프로그램이 달라진다.

PART

03

고객관계관리

고객관리의 배경과
성공요인 코칭

고객관계관리(CRM, Customer Relationship Management)는 각 분야마다의 정의는 조금씩 다르지만, 기본적으로 고객과 관련된 기업의 내부 외부 자료를 분석 통합하여 고객 특성에 기초한 마케팅 활동을 계획하고, 지원하며, 평가하는 과정을 의미한다.

주로 고객의 욕구에 초점을 두어 1: 1로 실시하는 차별화된 마케팅 전략이다.

1) 고객관계관리의 도입 배경

(1) 시장의 변화

시장의 규제 완화로 인해 새로운 시장으로의 진입 기회가 증가함에 따라 동일 업종에서의 경쟁사가 많아지기 시작했고, 경쟁이 심화된 상황에서 기업들은 욕구 충족을 위해 제품과 서비스의 차별화가 필요해졌다.

(2) 기술의 변화

컴퓨터와 관련된 정보기술의 발달은 고객 욕구 분석의 발전과 고객 데이터 축적 기술의 발전을 가져오면서 본격적으로 CRM이 확산될 수 있는 환경이 형성되었다.

(3) 고객의 변화

고객의 필요와 욕구가 다양화되는 현실에서 끊임없이 고객의 기대와 요구에 부응하여 고객과의 관계를 유지하고 적절한 제품과 서비스의 차별화를 통해 장기적으로 기업의 경쟁 상위를 고수하는 것이 절실해졌다.

(4) 코칭의 변화

현재는 의사소통과 경청이 그 어느 때보다도 요구되는 시점이다. 고객의 잠재능력을 인정하고 성장할 수 있도록 수평적, 미래지향적 성향을 갖춘 코칭을 적용하여 의사소통능력과 경청의 능력을 발전시키는 데 기여할 필요가 있다.

2) 고객관계관리의 특징

목적: 고객관계 구축 강화 ➡ 고객의 수익성 극대화 ➡ 기업의 수익성 극대화

(1) 기업의 초점이 고객관계관리에 맞춰져 있다.
(2) 고객의 생애 전체에 걸쳐 관계를 구축하거나 거래를 유지하여, 장기적 이윤을 추구한다.
(3) 데이터를 효율적으로 사용 할 수 있는 정보기술에 기초한 과학적인 제반 환경의 효율적 활용을 요구한다.
(4) 고객 욕구의 파악을 위해 직접적인 접촉을 통하여 쌍방향 커뮤니케이션을 지속한다.
(5) 마케팅에만 역점을 두는 것이 아닌 기업의 모든 내부 프로세스의 통합과 매뉴얼화를 요구한다.

3) 고객관계관리의 효과

− 기존 사업의 성과 향상 측면
(1) 신규 고객과 기존 고객을 유지시켜 매출의 증가와 이익이 창출된다.

⑵ 신규 고객 확보 VS 기존 고객 유지의 비용 측면에시 기존 고객 유지로 비용에 대한 절감 효과를 볼 수 있다.

⑶ 서비스를 체험한 경험을 다른 고객에게 전달하여 언어적 효과를 통한 무료 광고 효과를 얻을 수 있다.

⑷ 기업 최고의 우수고객(Loyal Customer)을 세분화하고 확보하여 유지 관리가 가능하다.

⑸ CRM 전략의 성공에 의한 종업원의 유지 효과가 가능하다.

— 신규 사업 진출의 플랫폼 역할 측면

고객에 대한 지식(행동 양식, 욕구 등)과 고객과의 관계를 통한 사업의 다각화가 가능하다.(떼 네이버 포털에서 쇼핑몰 등으로 다각화)

4) 고객관계관리의 성공 요인

(1) 비용 대비 성과를 극대화

기업 이익에 기여할 수 있는지를 판단하여 파급되는 효과에 적당한 예산을 결정하고 성과를 극대화해야 한다.

(2) 대상 고객군의 정확한 설정

(3) 전사적 차원의 CRM이 중요하다

영업, 서비스, 마케팅 등 모든 부분의 인력들이 정보를 공유하고 이를 종합적으로 활용해야 한다.

(4) 기업별로 자신의 업종과 능력에 맞는 CRM을 도입

기업이나 분야에 따라 CRM의 구축 방법이나 활용법이 다르므로 업종과 능력에 맞추어 CRM을 도입해야 한다.

(5) 데이터 활용 능력 강화

분석된 데이터를 어떻게 해석하고 활용할 것인지에 관심을 기울여야 한다.

(6) CRM 추진 주체를 적절하게 조정

CRM은 IT 부서가 기반이 되지만 이끌어 가는 주체는 마케팅부서여야 한다.

5) 고객관계관리의 현 주소

기업 간의 경쟁이 치열해지고 심화되면서 CRM은 경쟁상위 요소로서의 효과가 부족해져서, 기업들이 CRM을 바탕으로 새로운 경쟁상위 요소를 찾는 추세이다. 국내 CRM 시장의 규모는 점차 축소되고 있는 실정이다.

최근엔 CRM 같은 기계적 분석보다는 고객들의 경험과 이미지, 친절도 같은 감성적 경험 분석에 관심이 몰려 CRM에 이어 고객경험관리(CEM, Customer Experience Management)가 대두되고 있다.

CRM의 의의와 편익

1) CRM의 개념화

〈CRM〉

Customer Relationship Management의 약자로 우리말로는 '고객관계관리'라고 한다.

기업이 고객과 관련된 내외부 자료를 분석·통합해 고객 중심 자원을 극대화하고 이를 토대로 고객 특성에 맞게 마케팅 활동을 계획·지원·평가하는 과정이다.

CRM은 최근에 등장한 데이터베이스 마케팅(DB marketing)의 일대일 마케팅(One-to-One marketing), 관계마케팅(Relationship marketing)에서 진화한 요소들을 기반으로 등장하게 되었다.

고객데이터의 세분화를 실시하여 신규고객 획득, 우수고객 유지, 고객가치 증진, 잠재고객 활성화, 평생고객화와 같은 순환을 통하여 고객을 적극적으로 관리하고 유도한다.

기존 마케팅이 일회성 마케팅 전술이라면 CRM은 고객과의 지속적인 관계를 유지하면서 '한 번 고객은 평생고객'이 될 수 있는 기회를 만들며, 평생고객화를 통해 고객의 가치를 극대화하는 것이다.

CRM은 고객의 정보, 즉 데이터베이스를 기초로 고객을 세부적으로 분류하여 효과적이고 효율적인 마케팅 전략을 개발하는 경영전반에 걸친 관리체계이며, 이를 정보기술이 밑받침되어 구성된다.

CRM을 구현하기 위해서는 고객 통합 데이터베이스(DB)가 구축되어야 하고, 구축된 DB로 고객 특성(구매패턴·취향 등)을 분석하고 고객 개개인의 행동을 예측해 다양한 마케팅 채널과 연계되어야 한다.

과거 은행·증권 등 금융 오프라인 기업들이 컴퓨터 응용기술로 가입자 신상명세, 거래내역 등을 데이터화해 콜센터를 구축하는 등에 많이 적용했으나 최근 회원관리가 생명인 닷컴기업들이 가입자 확보를 위해 서둘러 CRM을 도입하고 있다

* CRM을 경영프로세스로 보는 관점

- 고객지향을 핵심으로 하는 마케팅 콘셉트(concept)를 근간으로 한다.
- 두 거래당사자의 장기적인 거래에 있어서 핵심변수는 감정적 유대이며, 감정적 유대의 수준이 높아질수록 높은 고객 애호도와 시장점유율을 가져올 수 있다.

* CRM을 경영소프트웨어 프로그램으로 보는 관점

- 데이터 마이닝을 통해 자사의 제품이나 서비스를 가장 잘 구매할 것 같은 유형의 고객들을 결정하고 이들에게 보다 많이 판매하는 것을 강조한다.
- 고객과의 관계는 감정적인 유대 없이 전적으로 보다 높은 매출을 위해 이루어진다.

〈표 3-1〉 CRM에 대한 두 가지 견해

	경영프로세스 관점	경영소프트웨어 프로그램 관점
마케팅관리 철학	고객지향	판매지향
관리의 초점	감정적 유대	고객의 과거 구매행동

2) 마케팅에서 CRM의 위치

(1) CRM과 관계마케팅

- CRM은 '고객관리에 필수적인 요소들을 고객중심으로 정리, 통합하여 고객과의 장기적인 관계를 구축하고 기업의 경영성과를 개선하기 위한 경영방식'이라고 정의할 수 있다. 이에 따르면 CRM은 고객지향성과 관계지향성을 바탕으로 기업활동이 이루어져야 한다는 것을 의미한다.
- CRM 이전에도 관계마케팅과 같이 고객과의 관계를 중요시하는 개념이 존재하였다.
- CRM과 관계마케팅은 모두 고객지향성과 관계지향성을 바탕으로 한다는 점에서 공통점을 갖는다.

(2) 마케팅에서 차지하는 CRM의 비중

* CRM을 광의의 개념으로 보는 견해

고객과의 관계관리가 곧 마케팅 자체이며, 마케팅은 고객과의 관계를 구축하고 유지·발전시키는 데 공헌해야만 한다.

* 협의의 개념으로 보는 견해

CRM은 제품이나 서비스의 판매 이후 고객유지를 위해 사용되는 여러 기술들 중 하나이다.

[그림 3-1] CRM이 마케팅에서 차지하는 위치에 대한 견해

3) 기업이 얻는 편익

- 궁극적으로 재무성과(financial performance)의 향상이다.
- 24개 서비스산업을 대상으로 한 연구에서 고객이탈률을 5% 감소시킬 경우 이익이 25~85% 증가하는 것으로 나타났다.
- 신규고객 유치비용이 기존고객 유지비용의 5배 이상이다.
- CRM을 통해 기업은 매출 증가, 고객유지비용의 감소, 긍정적 구전효과, 종업원 유지 등의 편익을 얻을 수 있으며, 이는 고객생애가치(customer lifetime value) 증대를 가져온다.

4) 고객이 얻는 편익

(1) 경제적 편익

- 금전적 측면의 편익으로 할인, 추가제공, 무상제공 등을 의미한다.
- 비금전적 편익은 구매의사결정의 효율성 향상, 시간절약 등을 의미한다.

(2) 사회심리적 편익

사회적 편익 – 특정 직원과의 정.
심리적 편익 – 구매 위험의 감소, 기업에 대한 신뢰감, 편안함.
고객화 편익 – 종업원의 고객에 대한 관심, 특별 서비스.

⟨표 3-2⟩ CRM을 통한 기업과 고객의 편익

기업의 편익	고객의 편익				
재무성과의 향상	경제적 편익		사회심리적 편익		
	금전적 편익	비금전적 편익	사회적 편익	심리적 편익	고객화 편익
- 이익증가 - 비용감소 - 매출액 증대 - 고객생애가치 증대	- 할인 - 추가제공 - 무상제공	- 의사결정 효율성 증대 - 시간절약	- 서로 간의 감정 - 개인적 인지	- 구매위험 감소 - 신뢰 - 편안함	- 맞춤 서비스 - 특별 관심 - 특별 서비스

CHAPTER
03

CRM의 성공전략과 발전 방향

먼저 CRM의 실행여부에 대한 의사결정을 하며,

― 실행하기로 결정하면 '고객유치 → 고객유지 → 평생고객화'의 단계로 관리해야 한다.

[그림 3-2] CRM의 단계에 따른 기대수익과 주요 전략적 요인

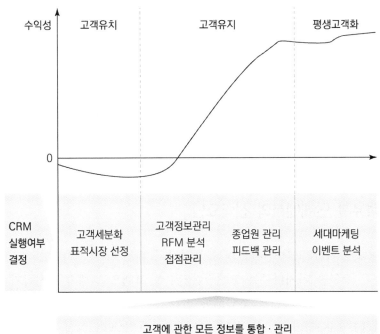

1) CRM의 실행여부 결정

- CRM은 단기적으로는 손실을 가져올 수 있으므로, CRM이 자사에 적합한 것인가를 먼저 판단해야 한다.

* CRM의 실행여부를 판단하는 세 가지 기준

(1) 고객생애가치의 크기

- 고객 1인당 생애가치가 큰 산업에 속한 기업일수록 CRM의 실행이 적절하다.
- 고객생애가치의 계산에는 고객 자신이 일생동안 구매하는 것뿐만 아니라 추천(referral)을 통한 타인의 매출 또한 포함된다.
- 고객생애가치가 큰 산업으로 대표적인 것은 패션의류, 자동차, 금융 등이 있다.

(2) 고객과의 접촉방법

- 고객과의 직접적인 접촉이 이루어지는 산업에 속한 기업일수록 CRM 실행이 적절하다.
- 금융업, 패션의류 산업.

(3) 고객과의 접촉빈도

- 고객과의 접촉빈도가 높은 산업에 속한 기업은 CRM을 실행하기에 적합하다.
- 금융업.

2) 고객유치 단계에서의 전략요인

- CRM을 위한 고객세분화 및 목표시장의 선정
- 높은 수익을 가져다주는 고객집단일수록 고객으로 계속 유지하기 위한 적극적인 노력과 자원을 투입해야 한다.
- 파레토(Pareto)의 20 : 80 법칙 ─ 상위 20%의 고객이 기업 수익의 80%를 차지한다.

[그림 3-3] 파레토(Pareto)의 20: 80 법칙

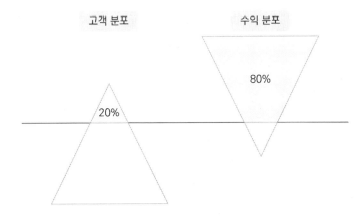

－ 고객가치에 따른 CRM을 하기 위해서는 수익성을 기준으로 고객을 세분화
  해야 한다.

3) 고객유지 단계에서의 전략요인

(1) 고객정보관리

－ 고객과 장기적인 관계를 유지하기 위해서는 기본적으로 고객정보관리를
  위한 데이터베이스나 데이터 웨어하우스를 갖추어야 한다.
－ 고객정보관리 시스템에 양질의 최신 고객정보가 등록되지 못하는 이유:
   ① 고객정보를 수집하는 접점직원들이 고객정보를 입력, 수정하려는 동
     기부여가 안 될 수 있다.
   ② 자사상황에 맞지 않는 고객정보관리 시스템의 도입.
   ③ 접점직원이 사용하기에 고객정보관리 시스템이 지나치게 어렵다.

(2) CRM 실행의 효과성 제고를 위한 RFM 분석

RFM 분석
－ 고객의 최근 구매시기(Recency), 구매빈도(Frequency), 구매금액(Monetary
  amount)을 분석하는 것.

- 최근 구매시기(R): 세 가지 중 가장 강력한 측정도구.
- 구매빈도(F): 두 번째 강력한 측정도구인데 자사로부터 구매한 전체 횟수를 의미.
- 구매금액(M): 데이터베이스가 구축된 이후 각 고객이 구매한 전체 금액.

(3) 고객접점의 관리

- 고객접점: 기업의 마케팅 활동이 고객에게 전달되는 최일선으로, 마케팅활동에 대한 평가는 대부분 고객접점에서 이루어진다.
- 스칸디나비아 항공의 얀 칼슨(Jan Calzon) 사장: 고객이 항공사 직원을 접촉하는 약 15초 동안의 경험이 그 항공사에 대한 이미지를 결정한다 → 현장 종업원의 중요성.
- 곱셈의 법칙

(4) 종업원 관리

- 고객을 유지하기 위한 한 가지 중요한 수단은 종업원을 유지하는 것이다.
- 특히 종업원의 노력이 많이 요구되는 서비스 산업의 경우 종업원의 로열티는 매우 중요하다.
- 종업원은 내부고객(internal customer).
- 내부마케팅(internal marketing)의 실천.

(5) 피드백 관리

- CRM이 성공적으로 수행되기 위해서는 고객의 소리를 청취할 수 있는 피드백 시스템이 마련되어야 한다.
- 고객불만을 신속하게 처리하면 고객유지율을 크게 향상시킬 수 있다.

[그림 3-4] 불만고객에 대한 피드백과 고객 재구매율

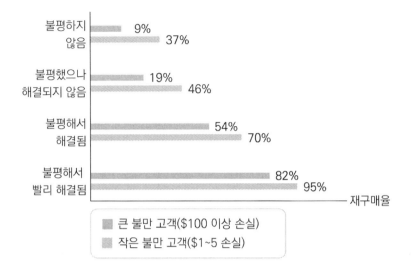

- 기업은 고객이 메시지를 전달할 수 있는 채널(예를 들어, Clover 시스템, 홈페이지 고객의 소리 등)을 마련하고 고객의 메시지에 신속히 대응해야 한다.

4) 평생고객화 단계에서의 전략요인

(1) 이벤트 관리를 통한 교차판매 및 상향판매

- 교차판매: 어떤 품목을 구입한 고객이 구입할 가능성이 있는 다른 품목을 구입하도록 하는 것.
- 상향판매: 보다 고급 품목을 권유하여 구입하도록 하는 것.

(2) 세대마케팅

- 고객이 평생 동안 자사의 고객으로 남을 뿐만 아니라 세대를 이어 고객이 되도록 하는 것.
- 삼성생명: 부모가 고객인 경우, 자식들에게 "부모님도 저희 상품을 사용하고 만족하셨습니다. 이제 당신도 계약 하십시오"의 메시지 전달.

- LG패션: Daks, Maestro 등 기성 세대의 브랜드부터 Towngent, TNGT 등 신세대의 브랜드까지 다양한 브랜드를 보유.

5) 고객관계관리의 성공 사례(1)

- SK TELECOM

SKMS(SK Management System)는 SK 고유의 기업문화 및 경영이념, 경영기법을 체계적으로 정리한 것으로서, 1979년 구성원의 합의를 통해 제정된 SK만의 경영 철학이자 경영시스템이다.

SK는 SKMS의 정립을 통해 기업문화를 발전시키고 경영관리 수준을 향상시킬 수 있는 초석을 마련하게 되었고, 현재에도 SK의 모든 구성원들은 SKMS를 기준으로 판단하여 경영활동에 임하고 있다.

SKT의 CRM은 Mass Marketing ➡ Segment Marketing ➡ One to One Marketing의 변화를 보이고 있다.

- 1997년 후반, 이동통신 시장에서 3사의 본격적 경쟁 시작되면서 고객관련 데이터를 기반으로 DBM(Data Base Marketing)을 구축함.
- 1999년 Segment Marketing을 통한 TTL 출시: 20대의 자유로운 라이프 스타일을 반영하여 고안됨. 20대를 타깃으로 출시.

(1) 감각적인 디자인과 기능의 단말기
(2) 고객의 편익을 위한 멤버십 카드
(3) 문화 공간 TTL ZONE 개설

⇨ TTL 출시 6개월만에 20대 시장 점유율 23% 상승(26%에서 49%로 급증)

- 2000년 초, SKT 전체고객을 대상으로 멤버십 서비스 확대(리더스클럽)
- 현재, 멤버십의 유지와 VIP를 위한 우수 고객 서비스 운영 중

6) 고객관계관리의 성공사례(2)

- LOUIS VUITTON Korea

루이 비통(Louis Vuitton)은 가방, 의류, 주얼리, 신발, 선글라스, 시계 등을 제작·판매하는 프랑스의 명품 패션 브랜드이다. 창업자 루이 비통의 이름에서 유래한 루이 비통은 1854년 프랑스 파리에서 '여행가방 전문매장'으로 시작하였으며, 이는 19세기 산업혁명과 더불어 철도 및 수로 교통의 확산으로 인해 여행인구가 증가했던 사회적 배경과 연관이 깊다. 여행을 바탕으로 탄생하고 성장해온 루이 비통은 현재까지 150여 년간 5대에 걸쳐 사업을 이어오고 있다.

브랜드 마케팅

(1) 가격이 비싸더라도 상품에 매력이 있으면 얼마든지 구매하는 소비자들의 심리를 이용한 고가 포지셔닝.

(2) 최고급 가죽과 장인들의 100% 수작업을 통하여 제품 생산 후 8번의 품질 검사.

(3) 한 번에 한 개 이상의 제품 구매 불가능. 6개월 이내 재구매 불가능.

■ 고객 맞춤 주문 서비스

: 다양한 아이템들을 고객이 원하는 취향에 맞게 100% 주문 제작 하거나, 기존 제품을 보완, 수정해 준다.

이 서비스를 통하여 고객의 요구에 효과적으로 부응하고 있다.

■ VVIP 고객을 위한 소규모 패션쇼

: 1년에 총 8회 최상위 고객 8명을 위한 소규모 패션쇼를 개최한다.

고객의 편의를 위해 고객 1명만이 초대되며, 쇼가 진행되는 동안엔 매장이 폐쇄된다. 하지만 매출 부분에선 오히려 종일 개방할 때보다 훨씬 높다.

이 소규모 패션쇼는 VVIP고객들에게 특별함과 만족감을 높여 주고 있으며, 다른 브랜드에서도 비슷한 유형으로 도입하고 있는 실정이다.

7) 고객관계관리의 발전 방향

(1) 기업은 고객의 지식에 초점을 맞추고 고객의 가치 상승에 따라 기업이 획득하고 활용할 지식의 원천으로서의 고객의 의미를 새롭게 인식해야 한다.

(2) 자사의 발전에 영향을 미칠 수 있는 상품, 기술, 고객관계에서의 지식을 획득하여 활용하는 지식중심의 CRM을 지향해야 한다.

(3) 불평, 불만을 해결하던 고객지원센터를 고객의 지식을 획득하고 활용할 수 있는 고객 주도형으로 업무를 개편해야 한다.

(4) 고객과의 대화를 통해 고객의 변화를 예측하고 기업도 변화해야 한다.

(5) CRM은 고객과의 협력관계가 강화될 때 우월한 성과가 나타나기 때문에 고객과의 협력의 단계로 확장되어야 하며 고객을 Consumer→ －Customer→ －Partner로 인식하여 발전해 나가야 한다.

PART
04

촉진관리와
비영리경영

촉진의 의의와 커뮤니케이션과정 모형

1) 촉진의 의의

촉진(promotion): 기업이 목표 고객으로부터 원하는 반응을 얻기 위해 의도된 설득적 메시지를 인적 혹은 비인적 매체를 통해 소비자에게 커뮤니케이션하는 행위이다.

■ 촉진의 3단계 효과
- 인지: 소비자에게 제품에 관한 정보를 제공하여, 제품에 대해 알게 한다.
- 감정: 제품에 대해 호의적인 태도를 가지도록 한다.
- 행동: 최종적으로 제품의 구매를 이끌어 낸다.

2) 커뮤니케이션과정 모형

[그림 4-1] 커뮤니케이션과정 모형

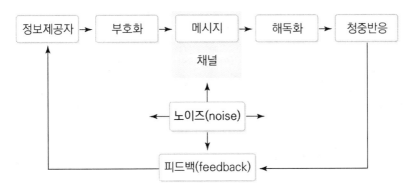

■ 정보제공자의 의도대로 목표 청중이 메시지를 수용하지 않을 수 있다.

- 선택적 주의: 관심 있는 일부 메시지에만 주의한다.
- 지각적 왜곡: 유입되는 메시지를 자신의 신념체계에 맞추어 변형하여 이해한다.
- 선택적 보존: 단기기억에서 처리한 정보를 장기기억으로 이전시켜 저장한다.

(1) 정보제공자

■ 고려해야 될 사항들

첫째, 커뮤니케이션 목표의 결정이다.

둘째, 목표 청중의 결정이다.

셋째, 메시지 전달자(광고모델, 판매원 등)의 특징 고려: 전문성, 진실성, 호감도이다.

(2) 부호화(Encoding)

전달할 내용을 부호나 상징으로 표현(메시지 제작)이다.

① 소구방식

- 이성적 소구: 속성 혹은 편익을 구체적으로 제시하여 합리적으로 소구하는 방법이다.
- 감성적 소구: 따뜻함, 유머, 두려움, 자부심 등의 감정을 유발한다.

② 메시지 구조

- 메시지 주장 측면: 일면적 메시지 vs. 양면적 메시지
- 내용제시 순서
- 결론 도출성

③ 메시지 양식: 전달내용을 표현하기 위해 상징이나 부호를 사용한다.

- 언어적 vs. 비언어적; 시각적 vs. 청각적

3) 커뮤니케이션 채널: 광고, PR, 판매원, 판매촉진, 패키지

- 채널 선택에 영향을 미치는 요인
  - 목표 청중의 특성.
  - 제품의 특성이나 메시지 내용, 구조, 양식.

4) 해독화(Decoding)

청중은 메시지를 자신의 경험이나 지식을 토대로 이해한다.
메시지는 청중이 이해하기 쉽게, 그리고 흥미롭게 구성되어야 한다.

5) 청중의 반응

[그림 4-2] 계층적 커뮤니케이션효과 모형

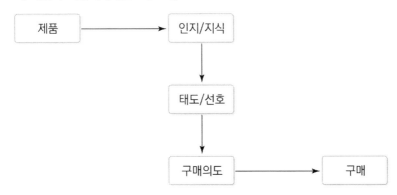

- 인지/지식 → 태도/선호 → 구매의도/구매의 관계: 주로 고관여 상태이다.
- 저관여 상태의 경우에는 위와 다른 과정을 거치는 경우가 많다.
  - 제품지식 없이 호감과 선호 형성(예 광고태도 → 제품태도).
  - 호감/선호 없이 제품인지로부터 구매행동 유발.

6) 피드백(Feedback): 청중의 반응이 정보제공자에게 전달되는 것

→ 커뮤니케이션 목표달성 평가.

→ 차기 커뮤니케이션 활동에 반영.

7) 노이즈(Noise)

■ 채널상의 노이즈: 같은 시간대에 방영되는 다른 제품의 광고이다.

■ 해독화상의 노이즈: 부정적 선입관이 있는 소비자는 광고를 잘 믿지 않는다.

* PPL(product placement): 영화나 드라마에 제품을 소품으로 등장시켜 관객들이 제품에 호감을 갖게 하는 촉진 방법이다.

촉진수단의 관리

1) 촉진수단의 관리

- 촉진수단: (1) 광고, (2) PR, (3) 인적판매, (4) 판매촉진, (5) 패키지
  - push 전략: 유통경로상의 구성원들이 다음 단계의 구성원들에게 촉진활동이다.
  - pull 전략: 제조업자가 소비자의 수요를 직접 자극하여 소비자가 자사브랜드를 구매하도록 하는 방법이다.

(1) 광고(advertising)

- 특정 광고주가 대가를 지불하고 제품, 서비스, 아이디어 등을 비인적 매체를 통해 알리고 구매를 자극하는 촉진활동.

(2) PR(public relations)

- 소비자가 속해 있는 지역사회나 단체 등과 긍정적인 관계를 개발하여 자사나 자사제품에 대한 긍정적 이미지 형성을 통하여 장기적으로 제품판매를 증대시키고자 하는 노력. → 홍보가 가장 전형적임.
- 홍보(publicity): 언론을 이용하여 자사의 활동을 알리는 것.
- 광고에 비한 홍보의 두 가지 특징.
  첫째, 비용을 지불하지 않는다.
  둘째, 객관적인 정보를 제공하기 때문에 신뢰성이 높다.

(3) 인적판매(personal selling)

준비 → 설득 → 판매 후 서비스

(4) 판매촉진(sales promotion)

■ 인적판매, 광고, PR, 그리고 패키지 이외의 모든 촉진활동.

① 판매촉진의 목적

첫째, 짧은 기간 내에 판매를 대폭 증대(예 바겐세일).

둘째, 제품을 시험 삼아 사용해 보게 함(예 무료 sample).

셋째, 재구매 유도(예 재구매 시 가격할인을 받을 수 있는 coupon).

넷째, 가격에 민감한 소비자의 구매유도(예 쿠폰 포함 광고).

다섯째, 계절에 따른 판매의 변동을 줄임

(예 계절성 제품을 비수기에 할인판매, 판매가 저조한 시기에 판촉행사).

② 판매촉진수단의 유형

〈표 4-1〉 판매촉진수단의 유형

소비자 판촉	유통업자 판촉
- 견본품 - 가격할인 - 가격할인쿠폰 - 리베이트 - 프리미엄 - 사은품 - 경품 - 마일리지 서비스 - 제품시용	- 수량할인 - 현금할인 - 촉진공제 - 트레이드 쇼 - 경품

③ 판매촉진의 관리

(5) 패키지

패키지를 통해 설득적이면서도 정보제공적인 메시지를 전달할 수 있다.

- 패키지의 역할(촉진 측면)
  ① 진열효과(shelf impact)
  ② 상징적 가치
  ③ 새로운 포장개발에 의한 매출증대

CHAPTER
03

광고관리와 비영리경영의 변화

1) 광고의 의의

① 광고의 개념과 경제성장과의 관계

- 광고: 기업이 비용을 들여 비인적 매체에 의해 제품관련 정보를 제공하고 구매를 설득하는 대량전달 활동이다.
- 경제성장률이 높은 경우 광고비 증가율은 경제성장률보다 높고, 경제성장률이 낮은 경우에는 광고비 증가율은 경제성장률보다 낮다.
  → 광고비지출은 경기에 매우 민감함을 나타낸다.

② 광고의 역할과 유형

- 광고의 역할
  - (a) 정보제공, 설득, 강화
  - (b) 인적판매기능의 대체
  - (c) 인적판매의 보완

- 광고의 유형

〈표 4-2〉 광고의 유형

	광고유형	특징
(a) 제품과 기업	제품 광고	제품 혹은 서비스에 대한 정보제공 및 설득
	기업 광고	기업이미지 제고

	광고유형	특징
(b) 일차적 수요와 선택적 수요	개척 광고	제품에 대한 일차적 수요 자극
	경쟁 광고	선택적 수요 자극을 위한 브랜드지향적 메시지
(c) 소비자와 유통업자	소비자 광고	최종 소비자의 수요를 자극
	유통업자 광고	유통업자 수요를 자극
(d) 공동과 제휴	수평적 공동광고	소매업자들이 한 제품에 대하여 공동광고
	수직적 공동광고	제조업자와 소매업자가 소매광고 비용을 분담
	제휴 광고	다른 업종끼리 공동의 이익을 위해 함께 광고

2) 메시지의 결정

- AIDA(Attention, Interest, Desire, Action)의 원칙.

(1) 메시지의 유형

〈표 4-3〉 광고메시지의 일곱 가지 유형

1) 정보제공적(informative)
2) 의견주장적(argument-based)
3) 감성적(emotional)
4) 행위지시적(behavior commanding)
5) 상표친숙적(brand familiarizing)
6) 상징적(symbolic)
7) 모방유도적(imitation driving)

(2) 메시지 유형의 결정에 영향을 미치는 요인

① 소비재 대 산업재

- 산업재: 제품의 품질과 서비스에 기초해 구매 결정.
  → 정보적 메시지나 의견주장적 메시지.
- 소비재: 감성적이거나 상징적인 것들이 더 효과적일 때가 많다.

② 제품특성:

가. 유행성 제품−모방유도적 혹은 상징적 메시지.
나. 기계적으로 복잡한 제품−정보적 메시지나 의견주장적 메시지.

다. 감각적 제품－상징적 혹은 모방유도적 메시지(감각의 언어적 표현 어렵기
  때문).
라. 서비스－의견주장적 혹은 정보적 메시지(언어적으로 구체적 묘사 필요).

③ 필수품 대 사치품

－ 필수품(특히 편의품): 상표친숙적 혹은 행위지시적 메시지.
－ 사치품: 감성에 호소하는 메시지(모방유도적 혹은 상징적 메시지).

④ 표적소비자의 특징

－ 지적수준이 높은 소비자: 행위지시적 메시지에는 잘 수용하지 않음.
  → 정보적 혹은 의견주장적 메시지.

⑤ 제품수명주기

－ 혁신제품으로 제품시장을 창조한 경우: 정보제공적 메시지에 의해서 일차
  적수요 유발.
－ 경쟁브랜드 출현(성장기, 성숙기): 의견주장적 메시지에 의하여 선택적 수
  요 유발.

⑥ 제품가격

－ 고가격: 정보적 혹은 의견주장적 메시지.
－ 저가격: 기억에 강하게 남을 수 있는 메시지 사용.

⑦ 제품차별화 정도

－ 경쟁브랜드 간 물리적 차이가 존재할 때: 의견주장적 메시지.
－ 표준화된 제품: 상징적, 모방유도적, 혹은 감성적 메시지를 통해 차별화.

3) 매체선정과 믹스

－ 매체(media)의 유형
－ 인쇄매체: 신문, 잡지, 각종 출판물 등.

- 선파내체: 텔네비젼, 라디오 등.
- 기타매체: 컴퓨터(인터넷광고), 케이블TV, 옥외광고, 차량광고, 우편
- 우편광고: 표적청중에게 도달하는 데 있어서 가장 큰 유연성 발휘.
- 전단지(leaflets)
  - 장점: 필요한 경우 신속히 표적청중에게 메시지를 전할 수 있다.
  - 단점: 다른 전단지 속에 묻혀 청중의 주의를 끌지 못할 가능성이 크다.
- 전화, 케이블 TV 등: 직접마케팅의 일환.
  - 장점: 청중의 반응을 정확하고 신속히 얻고 이에 맞추어 효과적인 마케팅활동을 수행할 수 있다.
  - 단점: 비용이 많이 들고 신속히 많은 청중과 접할 수 없다.
- 옥외광고와 차량광고
  - 장점: 광고비가 저렴하고, 소비자들이 같은 광고를 여러 번 보게 된다.
- 인터넷광고: 이메일광고, 배너광고 등.
  - 장점: 목표청중에게 전달과 트래킹이 용이하고, 상호작용이 가능하다.
  - 단점: 소비자들이 주의를 기울이지 않을 가능성이 높다.

- 매체선정기준

① 접촉범위, 접촉빈도, 그리고 총접촉량

- 접촉범위(reach): 일정 기간 동안(보통 한 달) 적어도 한 번 이상 자사의 광고에 접촉되는 사람들의 수.
- 접촉빈도(frequency): 일정 기간 동안 한 광고가 한 사람에게 평균 접촉되는 빈도.

예 신문광고가 50,000명 독자중의 10,000명에게 한 번 접촉되고 20,000명에게 두 번, 15,000에게 세 번, 5,000명에게 네 번 접촉된 경우:

$$접촉빈도 = \frac{(10,000 \times 1) + (20,000 \times 2) + (15,000 \times 3) + (5,000 \times 4)}{50,000}$$

$$= \frac{115,000}{50,000} - 2.3$$

- 총접촉량(impression): 특정 매체를 통하여 전달되는 접촉의 총량.

  총접촉량 = 접촉범위 × 접촉빈도

  50,000(접촉범위) × 2.3(접촉빈도) = 115,000

- 총접촉비율(Gross Rating Points; GRPs): 접촉비율 × 접촉빈도

  예 위의 신문이 75,000가구에 배포되고 있고, 이 신문에 실린 광고를 본 사람이 50,000명이라면, 광고의 접촉비율은 67%가 된다(50,000/75,000).

총접촉비율 = 접촉비율 × 접촉빈도 = 67 × 2.3 = 154.1

- TV: 일정 기간 내에 반복을 통해 높은 접촉빈도를 얻을 수 있다.
- 잡지: 특정 이슈에 대한 자발적 접촉빈도를 높이는 데 효과적이다.

② 표적고객

- 잡지: 세분화된 표적고객과 접촉하는 데 있어 가장 효과적인 매체.
- TV광고, 옥외광고: 세분화된 표적고객에게 메시지를 전달하여 주는 데는 한계.

③ 메시지의 특징과 전달방법

- 인쇄매체: 수용자 통제매체, 정보제공적 메시지를 통한 합리적 소구에 적절.
- 전파매체: 매체 통제적, 감성적 메시지를 통한 감성적 소구에 적절.

④ 비용

- CPM(cost per thousand persons reached): 1,000명의 사람에게 메시지가 도달하는 데 드는 비용; 매체비용 ÷ 접촉범위(reach; 단위는 1,000명).

  예 잡지 광고비가 200만 원이 들고 잡지가 100,000명의 표적고객에게 읽혀진다면?

  $$CPM = 200만 원/100 = 20,000원$$

⑤ 매체믹스

- 매체믹스(media mix): 매체와 전달체를 광고효과가 극대화되도록 배합하는 것.

4) 광고효과측정

– 무엇을 측정하는가 그리고 언제 측정하는가?

〈표 4-4〉 광고효과측정

측정시기 측정대상	사전측정	사후측정
커뮤니케이션효과	감정, 신념, 태도, 의도 측정 회상, 재인 측정	감정, 신념, 태도, 의도 측정 회상, 재인 측정
판매효과	시장실험	통계적 추정

– 회상(recall): 소비자들이 광고된 제품의 광고주나 브랜드를 어느 정도나 회상해 내는가.
  • 점포방문 전에 구매브랜드의 결정이 이루어지는 경우 회상이 매우 중요.
– 재인(recognition): 광고를 접촉한 소비자들이 질문에 얼마나 정확한 응답을 하는가.
  • 점포 내에서 구매브랜드를 결정하는 경우 재인만으로 충분할 수 있다.

5) 비영리경영의 변화

① 스티브 잡스(Steve Jobs): Think different

얼마 전 이 시대의 혁신가(Innovator)이자 개척자(Pioneer)였던 스티브 잡스(Steve Jobs)가 세상을 떠났다. 스티브 잡스가 생전에 했던 말들 중, 우리 마음에 깊이 전해질 영어표현을 짚어 보고자 한다. 1997년 9월 28일 애플의 광고 "Think different" "세상을 다른 방식으로 바라보는 가슴 뜨거운 사람들이 세상을 바꿔 나갑니다. 바로 이들이 새로운 것을 발견하고 상상하고 시도하고 창조하고 제시합니다. 인류는 이런 혁신가들 덕분에 앞으로 나아가는 것입니다." 1997년 임시 최고경영자(CEO)로 다시 애플에 복귀한 스티브 잡스는 가장 먼저

이 말을 강조했다.

너무나 간단한 표현이지만, 스티브 잡스의 신화는 모두 여기에서 출발한다고 해도 과언이 아닐 것이다. iMac, iPod, iPod Touch, iPone, iPad가 모두 이러한 혁신 정신에서 나왔다. 애플의 스티브 잡스는 남들과 다른 방법으로 승부하지 않으면 승리할 수 없는 시대라고 말한다.

② 김연아: 피겨여왕

김연아가 피겨여왕이 될 수 있었던 핵심기술은 여자피겨선수들이 힘들어하는 점프였다. 김연아는 피겨스케이팅을 배울 때, "연기는 나중에 배워도 되지만 점프는 어려서부터 연습해야 한다"는 코치의 말을 듣고 점프연습에 몰두했다고 한다. 김연아는 난이도가 높은 '3회전＋3회전' 연속 점프를 완벽하게 실행, 쇼트 프로그램 세계 최고 기록을 갈아치웠다.

비즈니스 세계의 승부도 '남들과 얼마나 다른가'로 결정된다.

③ 닌텐도 게임

닌텐도는 '게임은 시간 낭비'라는 세간의 비판에 맞서 '머리가 좋아지는 게임'을 출시했다. "당신의 두뇌는 몇 살입니까?"라는 도발적인 질문을 던지며 출시한 '두뇌 트레이닝' 게임은 게임에 대한 부정적인 인식을 바꾸면서 지난 4년간 1억 개 이상 팔렸다. 닌텐도는 또 가족과 함께 하는 게임인 '위(Wii)'를 개발, '게임은 가족간의 단절을 가져온다'는 고정관념도 깼다.

④ 필립스: 전기면도기

필립스는 '전기면도기는 남자가 산다'는 업계의 고정관념에서 탈피, 여성이 좋아하는 컬러와 디자인을 반영한 신제품을 개발했습니다.

여성이 선물용으로 면도기를 구입하는 점에 착안한 전략이었다. 그 결과 여성들이 애인이나 남편, 아버지에게 선물하기 위해 구매하는 양이 전체 판매의 절반을 차지할 정도로 늘어났다.

⑤ 아오모리현: 사과 생산지

일본 최대 사과생산지인 아오모리현은 1991년 가을 태풍으로 수확을 앞둔 사과의 90%가 땅에 떨어지는 피해가 발생했습니다. 농부들이 낙담하고 있을 때,

나을 이장이 나서서 "남아 있는 10%의 사과를 활용하지"고 제안, '떨어지지 않은 합격 사과'라는 브랜드를 만들어 냈다. 보통 사과 값의 10배 값을 정하였는데도, 대입 수험생을 둔 학부모에게 선풍적인 인기를 끌며 판매됐고, 농부들은 태풍 피해를 만회했다. 결국 승자는 남들과 다르게 생각하는 것에서부터 출발한다.

⑥ 다윗과 골리앗

다윗은 전쟁터에서 남들이 다 사용하는 창이나 방패 검으로 승부를 하지 않았다. 바로 돌팔매로 골리앗의 약점을 공략해서 일타에 그를 격퇴시킨 것이다. 위대한 아이디어는 더 이상 소수의 선택된 사람들만 가질 수 있는 능력이 아니고, 누구나 머릿속에 잠재된 능력으로 가지고 있다. 창의력 개발을 위한 출발점이자 가장 중요한 핵심은 자신이 기존에 알고 있던 지식, 과거의 사고에서 과감히 탈피하는 것이다.

⑦ 비영리경영학의 철학

스티브 잡스가 만약 10년 더 생존했더라면 또 다른 '기적'을 일으켰을 것이다. 그는 분명 천재적 기업가였다.

미혼모의 아들로 태어나 입양되고, 대학중퇴 등 열악한 환경은 그에게 장애물이 아니었다. 세계 최초로 개인용 컴퓨터를 개발하고, 세상의 패러다임을 바꾸었다. 그는 여기서 멈추지 않고 그가 만든 컴퓨터를 파괴하고, 아이폰과 아이패드를 만들어 또 다시 디지털 시대 뉴라이프 스타일을 창조했다. 그는 창조적인 파괴자이자 파괴적인 혁신가였다. 그래서 잡스에게는 천재, 혁명가, 혁신의 아이콘, 잡스교의 주교, 비즈니스계의 악동, 일등 기업인 등 수 많은 수식어가 있다.

그의 혁신과 창조의 핵심동력은 "다르게 생각하라"(Think Different)이며 이것이 곧 애플과 잡스의 비즈니스 철학이다. 그는 떠났지만 그의 사상은 아직 우리 가운데 지금도 꿈틀거리고 있다. 이제 복지도 비영리경영도 다르게 생각해야 한다. 생각의 전환을 통해 미래를 예견하며 변화하는 것이야 말로 비영리경영의 나아갈 길이며 비전이라고 본다.

비교적 젊은 학문이라고 말할 수 있는 비영리경영학이 빠른 속도로 학문적 체계를 갖춰 나간 이유는 타 학문을 전략적으로 폭넓게 수용하여 경계를 지속적으로 확장해 나갔기 때문이다. 심리학을 받아들여 조직행동이론을 수립하고, 수학과 통계학을 바탕으로 회계학과 재무학의 토대를 쌓았다.

경제학과 게임이론 등을 수용하여 비영리경영전략 이론으로 발전시키고, 정보기술을 경영에 접목하여 비영리경영정보시스템을 준비하고 있다. 비영리경영학은 기업의 경영을 다루는 응용학문으로서 이처럼 다양한 학문들이 융합되거나 파생되면서 체계를 갖추어 나갔기 때문에 결코 타 학문과 분리하여 생각할 수 없다.

따라서 이제부터는 시선을 거꾸로 돌려 볼 것을 제안한다. 복지와 경영학 중심의 시각을 버리고 타 학문의 입장에서 비영리경영학과 인성코칭으로 바라보는 시각을 채택해 보는 것이다. 예술, 자연과학, 인류학, 사회학 등 우리가 흔히 비영리경영학과 전혀 상관 없다고 치부해 버리는 학문의 체계와 관점 속에서 비영리경영과 인성코칭의 의미를 탐구하는 것이 필요하다.

위대한 아이디어는 레스토랑의 회전문에서 탄생한다는 말은 의미 있다고 볼 수 있다. 이제는 순수 타 학문의 시선으로 비영리경영학과 인성코칭을 바라보는 새로운 시선이 필요한 시대로 변모하고 있다. 새로운 이슈가 없어진 비영리경영학과 인성코칭은 이제 새로운 시각의 접근이 필요하다는 것이다.

'비영리경영학'이라는 분야는 학문의 한 분야가 아닌 생태계의 현상들로 규정하고 그에 따른 전 생태계적인 시선이 필요하다고 말한다.

⑧ 벤치마킹

벤치마킹을 올바르게 하려면 첫째, 타사의 결과만을 보지 말고 내면의 과정과 이슈를 중점적으로 파헤쳐야 한다. 우리가 배우는 역사는 비록 사실에 기초하고 있다고 해도, 엄격히 말하면 결코 사실 그것이 아니라 널리 승인된 일련의 판단들이다.

둘째, 소위 일류기업이라 불리는 몇몇 기업의 성공 스토리를 비판적으로 수용해야 한다. 역사학은 본질적으로 '변화'의 학문이다. 역사학은 어제는 오늘과 어떻게 그리고 왜 다른가를 연구함으로써 내일은 어떤 점에서 오늘과 다를 것인가를 예견하는 방법을 찾기 위한 학문이다.

셋째, 확신을 얻기 위한 벤치마킹은 반드시 피해야 한다. 마지막으로, 무엇보다도 어떠한 결과가 나오든 벤치마킹을 100% 신뢰하지 않는 자세가 중요하다. 성숙한 기업은 낡은 구조와 오래된 정책을 지속적으로, 그리고 의식적으로 깨뜨린다.

그들의 성공비결은 어떠한 규칙을 따르는 것이 아니라 오히려 그것을 제거하는 데에 있었고 앞으로도 그러할 것이다. 사업의 시작단계에서 행하는 작업들은 특히 인적자원에서 기인한다. 핵심인재의 추가나 이탈은 사업의 성공에 중대한 영향을 미칠 수 있다.

하지만 시간이 경과하면서 조직의 역량은 프로세스와 가치로 이동한다. 놀라운 성공을 거둔 많은 기업이 상장 후에 사라지는 한 가지 이유는 프로세스나 가치를 구성하는 데 실패했기 때문이다. 조직은 기계이면서 동시에 생명체이다.

기계론적 인식과 생명체적 인식 사이에서 우리는 그동안 전자 쪽에 너무나 경도되어 있다. 이것이 수많은 기업에서 시도한 변화관리가 실패로 끝난 이유이다.

무엇보다도, 비영리경영학에 관련된 모든 사람들과 기업의 리더들은 반드시 생태학에 관한 기본 지식을 갖춰어야 한다.

⑨ 비영리경영학과 인성코칭의 관계망

비영리경영학은 정치, 경제, 사회, 환경, 기술 등과 긴밀한 관계망을 가지고 접근하는 것이 필요하며, 생태계의 자기 균형, 자기 조정, 자기 정화 등의 메커니즘을 깨뜨리지 않고 지속 가능한 기업 활동을 영위할 수 있는 방안을 마련하려면 기본적으로 생명과 생태계, 지구와 우주에 대한 깊은 이해와 성찰이 필수적이기 때문에 비영리경영학이 이제는 인접한 학문의 세계와 커뮤니케이션을 통하여 생태학의 입장에서 본 학문적 교류와 시각을 새롭게 하며, 비영리경영과 인성코칭의 새로운 장을 열어가는 것이 매우 중요하다고 본다.

이제 복지도 복지의 시각만이 아니라 비영리경영과, 그리고 타학문인 인성코칭의 시각으로서 볼 때 더욱 비영리경영의 미래가 밝을 것이라고 본다.

⑩ 비영리경영과 인성코칭

4차산업혁명이 등장하면서 인간 고유의 역량이 강조되고 있는 시대이다. 어떤 문제든지 인간이 지닌 사고와 행동의 변화를 통해 해결할 수 있다는 것은 분명하다. 아무리 많은 기술을 개발하고 많은 지식을 가지고 있어도 인간 내면을 잘 인식하고 발전시키고자 하는 것이 이 시대가 요구하는 문제이다.

인성은 한 개인의 일상생활에 있어서 행동, 사고, 감정의 기초가 되는 신체적, 정신적 감정적 특징이다(유홍준, 2013). 즉 인성코칭은 많은 비영리경영의 리더들이 원하는 조직의 역량을 필요로 하는 관리 모형의 초석이 된다.

커뮤니케이션과
인적자원

CHAPTER 01

커뮤니케이션과
미래의 비영리경영

1) 커뮤니케이션과 미래의 비영리경영

① 인사관리

경영에서 일하는 사람들이 각자의 능력을 최대로 발휘하여 좋은 성과를 거두도록 관리하는 일은 매우 중요하며, 일반관리 시스템의 중요한 하위 시스템으로 재정자원이나 물질자원과는 구별되는 인적자원을 다룬다.

인사관리는 전문 인사책임자나 전문적인 인사부서에 할당된 특정 기능이나 활동을 가리키는 데 사용되기도 하며 신규 인원의 모집, 배치, 리더십, 인력의 감독 등과 같은 경영 정책 및 프로그램의 전체 범주를 가리키기 위해 쓰이기도 한다. 우선 인사관리는 특정 직무가 요구하는 개별인력의 능력을 객관적으로 파악하는 것으로부터 시작한다. 이것을 바탕으로 사람들의 발굴·채용·선발·훈련 및 재훈련·협상·자문·지휘·감독·위탁·보상·이동·승진·해고나 퇴직 등이 결정된다. 그러나 여러 작업 조직에서는 노동조합이 종업원들을 대표하고 관리자들은 이 조합과 협상한다. 일반적으로 이러한 노사간의 단체 협약관계를 노사관계라고 말한다.

② 인사부서의 책임 영역

오늘날에는 인사 또는 노사관계 부서에 할당된 책임의 범위가 폭넓게 변화하고 있다. 인사부서의 중요한 책임 영역으로는, 첫째, 조직은 권한과 직능 책임제의 조직화된 구조를 고안하고 개선하는 것과 쌍방간·상호간·수직적·수평적 커뮤니케이션을 용이하게 하는 것이다. 둘째, 계획은 인원수와 특별한 자질을 필요로 하는 인사 수요를 예측하고, 셋째, 투입 일정을 계획하여 적절한 관리 정책과 프로그램 수요를 예상하는 것, 직무를 분석하여 기술·상술하며 이용할 수 있는 능력 있는 사람의 인원 상황을 평가하고 유지하는 것과 신규 모집, 선발, 배치, 이동, 강등, 승진 등을 통해 요구되는 시기와 부서에 자질 있는 인력을 보충하는 것, 넷째 훈련과 개발은 지속적인 개인의 성장을 도모하기 위해 고용 전과 예비 직무 훈련에서부터 관리직 개발 프로그램에 이르기까지 팀 구성원을 보조하는 것, 다섯째, 단체협약은 협약을 교섭하고 일상적인 관리를 통해 단체협약의 내용을 지키는 것, 여섯째, 보상은 개인의 책무와 공헌에 대한 금전 또는 비금전적 유인을 제공하는 것, 일곱째, 일반 관리는 조직 전반에 걸쳐 리더십의 적절한 스타일과 전통을 개발하는 것, 여덟째, 회계·감사·연구는 통제를 쉽게 하고 미래의 실행을 개선시키기 위해 현재의 성과와 절차를 평가하는 것 등이 있다.

이 영역의 몇몇이나 또는 모든 영역에서 다양한 책임 정도에 따라 개별적인 인사부서가 할당될 수 있다. 이 개별적인 인사부서는 배치된 영역에서 다양한 권한을 행사한다. 어떤 임원과 부서는 정책을 만들고 중요한 의사결정을 하며 또다른 임원과 부서는 정책을 연구하고 제안하며 적절한 프로그램을 만들고 감독한다.

인사 담당 부사장은 경영 이사회의 임원이 될 수도 있다. 그는 모든 인력관리 정책과 프로그램에 대한 지도력과 책임감을 갖추고 있어야 한다. 본질적으로 다른 인사부서는 '스태프(staff)' 또는 고문이다.

그들의 활동은 사업을 운영하는 관리자가 요청한 명기된 기술과 전문 서비스를 추천하고 상담하며 제공하는 것으로 제한된다. 가장 일반적인 예로 인사 스태프는 직무를 분석하고, 직무내용을 상술하고, 인적 자원인 잠재 종업원을 찾아가고, 예비 심사 인터뷰를 행하고, 시험을 관리하고, 등급이나 평가 프로그램을 감독하고, 종업원을 상담하고, 훈련 개발 프로그램을 수행하고, 협약을 교섭하고, 불만 해소 상황을 점검하고, 안전과 사고 통제 프로그램을 유지하고, 종업원 혜택과 서비스를 관리하고, 미래의 인력 수요를 예측하고, 조직구조 개편을 추천하고, 조직 내 커뮤니케이션을 감독하고, 종업원 태도와 사기 조사를 수행하고, 때때로 회사 홍보를 포함한 나머지 관련된 업무를 수행한다.

③ 커뮤니케이션을 위한 원칙

커뮤니케이션을 위한 원칙으로 첫째, 비난이나 공격적인 행동을 피하라. 이것은 파트너에게 부정적인 느낌을 불러 일으킨다. 적절한 방법은 긍정적인 확언이다. 즉, 칭찬과 북돋움, 미소나 포옹 같은 친절한 행위 등은 파트너에게 긍정적인 느낌을 불러 일으키고 마음을 열고 직접적인 대화를 하게 해준다. 상대방의 관심, 배려, 확언에 의해 파트너는 긍정적인 마음을 갖게 된다. 반대로 모욕이나 비난은 파트너에게 똑같은 행동을 하도록 유도해야 한다.

둘째, 논의를 할 때는 현재 주어진 주제에 관해서만 이야기하라. 파트너의 과거 실수나 태만했던 일을 언급하지 않도록 주의해야 한다.

셋째, 논쟁을 벌일 때 분명하고 구체적인 상황에서 매우 명확한 행위에만 국한해야 한다.

일반화해서는 안 된다! "당신은 항상 나를 혼자 내버려둬!"라는 식으로 말하지 말고 "어제 당신은 나를 오전 8시에서 11시까지 혼자 있게 했어"라고 구체적으로 말하도록 한다.

넷째, 상대방에게 부정적이고 절대로 고칠 수 없는 특성이 있다고 주장하지 말아야 한다.

대신 변화할 수 있는 특정한 행동에만 국한해서 말하라. 그는 제멋대로의 이기주의자가 아니다. 그저 그렇게 보이도록 행동할 뿐이다.

다섯째, 당신의 느낌과 의견을 표현하라.

"1인칭 주어 문장이 2인칭 주어 문장보다" 훨씬 적절하다. 왜냐하면 후자는 비난의 화살을 파트너에게 꽂아 당신에게 좋은 반응이 돌아오지 않기 때문이다. 그러니 "당신 또 시끄럽게 하는군!" 하고 말하는 대신 "나는 음악소리가 너무 크면 집중할 수가 없어요"라고 유연성 있게 말하도록 하라.

또한 사회복지경영에서 커뮤니케이션은 무엇보다도 중요하며 지속적으로 관심을 가져야 할 과제이다.

2) 의사소통과 미래의 비영리경영

① 의사소통

의사소통은 사람들 간에 생각이나 감정 등을 교환하는 총제적인 행위이다. 의사소통은 구어(oral language)나 문어(written language)를 통한 언어적 요소는 물론 제스처나 자세, 얼굴표정, 눈맞춤, 목소리, 억양 등과 같은 비언어적 요소를 통해서도 이루어질 수 있다.

언어 또는 비언어적 형태의 정보를 교환하는 데 장애가 있는 것이다. 짐 호던(Jim Haudan)은 루트 러닝(Root Learning)사 CEO이며, 20여 년 동안 사람들과 조직을 도와 그들이 깊이 몰입함으로써 숨은 역량을 최대한 발휘하도록 돕는 일을 하고 있다. 그는 코치와 학교행정 업무에서 출발하여 비즈니스 학습, 즉 전략에 사람들을 몰입시킴으로써 실질적인 결과를 만드는 데 초점을 두었으며 회사를 공동 설립하는 데 크게 공헌하였다.

② 몰입과 소통의 경영

스타벅스, 펩시, IBM 등의 조직이 숨은 역량을 최대한 발휘하도록 도와온 짐 호던은 몰입과 소통의 경영을 제시하고 있다.

구성원이 조직에 몰입하여 최고의 성과를 창출하는 조직으로 만드는 비밀을 밝힌다. 구성원이 조직에 몰입하기 위해서는 소통이 가장 중요함을 일깨워 주고 있다. 구성원과 조직 간뿐 아니라, 구성원과 구성원 간의 소통을 가로막는 장애요인을 분석하여 문제의 요인들을 제거하는 것이 필요하다고 본다. 경영자나 관리자가 고민하는 문제인 전략과 몰입의 거리감을 '소통'이라는 방법으로 풀어야 한다고 본다. 성원의 마음을 움직이고 행동을 변화시키는 몰입과 소통의 경영에 대해 배워 나가게 된다. 구성원 간의 몰입과 소통을 통해 조직이 지속적으로 성과를 창출하는 독특한 해결 방법을 익히게 된다.

사회복지기관을 흔히들 휴먼서비스기관이라 칭한다. 인간에 의한, 인간을 위한 서비스를 제공하는 기관이 휴먼서비스기관이라 정의할 수 있다. 신선한 재료가 좋은 음식을 만들 수 있듯이 사람이 가장 중요한 가치의 중심에 있는 사회복지기관은 서비스를 제공하는 자도 서비스를 제공받는 자만큼 중요하다고 본다. 생산과 소비가 분리될 수 없는 사회복지기관이야말로 내부고객인 직원들에 대한 관리방안이 제대로 마련되어야 하는 이유일 것이나. 효과적인 내부커뮤니케이션은 조직의 자기관리, 자기통제로 유도하여 성공적인 서비스 품질향상에 기여하는 중요 요소가 된다. 이는 서비스의 생산과 제공에 불확실성을 감소시키고, 조직분위기를 개선하여, 직원들의 조직몰입과 업무기능 간에 협조라는 효과를 얻을 수 있다.

권한위임이란 제도를 통해 가능한 한 최대의 의사결정권을 부여하여 특별한 문제에 직면하더라도 자신감을 갖고 문제해결 능력을 키우도록 한다. 권한위임을 통한 동기부여는 생산성을 증진시키고, 서비스를 개선시키며, 효과적 업무수행을 할 수 있게 하기 때문이다. 따라서 합리적 권한위임은 조직성과에 대한 정보제공, 보상, 조직성과의 이해를 통해 공헌의 동기를 제공할 수 있으며 조직에 활력을 불어넣을 수 있다. 기관 관리자는 직원들에게 역할 모델로서 역할을 수행하고 고객에 대해 헌신하는 태도를 견지하는 등 적극적인 관심을 가지는 것이다. 기관의 기본방향이 설정되면 직원들이 적극적으로 활동하도록 지원함으로써 기관이 지향하는 목표를 달성하도록 함께하는 것도 중요하다. 내부고객인 직원들의 격려와 보상이 외부고객에게 최상의 만족도를 제공할 수 있으므로, 조직성과 달성을 위해 가장 안전하고 쉬운 방법이 내부고객관리가 된다는 것이다. 그 비결은 바로 '소통(疏通: communication)'에 있다.

모회사의 A 사장은 직원들과의 격의 없는 대화를 상시 나누고자 아예 사장실 옆에 리셉션룸을 만들었다. 1주일에 한 번씩 50명 직원들과 조찬하기 위한 일종의 '소통 테이블' 공간을 만든 것이다. A 사장은 여기서 아침은 부서장 등 간부들과 하고, 그 이하 직원들과는 점심식사를 하면서 소통을 실천하였다. 이것은 매우 의미있는 발상이라고 본다. 미래의 경영은 의사소통을 통한 비영리경영이 매우 중요하다고 본다.

가족이나 직장에서도 그렇듯 모든 동반적 관계는 문제가 발생한다. 건설적인 행동과 명확한 대화가 문제 해결에 도움이 된다.

사람들이 정보를 교환하는 방법에 관한 개념체계와 커뮤니케이션 이론의 주요 요소로는 내용분석, 인공두뇌학, 숨은 의도 해석, 환류, 동작학, 메타메시지, 주변언어학, 인간공학 등이다.

③ 커뮤니케이션 분석

내용분석은 커뮤니케이션의 내용을 객관적·수량적으로 분류, 일정 기준에 입각하여 체계적으로 분석하는 조사방법이다.

분석은 크게 세 단계로 나누어진다.

첫째, 분석하려는 내용의 모집단을 정의하고 유목화를 한다. 예를 들어 교사의 처벌 경향성이 아동의 비행행동에 관한 지각과 관계 있으리라는 가설을 연구하는 경우 아동의 비행행동에 관한 지각이 종속변인이면서 곧 내용의 모집단이 된다. 이 같은 가설을 검증하기 위해서는 아동의 비행행동 지각을 이론에 비추어 보아 유의미한 방법으로 유목화시켜야 한다.

둘째, 분석의 단위를 결정한다. 베렐슨(Berelson)은 분석의 단위로 단어(words), 주제(themes), 성격(characters), 문항(items), 시간-공간측정(space-and-time measure)의 다섯 가지를 들고 있다. 단어는 가장 최소의 단위이며, 분석하기가 쉽고 교육이나 심리학의 정의적 특성 연구에 편리하다. 그러나 단어의 해석에 있어 지나친 확대 해석을 할 가능성이 있다. 주제는 대개 한 문장이거나 여러 개의 문자의 집합인 경우가 대부분이다. 따라서 주제가 복잡하면 그 주제를 사용한 내용분석은 상대적으로 신뢰롭지 않을 가능성이 많다. 성격은 분석의 단위를 인물로 잡는 경우이다. 교과서 속에 어떤 인물이 등장하는가, 그 성격은 어떤가를 개념화시켜 분류하는 방법이다. 문항은 논문, 새로운 이야기, 라디오 대담, TV프로그램, 학급회의 등이 전체로서 한 개의 단위가 되는 경우이다. 시간-공간 측정은 분석의 단위를 전체로 하지 않고 시간으로 자르거나 공간(페이지 수 등)으로 잘라서 분석하는 경우이다.

셋째, 양화하는 과정이다. 내용분석의 출발은 인상적, 직관적 분석의 비신뢰성, 비타당성, 비객관성을 극복하기 위해 질적 분석을 통한 양화를 하려는 데 목적이 있는 만큼 양화의 방법은 유목화(categorization), 서열화(ranking), 평정(rating)의 세 가지 방법이 사용된다. 경우에 따라서는 이론적 뒷받침과 측정학적 뒷받침을 받아 분석단위의 결과에 대해 무게(weight)를 주는 방법을 이용할 수도 있다.

3) 정체성으로서의 커뮤니케이션과 비영리경영

① 경영의 패러다임

현대의 세상은 엄청난 속도로 변화해 가고 있다. 빠르게 변하는 경영환경을 신속하게 파악하여 미래를 예측하고 창조적인 경영을 하며, 기업의 성장과 혁신을 효과적으로 추진, 선도할 수 있는 고급 경영인의 양성이 무엇보다 절실히 요구되고 있는 시점이다. 경영 환경은 이제 창조와 혁신이라는 말조차 진부하게 만들고 있다는 것이다. 자칫하면 길을 잃을 수 있는 시대에 새로운 통찰과 경영의 패러다임을 확실한 증거와 함께 고민해야 한다. 새로운 도전을 하고자 하는 모든 경영자에게는 방향성을, 새로운 고민을 하는 실무자에게는 생각의 깊이를 더해줄 것이다.

미래의 성장 기회를 모색하는 경영자에게 '상식이 되어 버린 경영 트렌드'는 아무런 가치가 없고 상식을 뒤엎는 비즈니스 트렌드만이 진정한 기회를 가져다줄 수 있다. 바로 이와 같은 상식 파괴의 경영 트렌드를 통해 경영자들에게 새로운 경영 패러다임과 시장에 대한 통찰이 필요하며 경영 트렌드 가운데 일부는 벌써 현실로 나타나고 있고, 또 어떤 것들은 상당한 시간이 흘러야 비로소 실현될 것이다. 기업사회공헌에서 정체성은 어떤 기업의 사회공헌활동을 생각할 때 가장 먼저 떠오르는 고유한 '연상이미지'라고 할 수 있다. 이것은 사회공헌을 통해 기업이 사회에 전달하고자 하는 핵심가치일 수도 있고 이해관계자가 인식하고 있는 기업사회공헌의 핵심활동일 수도 있다.

② 기업사회공헌

기업사회공헌 아이덴티티를 구축하기 위해서는 먼저 환경분석이 필요하다. 기업이 속해 있는 경제 및 사회의 거시 트렌드를 분석하고 기업의 사업 내용을 분석해 기업이 처한 환경을 파악해야 한다. 그리고 해당 기업의 이미지 포지셔닝을 분석해 어떤 이미지를 보완해야 하는지를 파악해야 한다. 사회공헌 아이덴티티를 체계적으로 정립하면 이해관계자들이 해당 기업의 사회공헌 활동을 차별적으로 인식하는 데 도움을 준다. 사회공헌 정체성은 이해관계자들에게 경쟁기업의 사회공헌활동과 대비해 차별적이고 고유한 이미지를 명확히 함으로써 차별적으로 인식할 수 있도록 도와준다.

그리고 기업의 의사결정과 실행에도 일관성을 부여한다. 사회공헌 활동과 관련된 정책을 판단하거나 평가할 때의 근거가 된다. 아이덴티티에 적합한 활동과 적합하지 않은 활동에 대해 조직 내 구성원들이 공통된 인식을 하게 된다. 아이덴티티가가 강한 회사일수록 모든 활동이 아이텐티티를 구현하는 데에 초점이 맞추어져 있는 법이다. 성공은 준비된 사람들만의 것이다. 급변하는 세계 경영환경 속에서 우리도 글로벌 시장을 리드할 수 있는 창의적이고 국제적인 시야를 지닌 CEO를 필요로 하고 있다. 애플사의 제품들은 모두 최초의 제품이 아니었다. 애플은 다른 기업들이 이미 하고 있는 사업에 뒤늦게 뛰어들어 전에 없던 서비스와 콘텐츠, 편리함을 선보이며 완전히 새로운 시장을 창출해 냈다.

기업경영에는 다양한 분야의 전문가가 필요하다. 기업사회공헌 분야도 예외는 아니다. 기업경영을 잘하는 것과 기업사회공헌을 잘하는 것과 커뮤니케이션을 잘하는 것은 다르다. 커뮤니케이션 전략을 수립할 수 있는 전문가가 필요하다. 일반적으로 생각하기에 사회공헌 업무담당자가 커뮤니케이션도 담당하면 될 듯하지만 주된 커뮤니케이션 대상인 언론기관을 상대로 활동하는 것이 쉽지 않은 만큼 커뮤니케이션 전담자나 조직을 두는 것이 좋다.

③ NGO와 커뮤니케이션

언론뿐만 아니라 다양한 NGO와의 커뮤니케이션도 필수적이다. 기업사회공헌에서 NGO와의 협력과 연계는 필수적이기 때문이다. 더하여 사회복지 정책의 확대실시에 따라 중앙정부, 지방정부 등과의 커뮤니케이션도 증가하고 있고 기업들의 사회공헌활동 활성화에 따른 타 기업들과의 커뮤니케이션도 필요하다. 경우에 따라서는 사회복지학계, 경영학계 등과의 교류와 커뮤니케이션도 활발하게 전개할 필요가 있다. 이런 이유들 때문에 기업사회공헌에도 커뮤니케이션 전문가와 전담조직이 필요하다는 것이다.

이제는 잘 버는 만큼 잘 나눌 줄 아는 기업이 선진기업의 기준이고, 존경받는 기업의 표준이다. 오늘날 기업은 단순히 소비자의 경제적 욕구만을 충족시켜 주는 생산 주체로서의 역할보다는 인간의 사회적 욕구를 충족시켜 주는 사회적 기관으로 인식되고 있다. 따라서 기업은 자신들의 이익을 사회에 환원하고 사회의 요구를 적극적으로 수용하려는 입장에서 사회공헌활동을 점차 증대시키고 있다.

기업을 사전적인 의미로만 해석하면 '국민경제를 구성하는 기본적 단위로, 생산수단의 소유와 노동의 분리를 기초로 하여 영리를 추구하는 독립적인 조직 단위' 기업의 본래 기능은 재화와 서비스의 생산 → 경제적 기능 → 이윤추구로 볼 수 있다.

기업은 사회와 분리된 존재가 아니라 사회 속에서 관계를 맺으며 생존해 나가는 존재이다. 사회로부터 지원을 받음으로써 그 기능 또는 역할을 수행한다.

1990년대 이후 우리나라 기업들도 기업윤리와 사회적 책임에 대한 관심이 증가하고 있다. 경제적인 측면뿐만 아니라 정치, 문화, 교육 등 사회 전반적인 분야에 기업의 영향력이 미치기 때문이다. 기업의 영향력 확대와 함께 시민사회의 기업에 대한 감시와 견제의 기능 역시 강화되고, 기업경영의 투명성과 사회적 책임에 대한 요구 또한 높아지고 있다.

이러한 사회적 환경변화와 유구에 적극적으로 대처하기 위한 기업의 윤리경영과 사회적 책임에 대한 공감대와 사회공헌활동이 점차 확대되고 있다.

기업사회공헌 커뮤니케이션이 활성화되면 기업과 이해관계자와의 정서적 유대가 깊어지고 서로를 이해할 수 있는 기회가 많아진다. 커뮤니케이션과 함께 사회복지경영 중심의 기업과 단체들이 많아지길 기대해 본다.

CHAPTER
02

인사관리와 비영리경영

① 인사관리

인사관리란 조직이 필요로 하는 인력을 조달하고 유지·개발·활용하는 활동을 계획하고 조직하고 통제하는 관리활동의 체계라고 할 수 있다(인사관리에서 계획과 조직과 통제의 관리활동의 체계가 강조됨).

즉, 현대적 의미에서의 인사관리의 정의는 조직의 구성원들이 자발적으로 조직의 목적달성에 적극적으로 기여하게끔 함으로써 조직의 발전과 함께 개인의 안정과 발전도 아울러 달성케 하는 조직에서의 사람을 다루는 철학과 그것을 실현하는 제도 및 기술의 체계라고 말할 수 있다.

② 인사·노무관리

인사·노무관리란 기업 내 인간노동에 관한 관리활동의 총칭으로 인사·노무관리의 영역과 개념 구분의 차이에 따라 다양한 용어가 쓰이고 있다. 미국에서는 노동자관리(labor management), 인사관리(personnel management, personnel administration), 인력관리(manpower management), 인적자원관리(human resources management) 등의 용어가 쓰이고 있다. 일본에서도 인사관리와 노무관리라는 용어는 관행적, 기능적으로 구분될 뿐만 아니라 개념적으로도 구분되어 사용되고 있다.

인사관리란 조직체가 보유한 인적자원의 효율적 이용을 위하여 수행하는 일련의 계획적·체계적 시책을 말한다. 인사관리를 인적자원관리 내지 노동력관리로 보고, 이것과 공존하는 좁은 뜻의 노무관리에서는, 인적자원 이외의 인간적인 여러 가지 측면(생활인, 사회적 존재, 주체적 존재로서의 인간)을 문제로 삼는 여러 시책(복지후생·인간관계 및 각종행사의 참여 등)을 다루고 있다. 인사관리의 구체적 내용은 채용·배치·교육훈련·승진·퇴직·임금·안전·위생·근로시간 등 여러 분야이다. 채용은 어떤 노동을 시키기 위하여 사람이 필요한가를 분명히 하는 인원계획을 기초로 한다. 모집방법(공모·연고 등)·대상·시험방법(학과·면접·적성검사·집단토의 등) 등은 채용목적에 맞추어서 선택해야 한다.

③ 인적자원의 개발과 활용

사회복지의 경영에 있어서도 인사관리의 핵심은 인적자원의 개발과 활용을 통한 경영혁신에 있다. 최근 국내외를 막론하고 핵심인재 확보를 위한 기업 간의 경쟁이 매우 심화되고 있다.

특히 핵심인재 확보에 대해서는 CEO들의 생각은 매우 확고하다. 핵심인재 확보를 위해 매년 1,000시간이 넘게 해외를 다니는 CEO들이 태반이고, 삼성의 이건희 회장 역시 "1명의 인재가 1,000명을 먹여 살린다"고 했을 정도이다. 이것은 사회복지의 현장에서도 마찬가지라고 생각한다.

④ 전문성과 리더십

사회복지에서도 이제는 전문성과 리더십을 겸비한 전문가의 경영이 절대적으로 필요하다고 생각한다. 이처럼 '사람'이라는 재원이 기업의 핵심 경쟁 요인으로 강조되면서 우수한 인적자원의 개발과 활용을 위한 인사시스템의 구축은 경영혁신의 초점이 되고 있다.

즉, 인사관리의 목표는 단순히 사람을 관리하는 차원에서 벗어나 우수한 인적자원의 개발과 활용을 통해 경영혁신을 이루는 데 있다. 다시 말해 시장원리에 기초한 경쟁사회에서 승리를 거두고, 기업 가치를 지속적으로 끌어올리기 위해서는 혁신적인 인사제도를 갖춰야 한다는 것이다.

21세기형 인사제도를 구축하는 데 필요한 기초지식과 사고방식을 바탕으로 하여, 인사관리의 출발점인 채용시스템에서부터 평가·등급관리, 보수 관리, 경력개발관리, 인재이동관리 등을 전문적으로 이루어 나아가야 할 것이다.

인사관리란 기업의 능동적 구성요소인 인적 자원으로서의 종업원의 잠재능력을 최대한으로 발휘하게 하여 그들 스스로가 최대한의 성과를 달성하도록 하며, 그들이 인간으로서의 만족을 얻게 하려는 일련의 체계적인 관리활동이라고 할 수 있다.

④ 협력관계형성설

인사관리는 노동력 최고이용설과 협력관계형성설로 구분할 수 있는데, 제2차 세계대전을 기점으로 하여 '노동력 최고이용설'에서 '협력관계형성설'로 전환되었다. 제2차 세계대전 전에는 주로 생산방법을 배경으로 종업원의 개인적 능률만을 중시한 노동력 최고이용설이 중시되었으나, 제2차 세계대전 후에는 인간관계연구의 영향과 집단화, 자동화 등에 따른 팀워크가 중시되면서 협력관계형성설로 전환되었다.

따라서 오늘날의 인사관리는 첫째, 기업의 생산적 목적의 달성 둘째, 조직 내 이해관계의 조정 셋째, 인간적 측면의 충실 등을 효과적으로 관리하는 기술이라고 볼 수 있다. 즉 오늘날의 인사관리는 인간노동력의 관리로서가 아니라 인간의 욕구를 충족시켜 줌으로써 사기 또는 근로의욕을 높여 창의력을 도모하는 관리라고 볼 수 있겠다.

인사고과의 목적으로 볼 때 경영활동에 있어 구성원의 가치를 객관적으로 정확히 측정하여 합리적인 인적자원관리의 기초를 제공함과 동시에 구성원의 노동능률을 향상시키고 동기유발을 형성하는 데 있다.

경영의 목표는 동료들이 함께 그 목표에 도달하기 위해 애쓰고 자기 자신을 위해서 투쟁하는 게 아니라 서로 함께 목표를 향하는 것이다.

모든 일을 적당한 시기에 하는 것이 누구에게나 유익하다. 사람들이 필요한 것을 얻고 요구할 수 있는 적당한 시간은 고요하고도 투명한 기업분위기를 만들어 준다.

시의적절한 시간은 인간의 내면을 정리하고 인간에게 올바른 흐름을 전달해 준다. 인간은 자기의 내적흐름에 부합될 때 비로소 정기적으로 결실을 맺을 수 있다. 인간이 본성이나 흐름을 벗어나 일해서는 안 된다. 그렇게 되면 파멸한다. 인간이 작업시간 등록기에 따라서만 일하고 자기의 내적 공간을 배제한다면 금방 지치게 될 것이다.

훌륭한 기업문화는 비전에 의해 결정된다. 일상의 문제에만 매달리는 사람은 동기를 부여할 수 없고, 본질적인 어떤 것도 변화시킬 수 없다. 이 세상을 변화시키려면 비전이 필요하다. 비전은 동료들에게 동기를 부여하고, 새로운 힘을 불러일으킨다. 또한 동료들로 하여금 숭요한 일을 함께하고 너욱 인간다운 세상을 만드는 데 중요한 기여를 하고 있다는 느낌을 갖게 한다.

비전은 공동체를 만든다. 비전을 실현하려면 구체적인 목표에 대해 합의를 이뤄야 한다.

목표가 무엇인지 모르는 사람은 길을 찾지 못한다.

인간을 형성하고 있는 많은 조직 중에 기업경영은 이윤추구를 목표로 운영되고 있는바 목표실현을 위한 인력의 조달, 유지, 개발, 활용하는 관리활동의 체계로서 인사관리라는 방법이 등장하게 된다. 인사관리는 조직에서 일하는 사람을 다루는 제도적 체계이며 사람이 사람을 다루는 제도라 관리의 대상과 주체는 모두 사람이다.

기업 활동의 성과를 좌우하는 활동이므로 인사관리가 잘 되며 기업의 성과를 높이게 되어 결국 기업의 기본적인 기능, 즉 고객에게 보다 양질의 재화와 서비스를 더 좋은 조건으로 제공할 수 있게 되어 사회의 복지 향상을 가져오는 기본 방향이 된다.

⑤ 사회복지에서 관리의 대상

사회복지에서 관리의 대상이 사람이고 주체도 사람이다. 인간상호 작용관계로 볼 때 이들의 공통적으로 영향을 받고 있는 사회, 문화적 환경과 전통의 영향을 배경으로 하고 있음을 벗어날 수 없다.

사람이 가지고 있는 능력이나 성향을 활용하는 데 그치지 않고 그 능력이나 성향을 바꾸는 것이 더 중요시될 때도 있다. 사회복지에서 인사관리는 무엇보다도 중요하며 목표를 달성하기 위해서는 더욱더 깊이 생각해야 할 과제라고 본다.

인성코칭 중심의 비영리경영

1) 인성코칭 중심의 비영리경영

① 인성코칭 중심의 변화

이제는 시대가 빠르게 흐르고 패러다임 자체도 변화하는 시점에서 점차 잃어 가고 있는 것이 인성이다. 인성덕목 36가지를 살펴보면 경건, 경청, 공감, 공정, 관용, 구제, 규범, 긍휼, 기쁨, 나눔, 리더십, 베풂, 사랑, 성실성, 소통, 선함, 신뢰, 신실, 예의, 온유, 인내, 자비, 자기주도성, 자기통제, 절제, 정의, 정직, 존중, 지혜, 질서, 책임, 충성, 친절, 평화, 협동, 효도이다. 인성은 인간 역량의 핵심으로 인간 내면에 잠재된 무한한 가능성과 인간 본연의 역량에 대한 인식을 높이는 활동을 통해 삶의 질을 개선하는 데 도움을 주는 개념이다. 따라서 도덕적으로 행동하고 배려와 가치에 대한 존중감에 바탕을 둔 인성코칭과 비영리경영을 만들어 가야 할 것이다.

② 디지털 기술

최근에는 디지털 기술의 급속한 발전과 신지식이 물밀듯이 밀려오면서 사회 곳곳에서 황폐해진 인간성의 회복이 필요하다는 목소리가 제기됐다. 종교 및 각종 사회단체는 물론 심지어 지방자치단체도 시정의 비전을 인간성 회복으로 내세운 곳이 나타났다.

인간중심의 아날로그적 요소들에 대한 향수이자 회귀하려는 현상이라고 볼 수 있으며, 사회문화 현상에서도 나타나고 있다는 분석이다.

디지털 시대에 새롭게 주목받는, 디지털 기술이 간과한 아날로그 관련 키워드들은 인간성 회복을 비롯해 인간중심의 사고와 발상, 감성과 오감, 향수와 감수성 등이 있다.

글로벌 최우수 기업들은 인간성 회복에 대한 반성과 함께 인간의 본성과 인간의 가치를 경영의 원리로 삼으려는 데 관심을 나타내고 있다. 즉 디지털 경영에 주력하다가 인간중심의 아날로그 경영을 중시하는 움직임을 보이고 있다.

글로벌 최우수 기업들의 아날로그 경영을 살펴보면 인간 삶의 가치를 중시하고, 기술이 아닌 인간중심의 경영철학을 강조하면서, 감성 등 인간의 본성을 제품과 서비스 개발에 활용하는 모습을 보이고 있다.

우선 글로벌 선도 기업들은 인간의 삶에 대한 가치를 중시하고 있다. 기업의 중요한 사회적 역할이 조직 구성원을 보호하고 성장시키는 데 있음을 인지하고, 구성원들과 인간적으로 소통하는 한편 삶의 질을 향상시키기 위한 지원을 강화하고 있다. 특히 기업의 인재와 기업문화로 대변되는 무형자산은 세계 최고 기업의 전략이나 제도를 모방한다고 해도 가질 수 없기 때문에 많은 기업들이 주목하는 부분이 되고 있다.

③ 인간중심 경영

도요타의 인간중심 경영은 고객 최우선을 기본으로 하여 근로자의 종신고용 보장까지 이어져 우수한 생산력과 품질을 완성하는 기본이 되고 있다. 도요타의 경우 회사에서 거짓 보고를 하거나 돈을 횡령하는 등 큰 사고만 치지 않으면 적어도 60살까지 정년을 채울 수 있다.

도요타의 종신고용은 1937년 창업 때부터 유지되었는데. 창업자였던 도요타 이치로 사장은 '종업원을 해고하지 않는 것이 경영자의 도리'라고 입버릇처럼 말했고, 이후 그의 신념은 도요타의 경영이념으로 자리 잡았다.

또한 도요타의 인사제도가 우리나라 대기업과 크게 다른 점은 임원부터 대리까지 인격적인 모독감을 주지 않고 조직생활을 할 수 있는 회사분위기와 시스템이다. 최고경영자와 도요타 오너 일가는 종업원을 귀하게 여긴다.

이들을 교육시키는것은 자신들의 당연한 의무라 생각하고 일종의 선민의식이지만 아랫사람을 이끌고 가야 한다는 책임감도 강하다. 그런 의식은 인간존중의 신념에 뿌리를 이루고 있다.

종업원은 비용이 아니라 투자개념이다. 도요타의 세계 최고의 생산성 유지 비결 중 하나는 이 같은 종신고용주의가 상당부분을 차지하고 있다. 바로 인간을 존중해야 최고의 품질이 나온다는 것이다. 도요타는 미국 등 세계 10여 개 국가에 생산공장을 가지고 있다. 모든 해외공장의 시스템은 일본과 똑같다.

일본 근로자들이 현지에 파견을 나가도 쉽게 적응할 수 있고 조립 라인에서 개선점이 나오면 모두 똑같이 대응할 수 있기 때문이다. 도요타 자동차의 공장의 경우 현장관리자의 인간관계가 인상적인데 현장관리자는 조립 라인의 신참 근로자들을 단순히 관리하고 평가하는 관리자가 아니라 혈연이고 동기 같은 자세로 지도하고 가르친다.

자신이 일했던 현장에서의 기술을 그대로 전해주면 가족 같은 신뢰를 쌓는다. 이와 같은 정신이 복지현장에서도 절실히 필요하다고 본다. 제프리 페퍼(Jeffrey Pfeffer)[1]는 상식으로 간주되는 전통의 경영이론에 '자료'와 '증거'를 바탕으로 검증의 칼을 들이댄다. 기계처럼 인간을 다루는 신(新)자유주의적 경영방식이 집중적으로 그의 심판을 받아왔다(제프리 페퍼, 2009).

'해고(lay off)'와 '비용절감'이 경영자의 능력으로 평가되는 경영관행에 그는 "대체 어떤 근거로 그걸 믿고 있느냐"고 반문한다. 페퍼 교수는 "데이터를 바탕으로 들여다보면 기업의 기술적 우위는 오래가지 않으며, 기업의 규모는 늘 과장되게 평가돼 있다"고 단언한다(제프리 페퍼, 2009).

사우스웨스트항공[2], 싱가포르항공[3], 도요타자동차[4], 커머스은행(Commerce Bank) 등은 모두 시장에 맨 처음 진입한 기업도 아니고 가장 규모가 큰 회사도 아니지만 최고의 수익을 자랑하고 있다는 것이다.

그는 잭 웰치[5]의 강제배분평가방식(forced ranking system / 직원을 상·중·하

---

1) 제프리 페퍼(Jeffrey Pfeffer)는 스탠퍼드 경영대학원 석좌교수로 조직행동학을 가르친다. 카네기멜론 대학교를 졸업하고 스탠퍼드대학교에서 경영학 석·박사 학위를 받았다. 일리노이 대학교와 UC버클리대학교에서 경영학 교수를, 하버드대학교 경영대학원의 교환교수를 지냈다.
2) 사우스웨스트 항공(Southwest Airlines)은 미국의 저비용 항공사이다. 본사는 텍사스 주 댈러스에 있다. 여객 운송 기준으로 세계 3위이다. 오로지 보잉 737만을 운용하며 기내 서비스를 최소화한 대표적인 저가 항공사이다.
3) 높은 평가를 받고 있는 이유는 첨단 날개 친화적인 환대의 개념을 기반으로 높은 수준의 서비스로 평가받고 있다.
4) 도요타는 일본 아이치 현 도요타 시에 본사를 둔 자동차 제조 회사이다. 또한 이익순으로는 세계 제8위의 기업이다.
5) 잭 웰치(Jack Welch, 1935년 11월 19일~)는 미국의 실업가이다. 1981년부터 2001년까지

로 평가해 하위 10%를 내보내는 방식)에 대해 "그 방법이 효과적이라는 것을 입증하는 어떤 체계적인 문서로 표현된 여론조사도 발견하지 못했다"고 말했다.

그는 비상식이 상식이 되어 가는 비즈니스의 관행을 풍부한 사례와 근거를 들어 가며 비판했다. 가령, 조직구성원들의 창의성을 살리고, 몰입(commitment)하도록 유도하는 직장을 만들려면 고용의 안정성이 필수적이다.

④ 인간중심전략

새로운 성장동력은 사람에게서 나온다. 오늘날의 경영철학으로서 기업에 공통적으로 적용되는 성공 열쇠를 '인간중심전략(human-centered strategy)'이라고 본다. 살맛 나는 직장, 신바람 나는 일터를 만드는 게 가장 중요한 비결이다. 기술은 오고 가는 것이다. 기술적 우위는 그리 오래 유지되지 않는다.

기업은 제품과 서비스를 일상적으로 재창조해야 하는 것이다. 결국 일상적으로 이 일을 할 수 있느냐는 인간자본(human capital)과 이것을 구축하는 인프라에 달려 있다고 본다. 기업의 가장 중요한 성공 요소는 얼마나 환경변화에 신속하고 유연하게 대응할 수 있느냐 하는 것이다. 그리고 그것을 가능하게 하는 것은 바로 구성원들의 창의력 및 문제 해결 능력이다.

기업이 살아남기 위해서는 조직 구성원의 능력을 개발하고 그 능력을 효과적으로 활용하는 인간중심 경영에 힘을 기울여야 한다. 경영의 중심에 인간이 놓이게 된 것이다. 일보다는 인간중심의 배려와 섬김과 협력의 정신을 만들어 가고 유지해 나아갈 때, 분명 아름다운 결과가 있으리라 본다.

2) 휴머니스트로서의 복지경영

① 휴머니티

휴머니티는 인간이 가지는 본질, 인간다움을 말한다. 인간이란 무엇인가, 인간이란 어떠해야 마땅한가에 대한 견해는, 당연히 사회에서 생활하는 인간의 존

미국 굴지의 제조업체인 제너럴일렉트릭(General Electric) 사의 회장(Chairman)직과 최고경영자(Chief Executive Officer)직을 역임했으며, "전설적인 경영자"라는 별명을 가지고 있다. 본래 이름은 존 프랜시스 웰치 2세(John Francis Welch Jr.)이며, 1935년 11월 19일 미국 매사추세츠 주의 살렘 시에서 태어났다.

재 방식에 따라 다양하다고 할 수 있다. 그러나 계급 사회에 있어서는 각각의 계급의 입장으로부터 일정한 공통된 견해가 있고, 또 거기에는 지배계급의 견해가 전면에 나서게 된다. 노예제 및 봉건제 사회에서는 인간성의 이해는 감각적인 방면, 물질과 관련된 측면은 경시되고, 이성적 내지 정신적 측면이 강하게 부각된다. 거기에서 인간을 예지인(叡知人)으로 규정하는 견해, 관조적(觀照的) 태도를 가지고 생활하는 것을 칭찬하는 입장, 따라서 노동에 의한 생산, 생활을 경멸하는 태도를 인간의 인간다운 자세, 인간성의 발휘로 보게 된다.

중세 봉건제 사회로 들어서면, 정신적인 면에 중점이 두어진다는 점은 마찬가지였지만, 지적인 것, 이성적인 것에서 변하여 신의(神意) 또는 천의(天意)에 충실한 신앙심의 깊이에 의해 인간 본연의 존재 방식이 인정되어졌다. 즉, 인간성이라는 것은 신의 뜻이나 하늘의 뜻에 기초하여 생기며 발휘되는 것이고, 거기에 인간의 중요성이 있다는 것이다. 그러나 신에 종속하는 것이 인간의 본성이라는 파악 방식에 대하여, 근대에 이르러 자본주의가 발전하게 됨에 따라, 인간을 그것 자체로 파악하고자 하는 에너지가 출현하였다.

② 르네상스기

우선 르네상스기의 인문주의 속에서 그 현상이 보이는데, 여기에서의 인간상은 신으로부터는 떨어졌지만, 아직 정신적인 교양에 머물고 있는 것이었다. 그러나 자본주의 사회의 자본가 계급은 그것에 머물지 않고, 공작인(工作人)으로 불리우는 인간형을 만들어 냈다. 이것은 무엇을 만드는 것, 생산하는 것에서 인간 본연의 모습을 찾는 입장을 말한다. 관조적이거나 신앙 속에 매몰되는 것이 아니라 실천적인 인간이라는 것이다. 여기에서는 정신적, 사고적인 것과 물질적, 감성적이고 행동적인 것이 함께 보여지고, 양자의 통일이 이루어져 왔지만, 이러한 인간성의 실현이 허가되는 것은 지배 계급인 자본가 계급뿐이고, 더구나 물질적, 감성적, 행동적이라 하여도, 이것은 노동과는 관계없는 오락이라든가 취미 등에서 발견될 뿐인 것이다.

이러한 역사적 발전을 거친 인간성의 이해를 이어받아, 노동자 계급의 인간성의 관점이 나타나게 된다. 이 계급은 자본주의 사회 아래에서는 인간다움을 제거당하고, 생산수단의 일부분으로 조립되는 것에 불과하지만, 어디까지나 노동자 계급도 인간이기 때문에 그 과정 속에서 훈련되고 단련되어, 인간적 유대

속에서 새로운 사회를, 자기 자신을 해방하고 인간적으로 되는 사회를 수립하는 세력으로 된다. 노동자 계급을 해방하는 것은, 실로 인간 전체를 계급적 억압과 착취로부터 해방하는 것인데, 이 계급이 지향하고 실현하는 사회에서 비로소 인간은 지배 계급의 인간관, 제한된 인간성에서 벗어나, 인류 전체가 동등하게 영위하는 인간성을 획득하게 된다.

그 인간성이라는 것은, 감성과 이성, 물질과 정신을 2분하거나, 감성적인 활동을 인간이 수행하는 노동에서 떼어 놓은 것으로서가 아니라, 인간의 생활에 본질적으로 속하는 것을 전면적으로 받아들이고, 그 모든 면에서의 인간 능력을 발휘하고 촉진시키는 것을 의미하고 있다.

기관이 성공하기 위해서는 꼭 필요한 것이 있다면 감성적 휴머니스트가 매우 필요하다고 본다. 감성은 결국 휴머니즘에서 비롯된다. 그러나 감성의 자극 없는 휴머니즘은 기관에서 성공하기 어렵다.

휴머니티를 바탕으로 기관의 본질을 재빨리 파악하는 감성과 논리력을 갖춘 감성적 휴머니스트의 인기는 필수적이라고 생각된다. 경영 중에는 마음으로 하는 경영, 즉 직원의 마음을 읽으며 직원들과 감정적 교감과 함께 업무를 이루어 나아간다면 기관은 즐겁고 실적도 좋은 결과를 낳게 될 것이다.

바야흐로 지식과 기술 위주의 세상이 감성 위주의 사회로 바뀌어 가고 있다. 오늘날의 상황은 감성적 경영 시대에 돌입할 만큼 사회가 성숙해졌다. 우리의 삶 자체가 경영이라고 생각한다.

③ 디지털 허브

애플은 디지털 허브가 된다는 전략으로 인터넷과 MP3를 이용한 디지털 음악 시장을 개척하고, 지금은 커뮤니케이션 시장과의 연결, 영화, 모바일 등 이들을 연결하는 디지털 엔터테인먼트 회사로 거듭나겠다는 목표를 갖고 크게 움직이고 있다.

시련도 있었지만, 거기에 굴하지 않고, 일을 하고자 하는 열정은 성공을 향한 스티브 잡스의 도전 앞에 시장과 기회의 문을 열어 주었다. 기술이 모든 것을 해결해 줄 수 있다는 믿음, 좌뇌적인 스티브 잡스[6]의 사고는 그가 만든 회사 픽

---

6) 스티븐 폴 잡스(Steven Paul Jobs, 1955년 2월 24일 ~ 2011년 10월 5일), 간단히 스티브 잡스(Steve Jobs)는 미국의 기업인이었다. 애플의 전 CEO이자 공동 창립자다.

사가 영화 <토이스토리>를 만들면서 새로운 감성세계를 경험한다.

④ 창조적인 경영

스티브 잡스는 창조적인 경영을 하기 위해서는 좌우 뇌를 같이 사용하는 전뇌적 사고가 필요하다는 것을 뼈아픈 실패를 통해 배웠다. 스티브 잡스는 고객이 원하는 것이 무엇인지를 아는 데 주력했으며, 제품개발 또한 거기에 초점을 맞췄다.

경영자들이 신뢰경영이라는 구호를 외치기 시작했다는 것은, 이미 감성적인 측면에서 경영을 하기 시작했다는 것을 보여 준다. 신뢰와 감성은 하나의 코드 범주 안에 있다. 감성경영을 이야기할 때 '신뢰'라는 단어가 꼭 들어가는 것도 이런 이유다.

감성과 신뢰, 이런 키워드가 존중되는 시대에서는 기존의 낡은 리더십과 경영기법은 당연히 후퇴할 수밖에 없다고 본다. 감성(感性)은 이성(理性)에 대비되는 표현이다. 저 끝에 이성이 있다면 그 반대편에 감성이 있다. 감성경영, 감성 리더십이 쉽지 않은 것은 바로 이 때문이다.

⑤ 감성경영

목표를 전제로 두고 감성을 행하거나, 일시적인 효과를 노린 감성경영이 효과를 보지 못하는 것도 이런 이유 때문이다. 경영은 이성적인 행동이다. 냉정하고 치밀한 계산이 뒤따르는 분야가 비즈니스다. 비즈니스는 실적과 목표가 그 지향점이다.

반면 감성의 지향점은 신뢰다. 감성의 수단이 사랑과 믿음, 배려, 관심 등이라면 이성의 수단은 합리적인 기준, 원칙, 체계적인 조직구도 등이다. 이 때문에 이성적인 CEO가 감성적인 CEO가 되기 위해서는 먼저 자신의 포지셔닝을 새롭게 할 필요가 있다.

이성의 자리에서 손짓만으로 감성을 불러서는 곤란하다. 단지 조직원들과 얼굴을 맞닥뜨리고 대화를 나누고, 유머를 선보인다고 해서 해결되는 게 아니다.

일본이 낳은 초일류기업 마쓰시타는 "경영은 신의와 정의를 중시하는 선에서 이루어져야 한다"는 인덕경영의 큰 모델을 제시한다. 마쓰시타 외에도 미국의 존슨앤드존슨이나 식품업체 스머커 등이 감성경영과 신뢰받는 경영을 펼치는 것으로 알려져 있다.

《미래가 온다》의 서사 다니엘 핑크(Daniel Pink)는 감성의 시대에 대해서 근로자의 변신과 관련하여 개념과 감성이 강조되는 시대에 하이콘셉트(high concept)로 예술적, 감성적 아름다움을 창조하는 능력, 트랜드와 기회를 감지하는 능력, 훌륭한 스토리를 만들어 내는 능력이 필요하다고 말한다.

사회복지는 인간을 주원료로 일하는 학문이기에 더욱더 인간중심의 감성적 휴머니스트로서 일하고 연구하고, 관리를 해 나아가야 하며, 그렇게 할 때 아름다운 비영리경영이 이루어질 것이다.

사회복지자원개발과 코칭리더십

자기관리와
사회복지서비스 한계

1) 자기관리와 비영리경영

① 자기관리

인생을 성공하기 위해서는 지속적인 면이 중요하다. 자기관리는 수립된 목표에 도달하는 방법을 계획하고 그 과정을 점검함으로써 수립된 목표에 효과적으로 도달하도록 하는 자기 주도 능력이다. 자기 지시는 자기 결정력 또는 자기관리라는 용어와 비슷한 의미로 사용된다. 선택하기, 결정하기, 일정표에 맞게 행동하기, 개인의 흥미에 맞는 행동하기, 부여된 과제 완결하기, 필요한 도움 요청하기, 익숙한 문제 해결하기, 적절한 자기 주장과 자기 옹호, 자기 강화 등은 자기 지시와 관련된 활동이다.

경영의 아버지로 불리우는 피터 드러커(Peter F. Drucker)[1]는 지식중심 경제에서의 성공은 자기 자신을 잘 아는 사람들에게 온다고 했다. 즉, 자신이 소유한 강점과 가치관 그리고 일을 최선으로 수행할 수 있는 방법을 스스로 아는 것이 필요하다. 나폴레옹·다빈치·모차르트 같은 역사적으로 위대한 성취자들은 부지런히 자기 자신을 관리해 왔다.

---

1) 피터 퍼디낸드 드러커(Peter Ferdinand Drucker, 1909년 11월 19일~ 2005년 11월 11일)는 오스트리아 출신의 미국의 작가이자 경영학자로 스스로는 "사회생태학자(social ecologist)"라고 불렀다.

② 프로페셔널의 조건

피터 드러커는 자신의 책 《프로페셔널의 조건》에서 자신의 인생을 바꾼 7가지의 지적 경험을 제시한다. 첫 번째 경험은 목표와 비전을 가져라. 두 번째 경험은 신(神)들이 보고 있다. 세 번째 경험은 끊임없이 새로운 주제를 공부하라. 새로운 주제는 새로운 시각을 제공한다. 새로운 방법에 대해 개방적인 자세를 취하도록 해주었다. 네 번째 경험은 자신의 일을 정기적으로 검토하라. 지금보다 더 잘하도록 끊임없이 자신을 검토해야 한다. 완벽을 추구한다. 다섯 번째 경험은 새로운 일이 요구하는 것을 배워라. 그토록 유능했던 사람이 갑자기 무능해지는 이유는 새로운 일을 배우지 않기 때문이다. 시대는 변한다. 계속 배워야 한다. 여섯 번째 경험은 피드백 활동을 하라. 자신의 개선할 점을 안다는 것은 어떻게 발전하고 계발해야 하는가를 아는 것이다. 이것이 없으면 퇴보한다. 일곱 번째 경험은 어떤 사람으로 기억되기 바라는가? 자신이 스스로 질문하라. 세상의 변화에 맞추라. 사는 동안 다른 사람의 삶에 변화를 일으킬 수 있어야 한다.

다시 말하면 재능이나 업적 면에서 너무나 뛰어나서 그들은 평범한 인간 존재의 영역 밖의 경우로 간주된다. 어느 정도의 타고난 재능을 가진 사람들까지를 포함해서 우리들 대부분은 우리 자신을 관리하는 방법을 배워야 한다. 우리는 우리 자신을 발전시키기 위해서 배워야만 할 것이다.

③ 피드백 분석

우리는 확신이 있고 큰 성공을 할 수 있는 분야에 우리 자신을 소속시켜야 한다. 사람들은 자신이 지닌 강점을 활용하면서 일한다. 사람들은 적성이 없는 취약한 분야에서 큰 성과를 쌓을 수 없다. 피드백 분석을 하게 되면 특정 행동을 위한 몇 가지 함축적 의미가 나온다.

첫째로, 가장 중요한 것은 당신의 강점에 관심의 초점을 모으는 것이다. 당신의 강점이 결과를 만들어 낼 수 있는 부문을 시행하도록 해야 한다.

둘째로, 당신의 강점을 증진시킬 수 있는 일을 해야 한다.

셋째로, 당신의 지적 오만이 당신의 무지를 깨닫지 못하게 하는 원인이 된다는 것을 알아야 하며 이를 극복해야 한다. 많은 사람들, 특히 한 분야에서 특별한 전문성을 가진 사람들은 다른 분야의 지식을 경멸하거나 명석함이 지식을 대체힐 수 있다고 믿는다.

예를 들면, 일류 공학자들은 사람에 관해 아무것도 알지 못하는 점에서 자만심을 갖는 경향이 있다. 그들은 훌륭한 공학적 사고를 하기에는 인간이 너무나 무질서하다고 믿는다. 그러나 이와 대조적으로 인적자원에 대한 전문가들은 가끔 기초 회계학이나 수량적 방법 등에 대해 무지한 것을 자부하기도 한다. 그러나 이러한 무지에 대해 자만심을 갖는 것은 자기 자신을 패배시키는 것이다. 각자 모두의 강점을 충분히 발휘하는 데 필요한 기술과 지식을 얻는 것이 중요하다고 하겠다.

수려한 거목(巨木)도 아주 작은 씨앗에서 출발했다. 변화가 없는 인생은 '고여 있는 물'과 같다. 고인 물은 스스로 부패되어 결국에는 그 안에 아무것도 살 수 없게 된다. 결심이 무너졌다고 낙담하지 말고 또 다른 결심을 세우고 또 세우면서 마라톤 하듯이 달려가면 된다.

당신의 '오늘'을 특별한 '내일'로 만들어라, 남들이 가지 않는 길을 기꺼이 가라. 성공은 준비된 자만이 가질 수 있다. 세상에서 가장 아름다운 유혹은 '성공'이다. 생활의 변화란 나의 변화를 통해 인간관계의 폭을 개선해 나가는 것을 뜻한다. 남들과 섞이지 못하는 자기만의 변화는 또 다른 고립일 뿐이다. 살아가다 보면 누구에게나 기회는 온다. 그런데 그 기회를 잡을 준비가 되어 있지 않아 놓치는 일이 비일비재하다. 기회는 준비된 자에게만 선물꾸러미를 풀어 놓는다.

④ 시간 활용의 기술

《스마일 데이즈》에서는 하루에 세 번 웃을 수 있다면 당신의 인생은 성공한 것이라는 메시지를 전하고 있다. 작은 실천이 삶의 질을 바꾼다. 성공과 실패를 가르는 중요한 요인은 시간 활용의 기술이다. 자기관리는 발전과 성장을 위해 절대적으로 필요한 조건이다. 지속적인 자기관리가 없다는 것은 곧 진화가 없다는 것으로 변화의 물결에 이끌려 버릴 수 있다(스즈키 도모코, 2005).

급변하는 변화의 시대에 급물살에 휩쓸리지 않기 위해서는 나만의 주체적인 목표설정이 중요하다. 삶의 중요한 목표설정은 변화의 시작이자, 변화의 파고에 빠져들지 않고 피해갈 수 있을 것이다.

자기관리를 위하여 책을 읽은 것이 매우 필요하다고 본다. 사람마다 생각하는 목표나 현재 떠안고 있는 과제는 모두 제각각이다. 따라서 책을 읽을 때 중요하다고 여겨 밑줄을 긋는 부분이나, 불현듯 떠올라 여백에 메모하는 아이디어의 내용은 사람마다 당연히 다를 수밖에 없다. 그리고 그렇게 남겨놓은 각각의 흔적들은 그 사람만의 자산이 된다.

책을 읽지 않는 비즈니스맨은 훈련하지 운동선수가 80%의 훈련을 통해 20%의 경기를 하는 데 반해, 비즈니스맨은 어떤 훈련을 몇 %나 하고 있을까? 자기계발 없는 비즈니스맨이 혹독한 경쟁 사회에서 성공하기는 어렵다. 비즈니스맨 대부분은 일이 너무 많아서 시간이 없고, 금전 여유가 없어서 독서와 자기계발을 하지 못한다고 말한다.

미국의 비즈니스맨들은 실로 책을 많이 읽는다. 이것은 '독서＝자기 투자'라는 사고방식이 철저하게 밑바탕에 깔려 있는 까닭이다. 즉, 독서가 수입에 직결되는 것이다. 왜냐하면, 비즈니스 경쟁에서 살아남으려면 항상 새로운 아이디어나 정보를 도입할 필요가 있기 때문이다.

⑤ 레버리지(Leverage)

레버리지(Leverage)란 '지렛대'의 움직임을 나타내는 말이다. '지렛대'를 이용하면 작은 힘으로도 무거운 물건을 쉽게 들어 올릴 수가 있다. 이러한 '지렛대의 원리'와 '부력의 원리'를 밝혀낸 고대 그리스의 과학자 아르키메데스는 "나에게 거대한 지렛대와 받침대를 주면 지구를 움직여 보이겠다"는 명언을 남겼다.

지렛대의 원리를 이용하면 지구까지도 움직일 수 있다는 말이다. 자기관리와 함께 노력하며 지식을 준비하고 나아간다면 이 사회에 꼭 필요한 인물로서 보다 나은 비영리경영을 이루어 나아가리라 본다.

2) 사회복지서비스 한계와 비영리경영

① 공공부문과 민간부문

사회복지서비스의 제공과 관련하여 공공부문이나 민간부문 중 하나만 선택한다는 것은 한계가 많다. 논리적으로 비영리부문의 한계로 정부가 들어서면 다시 공공부문의 한계가 드러나게 되고, 그에 따라 다시 비영리부문으로 대체되면 이 부문의 한계가 드러나면서 공공부문으로 대체될 것이 요구될 것이므로 이 두

가시 부문 간의 끝없는 상호 대체직인 관계기 지속될 깃이다.

따라서 두 가지 부문의 생산적 결합을 통하여 각 부문의 단점을 피하고 장점들을 결합하는 것이 바람직하다. 현실적으로 서구 유럽과 북미에서 복지국가위기론 이후 민간 비영리조직과 정부와의 협력 방식에 대한 사회복지서비스의 공급방안이 모색되고 있다.

② 복지국가의 위기상황

복지국가는 1970년대 경제불황과 더불어 위기론이 대두되게 되었다. 복지국가에 대한 비판은 1960년대부터 그 비용이 늘어가고, 영국 등의 국가에서 인플레이션의 문제를 겪게 되면서 서서히 그 목소리가 커지기 시작하였다. 복지국가에 대한 위기적 비판론이 제기된 것은 1970년대의 오일파동에 의한 경제불황을 기점으로 한다.

이와 같은 복지국가의 위기상황은 다음과 같은 요인들에 의해 영향을 받았다.

첫째, 완전고용정책과 지출보조정책은 인플레이션을 야기시키는 요인이 되었다. 이에 따라 혼합경제적 복지국가의 관리능력에 대한 의문이 제기되기 시작하였다.

둘째, 사회기능주의자들이 얘기하는 사회의 자기자정능력에 대한 회의가 일기 시작하였다. 복지가 산업화의 문제를 해결하기 위한 자연발생적이고 필수적 제도라는 점에 있어서 비판이 제기되었다.

셋째, 케인스이론과 같은 사회공학적 이론에 대한 불신이 제기되면서, 신자유주의에 대한 사회적 지지기반이 강화되었다. 정부가 복잡한 사회문제를 사회공학적으로 해결할 수 있을 것이라는 신뢰가 무너지기 시작하였다.

넷째, 빈곤과 소득 불평등의 재발견은 그동안의 복지국가에 대한 희망을 저버리게 하였다. 즉, 복지는 수평적 재배분만 이루어졌으며, 수직적 재배분은 많이 이루어지지 않았다.

복지국가와 관련한 비영리조직의 역할은 상반된 두 가치 측면이 있다. 하나는 신자유주의적 이념하에서 국가개입의 최소화를 비영리조직의 활동을 통하여 이룩하려는 시장중심적 시각이고, 또 다른 하나는 강화된 비영리조직의 역할을 국가정책의 실질적 정책대안으로 자리매김하려는 공동체 중심적 시각이다.

전자가 비영리조직을 신자유주의적 정책 집행의 도구적 수준으로 대체한다면, 후자의 경우는 국가기능의 시민사회이양(citizen empowerment)을 추구한다.

신자유주의는 인간 개성의 자유로운 신장을 중시하는 자유주의의 전통적 이념을 유지하면서 고전적 자유주의의 원자론적, 방임적 개인주의의 문제를 극복하려는 사상적 경향이며, 19세기의 후반부터 영국을 비롯한 여러 나라에서 나타난 진보적 사상가들 중에는 전통적 자유주의가 의존해 온 자연권의 사상, 사유재산권의 원칙, 경제적 자유, 무한적 경쟁, 최소정부의 이론, 원자론적 개인주의, 고전적 실증주의 등을 공격의 대상으로 삼는 움직임이 시작되었다. 그들은 한편으로 빈곤, 실업, 질병 등의 사회적 문제에 대한 관심을 높이고, 다른 한편으로 자유주의의 형식과 정신과 전통 그 자체에 매이지 않고 사회주의를 포함한 광범한 시대적 사상체계들을 종합하는 데 열중하였다.

신자유주의자들은 대개 사회를 방임적 자유를 허용해야 하는 원자적 개체들의 조직이라고 보기보다는 오히려 개체들의 자유로운 참여에 의해서 이루어진 유기체적 공동체로 보려고 한다. 개인의 존엄성은 개인이 고정된, 그리고 이미 결정된 실체이기 때문이 아니라, 문화적, 자연적 조건과 더불어 신장하면서 자신의 목적과 특성을 스스로 성취해 가는 존재이기 때문에 주어지는 것이다. 또한 그들은 자유주의의 의미는 역사적 상대성을 지니고 있다고 생각한다. 개인이 어떤 개인이며 자유는 어떤 모습의 자유이냐의 질문에 대한 답은 시대에 따라서 다르다는 것이다. 듀이는 당대의 자유주의적 과제를 언급하면서 종전의 자유주의는 과거의 관습과 타성에 의존하던 것에서 탈피하는 데 역점을 두었으나, 신자유주의는 인간이 자신의 지력에 의해서 옛 습관, 관습, 제도, 신념을 새로운 현실적 조건에 연결시키는 데 역점을 두어야 한다고 하였다.

③ 사회과학과 비영리경영학

이제는 복지도 사회과학과 비영리 경영학의 시각에서 효율성과 효과성을 위하여 재정비하고 준비해 나아가야 할 것이다.

사회복지에서 비영리 경영학은 복지를 새로운 시각으로 보게 한다. 비영리경영을 통하여 우리의 시각 전환이 매우 필요하다고 생각된다. 비영리경영학은 개개인에게 능력의 한계가 있다는 것을 기본적 전제로 삼고 있다. 또한 상황 인식이나 물리적 행동능력에도 한계가 있음을 상정한다.

즉, 개인은 능력의 한계가 있고 목적을 달성하기 위해 최적의 행동을 취한다는 보장이 없다. 따라서 행동을 취할 수 있는 몇 가지 대체적 선택 가운데 하나를 택하는 의사결정을 하게 된다. 이 같은 의사결정을 하려면 시간과 에너지를 소비하게 된다.

비영리경영학은 결국 이와 같은 의사결정을 중심으로 기업 활동을 이해하고 설명하려는 것이다. 사회복지는 이타적인 마음으로 나눔과 섬김의 사역이지만 미래의 복지는 '비영리경영학'의 시각에서 과학적이고 체계적인 비영리경영학의 이론과 실천에서 진행될 때 복지의 주체와 객체 모두 희망적인 복지로 나아 갈 것이라고 본다.

사회복지서비스 공급을 위하여 정부와 비영리조직의 협력 관계가 발생하는 것은 비영리조직이 영리조직과는 다르게 이윤추구를 목적으로 하지 않고, 정부와 마찬가지로 다수를 위한 공익을 추구하기 때문이다.

비영리경영학은 이와 같은 기업의 활동을 조직체의 활동으로 인정하고 그 행동을 분석한다는 데 특징이 있다. 그러나 공기업·공공사업단체·협동조합 등 영리를 목적으로 하지 않는 경제단체와 사회복지단체도 그들의 활동을 조직체의 활동으로 인정할 때에는 경영학의 연구대상이 된다.

이러한 연구대상과 관련해서 기업행동의 의사결정, 부서 간 및 외부 이해 단체들 간의 상호작용, 합리적 경영을 위한 제반 문제의 관찰과 분석 등 다양한 측면의 연구가 필요하다고 본다.

사회복지서비스에 대한 정보가 제대로 제공되지 않는 경우 이윤을 추구하지 않는 비영리조직이 영리조직보다는 상대적으로 더 나은 서비스를 제공할 것이라는 신뢰를 받게 된다.

따라서 영리조직보다는 비영리조직이 '복지국가의 위기' 이후로 시장과 국가 양자의 실패의 결과로 남겨진 사회복지서비스를 전달하기에 더욱 적절한 존재로 간주되고, 사회복지서비스를 공급하는 데 있어서 정부와의 협력이 강조되는 것이다.

일반적인 사회복지는 매우 중요하게 강조되었던 이론들은 너무나 추상적이어서 가깝게 여겨지지 않는 것이 대부분이지만 '비영리경영학'에서 본 복지는 그렇지 않았다. 물론 우리나라 현실을 생각한다면 아직은 먼 미래의 일 같지만 사회복지가 앞으로 나아가야 할 방향성은 '비영리경영'이라고 생각한다.

3) 커뮤니티와 비영리경영

① 커뮤니티

'커뮤니티(지역사회)'란 지정학적 위치를 지속적으로 공유하고 친밀감을 느끼는 사람들의 집단이다. 그 커뮤니티 경계 내에서 사람들은 소속감과 친밀감을 느낀다. 하지만 그 구성원들이 인식하든 못 하든 그곳에는 빈곤, 질병, 갈등, 환경오염 등 여러 문제가 도사리고 있다. 지역사회에서 생기는 그와 같은 여러 가지 문제를 그 지역사회가 스스로 사업가적인 생각으로 접근해 해결하는 것이 바로 커뮤니티 비즈니스다. 즉 '커뮤니티' 자체도 비즈니스 사업체가 될 수 있고, 기업의 경영 기법을 '우리 마을 문제 해결'에 적용해 보자는 것이다. 지역사회를 혁신하기 위해서는 그 지역사회 스스로 주체가 되어 지역 주민에게 최종적인 혜택이 돌아가도록 지역사회 활동을 비즈니스 활동처럼 조직화해야 한다. 이를 위해 지역에 잠자고 있던 노동력, 원자재, 노하우, 기술 등의 자원을 활용해 비즈니스를 해나가며 지역 문제를 해결하고 이를 통해 지역 경제를 활성화하는 것이다. 지역사회를 단지 지역민이 거주하는 공간으로 보는 데서 벗어나, 지역의 사회적·경제적 문제를 해결하는 비즈니스적인 조직체의 일부로 인식하고 활용하는 것이 바로 커뮤니티 비즈니스다.

② 커뮤니티 비즈니스

'커뮤니티 비즈니스'란 커뮤니티(지역사회, 공동체 등)에 기반을 두고, 사회적 문제를 해결하기 위해 비즈니스 원리를 도입한 활동을 의미한다. 이러한 솔루션은 영국의 경우 이미 '커뮤니티 비즈니스' 과정을 거쳐 '사회적 기업' 형태로 진화하고 있으며, 일본에서는 자발적 주민영역의 마을 만들기 추진과 함께, 중앙정부 및 지자체의 '지역활성화' 전략으로 채택되어 진행되어 오고 있다. 지역 주민들이, 지역의 자원을 이용해, 지역의 과제들을 해결해 나가는 지속 가능한 사업 모델이 커뮤니티 비즈니스이다.

우리나라의 경우 아직 '마을만들기'에 머물러 있으며, 강력한 리더십을 가진 마을리더에 의해 일부 성과를 올리는 수준이다. 따라서 리더십을 지역주민들에게 분산하여 좀 더 많은 동기부여를 할 필요가 있으며, 지역자원에 대한 발굴을 통해 '자원 → 비즈니스 → 지역산업'의 프로세스로 발전될 수 있는 발전적 기반을 준비해야 할 시점이다.

커뮤니티 비즈니스는 다양한 주체(지자체, 주민, 기업, 비영리단체)들이 거버넌스를 형성, 지역 통합과 발전적 관계를 만들어 가는 모형이다.

거버넌스는 '국가경영' 또는 '공공경영'이라고도 번역되며, 최근에는 행정을 '거버넌스'의 개념으로 보는 견해가 확산되어 가고 있다. 거버넌스의 개념은 신공공관리론(新公共管理論)에서 중요시되는 개념으로서 국가·정부의 통치기구 등의 조직체를 가리키는 'government'와 구별된다. 즉, 'governance'는 지역사회에서부터 국제사회에 이르기까지 여러 공공조직에 의한 행정서비스 공급체계의 복합적 기능에 중점을 두는 포괄적인 개념으로 파악될 수 있으며, 통치·지배라는 의미보다는 경영의 어감에 강하다. 거버넌스는 정부·준정부를 비롯하여 반관반민(半官半民)·비영리·자원봉사 등의 조직이 수행하는 공공활동, 즉 공공서비스의 공급체계를 구성하는 다원적 조직체계 내지 조직 네트워크의 상호작용 패턴으로서 인간의 집단적 활동으로 파악할 수 있다. 반관반민은 정부와 민간이 공동으로 자본을 제공하여 회사나 시설, 단체 따위를 설립하고 경영하는 형태이다.

정책의 수립 이전에 우선, 지역별 특성 및 잠재력을 연구 조사하는 작업이 필요하다. 본격적인 정책화 단계에서는 사회적 인지도의 향상으로서 인지도 향상을 위한 사회캠페인, 성공 사례집 작성, 우수모델의 전파, 지원 자금의 조성 및 운용, 기존 중소기업지원 시책의 참고(경영지도, 보조금 교부, 신용 보증 등의 정책)하고 사업활동 등에 관련된 정보공개 가이드라인의 책정, 자금공급자의 이해 향상, 기초적인 투자와 융자 노하우 공유, 특색 있는 융자 방식에 대한 표창 및 소개 등이 있다.

그리고 인재의 육성과 중간지원기관의 육성, 강화, 전문적인 교육개설(고교, 대학, 대학원), 성공사업자 현장훈련 기회 제공 등이 있으며, 구체적인 과제에 대한 검토와 해결을 모색할 수 있는 관계자들 간의 연대의 장 만들기가 있다. 사업전개의 지원으로서 경영, 유통, 포장 디자인 등 전문성이 필요한 영역의 지원과 컨설팅, 사업기반 강화를 위한 모니터링 등이 필요하다.

사업자의 사회성을 합리적으로 평가 가능한 지표의 개발, 영국 CIC(CIC: Community Interest Company) 법과 미국 민간 인증제도 등을 참고하였으며 기존 형태의 장단점과 구체적 욕구를 파악한 기획안 마련하였다. 영국 CIC 제도는 영국에서는 '사회적 기업'을 대상으로 한 커뮤니티 이익회사(CIC)가 2004년 창설되어 사회 공익적 활동에 신용을 담보하는 시스템을 운영하고 있으며 첫째, 지역 자산의 활용을 통한 지역산업 만들기 둘째, 새로운 고용 창출을 통한 지역 경제력의 향상 셋째, 지역과제에 기반한 생활밀착형 서비스의 개발과 삶의 질 향상 넷째, 주민의 자발적 참여와 협력에 의한 지역사회 통합 등이다. 특징으로는 커뮤니티 이익 테스트로서 활동의 공익성에 대해 Regulator가 판단(Regulator는 사회적 기업 등에 대한 전문가가 정부로부터 독립된 존재로 임명된다)한다.

우리나라의 지역 활성화 문제를 살펴보면, 지금까지 정부가 일방적으로 도와주었기 때문에 지역을 더욱 어렵게 만든 측면이 있다. 이제 그보다는 지역이 어떻게 스스로 자생 능력을 갖출 것인가에 주안점을 두어야 할 시점이다. 커뮤니티 비즈니스의 핵심은 지역 주민들이 커뮤니티를 기업으로 인식하고 거기에 참여해 얻어낸 이익을 지역사회에 분배하는 것이다. 이를 통해 고용을 촉진하고 지역 경제를 활성화해 잘사는 마을을 만드는 것이다. 우리나라의 지역 사업이 진정한 커뮤니티 비즈니스가 되기 위해서는 사업의 차별화가 필요하다. 이를 위해서는 지역 주민이 지역의 한계를 극복할 수 있도록 외부와의 관계를 구축하는 한편 지역의 자연환경 등 생태적 자본의 확보와 육성이 필요하다. 즉, 국내 실정에 맞는 인적 네트워크 구축과 자연환경 활용 방법에 대한 정립이 필요하고 이를 바탕으로 국내 특성에 맞는 지역 기반 사업 모델의 개발이 선행되어야 하는 것이다.

국내에서 커뮤니티 비즈니스가 성공하기 위해서는 현재의 문제점을 극복하면서 외국의 사례에서 발견된 성공 요인을 우리 실정에 맞게 도입할 필요가 있다. 정부나 지자체의 정책 수립 입장에서 커뮤니티 비즈니스를 피상적이며 자신의 편의에 따라 이해하는 것은 매우 위험한 결과를 초래할 수 있다. 지역 활성화라는 본래의 취지를 저버리고 자치단체장의 표심을 의식한 전시성 행사로 전락하고 만 많은 지역 축제를 여전히 반복할 뿐 다른 대안을 내놓지 못하고 있는 지자체들이 반드시 숙고해야 할 대목일 것이다. 앞으로의 비영리경영은 더욱더 커뮤니티 중심의 복지활동을 평가하고 분석하여 비전을 제시하는 것이 필요하다.

창조적 리더십과 비영리경영

1) 창조적 리더십과 비영리경영

① 창조 리더십

경영위기는 조직 내 유연성이 적절한 수준일 때 최소화된다. 성과 극대화만을 추구하는 기업은 유연성을 비효율과 낭비의 원인으로 간주하고 이를 과도하게 제거하려는 노력을 기울이는 경향이 있다.

위기감을 느낀 기업들은 과거 어느 때보다 리더십의 필요성을 절감하고 있다. 기업들은 리더십의 핵심요소로 '창조성(creativity)'을 꼽고 기업 내에 '창조 리더십'의 중요성을 제시하고 있다. CEO들은 증가하는 복잡성을 관리할 수 있는 리더십의 핵심요소로 창조성을 꼽았다.

창조 리더십은 기존 통념을 과감히 버리고 때론 과도할 만큼 독창적인 생각을 실행에 옮기는 능력이며, 이 리더십은 용기와 개방적인 사고가 필수적이다. 기업 내에 조직원 전체가 창조 리더십을 기를 수 있는 기초를 마련해 줘야 한다는 것이다. 결국 기업가의 창조 리더십이란 창의적인 인재를 육성하는 능력이다.

창조적인 리더들은 기업 문화를 쉼 없이 개선하고 과거의 성공모델을 선별적으로 기억에서 지우며, 직원은 물론 고객, 외부 전문가와 함께 새로운 제품과 서비스를 만들어 내고 있다. 인도 최대 은행인 스테이트뱅크오브인디아(SBI, State Bank of India)도 창조 리더십을 통해 두드러진 성과를 내고 있다. 인도 전역에 있는 2만 개의 지점을 통해 20만 명을 고용하고 있는 SBI는 인도 최대 은행답게 창조적인 인재도 넘쳐났다.

기업 내에 창조 리더십을 확산시키려면 소통을 막는 장벽을 부수고 창조적인 리더에 대한 보상을 확실히 해야 한다. 회사가 위기의식을 유지하는 것이 불가능하다면 종업원의 사기는 확실히 둔감해져 수익성 있는 회사를 만드는 데 중요한 요소를 놓치게 된다. 이 때문에 위기감을 체계적으로 유지하는 일은 기업경영에서 매우 중요한 요소이다.

사람들은 기본적으로 변화와 혁신을 싫어하기에, 변화를 위한 첫 번째 조치는 모든 직원들이 위기의식을 공유하게 하는 것이라 한다. 위기가 눈앞에 닥쳐야만 비로소 사람들은 움직이기 시작하기 때문이다. 영국의 한 학교에서 있었던 일이다. 학기 초, '우수한' 아이들로 편성된 학급이 '우둔한' 학급으로, '우둔한' 학급은 '우수한' 학급으로 컴퓨터에 잘못 입력되는 일이 발생했다.

그로부터 5개월이 지나고 나서야 학사관리가 잘못됐다는 사실을 발견하게 되었다. 당황한 학교 측은 컴퓨터의 오류에 대해 아무에게도 말하지 않은 채 학생들에게 다시 시험을 치르도록 했다. 그런데 놀랍게도 원래 우수한 아이들의 성적이 크게 떨어진 것이었다.

왜냐하면 이들은 학기 내내 선생님들에 의해 열등하고 학습능력이 부족한 아이들로 여겨져 왔기 때문이었다. 하지만 반대로 우둔한 학급의 점수는 크게 올라갔다. 그 이유는 선생님들이 학생들을 대단히 우수한 아이들로 여기고 교육하였고, 그들에 대한 긍정적인 기대감을 늘 표현했기 때문이었다. 위기의식은 그러므로 삶의 현장에서 많은 변화를 주고 있음을 볼 수 있다.

리더들에게 위기란 이제 더 이상 낯선 단어가 아닐 것이다. 최근 들어 종잡을 수 없이 나타나는 경제의 난기류는 기나긴 경기침체와 더불어 리스크를 동반하고 있기 때문에 그 수위가 지난 수십 년 가운데 가장 위협적이다.

누구나 기억할 만한 브랜드나 기업이 하루아침에 속수무책으로 무너져 내리거나 아예 시장에서 사라져 버리는 경우는 이제 그리 놀랄 만한 일도 아니지만 격변기 속에서도 위기상황을 기회의 발판으로 더욱 굳건해지고 종래에는 업계의 리더로 부상하는 기업들도 볼 수 있다.

시장경제에 불어 닥친 폭풍의 세기는 같은 상황인데도 모든 기업의 피해는 똑같지만은 않은 것이다. 기업에게 있어 생존이란 이제 그 어떤 요소보다도 최우선의 목표가 되어 버렸다. 과연 더욱 가파른 경제시장에서도 살아남는 기업과 끝도 없이 추락하는 기업의 차이는 무엇일까?

호황이 있으면 불황도 있기 마련이다. 영원한 호황도 영원한 불황도 없다. 그저 사이클로 매번 반복될 뿐이다. 하지만 똑같은 역사가 수도 없이 반복되는 걸 보면 사람들의 망각하는 기술도 가히 극강의 경지에 다다르게 된다.

금융위기를 겪은 기업들이라면, 다시 한번 위기 경영에 대해서 고민해 봐야할 때다. IMF를 겪으면서 기업의 현금흐름 관리 능력이 얼마나 중요한지 배웠다면, 이번 금융위기를 통해 단순히 위기를 살아남아야 하는 문제로 인식할 게 아니라 더 높이 비상할 수 있는 기회로 사는 지혜를 배웠어야 하는 게 아닌가 싶다.

② 성공적인 전략

가장 성공적인 전략은 핵심사업을 강화하고 확장하도록 해주는 반복 가능성이 높은 모델에 기반한 것들이었다. 반복 가능성이 높은 모델의 힘은 그 단순성에 있다. 이 모델은 모든 조직구성원이 사업의 우선순위를 알고 핵심사업을 최대한 강력하게 만드는 기술과 역량을 확보하고 유지하는 것을 가능하게 한다. 따라서 이런 조직은 기회가 생겼을 때 빠르게 움직일 수 있다. 경기침체기에 이 전략이 매우 중요한 이유다.

수많은 비즈니스 리더들에게 위기란 이제 더 이상 낯선 단어가 아닐 것이다. 최근 들어 종잡을 수 없이 나타나는 경제의 난기류는 기나긴 경기침체와 더불어 리스크를 동반하고 있기 때문에 그 수위가 지난 수십 년 가운데 가장 위협적이다. 누구나 알 만한 브랜드나 기업이 하루 아침에 속수무책으로 무너져 내리거나 아예 시장에서 사라져 버리는 경우는 이제 그리 놀랄 만한 일도 아니지만 격변기속에서도 위기상황을 기회의 발판으로 더욱 굳건해지고 종래에는 업계의 리더로 부상하는 기업들도 볼 수 있었다.

CEO의 위기경영은 핵심적인 기업 활동을 위한 최적의 조건을 제시하기 위해 먼저 현재의 위치를 제대로 파악할 수 있는 방법과 핵심사업의 재정립, 그리고 조직 강화와 성과 개선으로 위기 속에서 이제는 창조적 리더십으로 비영리경영을 이루어야 할 것이다.

CHAPTER
03

사회복지적 리더십과 비영리경영

1) 사회복지적 리더십과 비영리경영

(1) 리더십의 정의

리더십(leadership)의 정의는 그동안 많은 연구가 진행되었음에도 아직 합의된 연구가 이루어지지 않고 있다. 일반적으로 리더십은 지휘력, 지도력, 영향력 등으로 불리고 있으며, 한 개인이 다른 구성원에게 이미 설정된 목표를 향해 정진하도록 영향력을 행사하는 과정으로 정의하고 있다. 그래서 리더십은 조직의 목표 관리원의 동기부여 및 목표 설정 참여, 조직구성원들의 지속적 행동유지 차원으로 이해해야 하며, 모든 경영활동은 리더의 효율적 리더십에 따른 구성원의 성공적 통합 여부에 달려 있다고 하겠다. 리더십은 일정한 상황에서 구성원들이 목표를 달성할 수 있도록 영향력을 행사하는 과정이며, 그 영향력은 사람을 변화시키고 새롭게 하고 힘을 주고, 분발 고취시키는 행위를 말한다(김성철, 2007).

종합적으로 정리하면, 리더십이란 목표의 설정과 달성을 위하여 개인이나 집단에 영향을 미치는 과정이며, 과업수행집단의 활동을 지휘하고 조정하는 능력이고, 한 사람이 다른 사람에게 특정한 목표를 달성하도록 하기 위하여 동기화하는 행동이다. 이러한 리더십의 정의에는 두 가지 중요한 특징이 있다. ① 리더십은 조직체 성원들에 대한 권위, 혹은 권력의 위계적 관계이다. ② 리더와 성원들 간의 협동적인 관계이다(김치영, 최용민, 2006).

(2) 리더십의 특성

리더십은 공식적 또는 비공식적 조직을 막론하고 인간관계에 있어 지대한 관심사로서 보는 관점에 따라 개념을 달리 규정하고 있다. 즉, 리더십은 모든 조직활동에 동기를 부여하고 촉진하여 다양한 집단활동을 일정한 목표로 향하도록 일체감을 조성하는 기능으로 볼 수 있다.

① 리더십 특성

ⓐ 리더십의 활동 중심은 개인이다.
ⓑ 리더십은 역동적 행위이다.
ⓒ 리더십은 사람에게 영향력을 주기 위한 활동이다.
ⓓ 리더십의 가장 중요한 요인은 영향력이다.
ⓔ 리더십의 목표는 목적달성이다.
ⓕ 리더십은 의도적이다.

② 리더십 목표

ⓐ 조직 및 집단목표의 선택
ⓑ 조직 및 집단 내외에서 발생하는 여러 가지 사건에 관한 해석
ⓒ 목표 달성을 위한 업무 활동의 조직화 및 구성원의 동기 유발
ⓓ 구성원들 간의 협동관계 및 팀워크의 유지
ⓔ 조직 및 집단하부로부터 지지와 협조의 도출이라고 할 수 있다(김치영·최용민, 2006).

따라서 리더십은 집단의 단합과 사기(morale)를 증대시키고 또한 집단구성원의 개별적인 발전을 촉진시킬 수 있도록 집단 내의 상호작용을 통제하는 것을 의미한다고 볼 수 있다. 이러한 관점에서 리더십은 관리자의 관리능력을 수행하는 데 절대적이며 필수적 요건이라 하겠다. 특히 발전목표를 달성하기 위하여 의식적인 변동을 가져오려는 과정에서는 집중적이고 의욕적이며 능숙한 내외관계의 관리가 필요하기 때문에 지도력 발휘는 지도자들의 중요한 역할이라 하겠다.

리더십이란 어떤 상황 내에서 목표달성을 위해 어떤 개인이 다른 개인, 집단의 행위에 영향력을 행사하는 과정이다.

리더십은 다른 사람들에 영향을 미쳐서 목표 성취를 위해 나아가게 할 수 있는 능력이다. 리더십을 이야기할 때 자주 등장하는 것이 리더와 매니저의 차이다. 일상적인 업무를 효율적으로 효과적으로 해낼 수 있도록 조정하며 조율하는 사람을 매니저라고는 하지만 리더라고 하지는 않는다. 리더는 단순히 조직을 관리하고 일상적 의사결정을 하는 사람을 뜻하지 않는다. '목표'(goal)를 향해 조직을 이끌어 갈 수 있는 사람, 조직의 목표를 명확히 해주며 구체적 동기유발을 이끌어 낼 수 있는 사람, 미래의 비전을 향해 방향을 잡아줄 수 있는 사람을 리더라고 한다.

리더십 이론에 있어서 베버(Weber)는 리더십을 리더가 권한을 어떻게 획득하고 실행하느냐에 있다고 보고 세 가지로 분류했다.

③ 베버(Weber)의 리더십

첫째, 전통적 권한(traditional authority)의 리더인데 전통적인 윤리나 사회관습, 신분을 기초로 하는 권위를 행사하는 리더를 말한다. 원시사회나 근대화가 철저하지 못한 사회에서 나타나는 리더의 유형으로 가부장적 색채가 짙다.

둘째는, 카리스마적 권한(charismatic authority)의 리더인데 예언자나 영웅 등 어떤 개인의 탁월한 통솔력이나 인기에 토대를 둔 권위로서 전쟁 영웅이나 종교적 예언자가 그 예이다. 이들은 보통 초인간으로 떠받들여진다.

셋째, 합리적 또는 합법적 권한(rational or legal authority)의 리더로서 집단의 성원들이 정당하다고 인정하는 규칙 또는 법률에 토대를 둔 권위로서 선거를 통해 선출된 현대국가의 대통령, 국회의원 및 법률에 따라 임명된 가급 관료들이 이에 해당한다.

설젠트(Sergent)는 리더의 유형은 리더와 추종자와의 관계성을 기준으로 특징 지어지는 것이라고 하여 역사적인 인물을 중심으로 리더십을 카리스마적 리더(charismatic leader), 상징적 리더(symbolic leader), 예우자(head man), 전문가(expert), 행정적 또는 집행적 리더(administrator), 선동가 혹은 개혁가(agitator or reformer), 강압적 리더(coercive leader)로 유형을 나누었다. 리더십은 리더가 주어진 환경 속에서 조직구성원들을 통하여 조직의 목표나 목적을 달성하려는 목표지향적 행동이기 때문에 리더십의 결과는 리더와 조직구성원 상호간의 영향과정에 달렸다.

이 영향 과정에 따라서 조직구성원이 행동은 물론 익도한 성과의 달성 여하가 결정되고, 나아가서는 이로 인한 만족감도 결정된다. 그러나 여러 가지 유형의 리더십 중에서 가장 중요한 리더십은 무엇보다도 섬김과 나눔의 복지적 리더십이 중요하다고 생각한다.

④ 사회복지적 리더십

이 사회복지적 리더십이 바로 미래의 리더십이라고 본다. 사회복지적 리더십은 전통적 리더십 스타일의 대안으로 직원들의 개인적 성장을 신장시키는 동시에 조직의 질적인 개선을 시도한 새로운 리더십 이론이다.

사회복지적 리더십에서는 팀워크, 지역공동체, 의사결정에의 참여, 윤리적 행태 등을 강조한다. 스피어스(L. Spears)는 이러한 사회복지적 리더십을 인간개발의 새로운 시대에 알맞은 진정한 희망과 방향을 제시하는 것으로 주장하고 있다.

사회복지적 리더십은 1970년 그린리프(R. K. Greenleaf)가 《리더로서의 봉사자(Servant–Leadership)》라는 책에서 만들어 낸 개념이다. 그린리프는 봉사리더는 무엇보다도 먼저 다른 사람에게 봉사하는 사람을 규정짓고 있다.

리더로서의 봉사자 또는 하인은 먼저 봉사하고자 하는 자연스러운 감정을 가지게 되면 리더가 하고자 하는 운명을 의식적으로 선택하게 된다는 것이다. 사회복지적 리더의 특성은 경청, 감정이입, 영적인 치유, 자각, 설득, 개념화, 통찰력, 봉사정신, 성장의 몰입, 공동체 확립 등 10가지로 주장한다.

이것은 특징 자체가 손쉽게 얻어지는 특징이나 자질이 아니라 리더가 되고자 하는 사람들의 절대적인 노력이 필요하기 때문이다. 스미스(R. W. Smith)는 전통적 리더십과 봉사 리더십과의 차이를 이론가, 가치, 신념, 수수께끼 풀이, 리더십 스타일, 부하의 스타일 등으로 규정하고 있다. 리더십의 3대 기본 요소는 지도자, 추종자, 상황이다.

사회복지적 리더십으로 어떤 것이 바른 것이고 세상이 나아갈 바가 무엇인지 목표를 먼저 분명히 알고 사람들과 더불어 함께 살아가는 것이 바람직하다고 보며 세상의 빛과 소금의 역할을 하기 위해 사회복지적 리더십이 필요하다고 본다.

그리고 모든 삶과 기업은 경영이듯이 비영리경영과 인성코칭을 통한 나눔과 섬김 인간다움의 경영을 통해 나아가는 것이 오늘날의 사회에 절대적으로 필요하고, 또 하나는 소금과 같은 역할이 필요한데 세상이 이미 썩은 것이 아니고 구석구석 사랑, 봉사, 희생이 많이 살아 있는데 이런 자생적인 것들이 썩지 않도록, 보존되고 유지되게 하기 위해 사회복지적 리더십, 비영리경영과 인성코칭이 함께 같이 갈 때 미래의 아름다운 사회가 될 것으로 본다.

2) 서번트 리더십과 비영리경영

(1) 서번트 리더십과 비영리경영

서번트 리더십을 직역하면 '청지기 리더십'이지만 국내에서는 '섬기는 리더십'으로 알려져 있다. 미국 학자 로버트 그린리프[2]가 1970년대 처음 주장한 이론으로 "다른 사람의 요구에 귀를 기울이는 하인이 결국은 모두를 이끄는 리더가 된다"는 것이 핵심이다. 즉, 서번트 리더십은 인간존중을 바탕으로, 구성원들이 잠재력을 발휘할 수 있도록 앞에서 이끌어 주는 리더십이라 할 수 있다. 한편, 서번트 리더십은 리더의 역할을 크게 방향제시자, 의견조율자, 일·삶을 지원해 주는 조력자 등 세 가지로 제시하고 있다.

드러커(Drucker)는 《미래경영(Managing for the Future)》에서 지식시대에서는 기업 내에서 상사와 부하의 구분도 없어지며, 지시와 감독이 더 이상 통하지 않을 것이라고 하였다.

그러므로 리더가 부하들보다 우월한 위치에서 부하들을 이끌어야 한다는 기존의 리더십 패러다임에서 리더가 부하들을 위해서 헌신하며 부하들의 리더십 능력을 길러 주기 위해 노력해야 한다는 서번트 리더십 위주의 패러다임으로의 전환이 바람직하다고 볼 수 있다.

"언젠가 진실은 통한다"라는 말이 있듯이 사회복지사에게 '진실성'은 복지를 시작하는 가장 중요한 부분이다. '진실성'이 시작이라고 하면, 복지 통로를 만들기 위함은 '민감성'이다. 사회복지사는 지역복지에 대한 촉각을 곤두세워 민감하

---

2) 미국에서 태어난 로버트 K. 그린리프(1904~1990)는 AT&T에 입사해 38년 동안 근무(1964년 은퇴할 때의 직위는 경영연구 담당 부회장)한 절실한 경험을 바탕으로 '서번트 리더십 이론'을 주장/발전시켰고, 그 뒤 12년 동안 MIT, 하버드 비즈니스 스쿨, 다트머스 대학 등에서 강의하는 한편, 포드 재단, 걸프 오일, 인도 정부 등의 컨설턴트로서 세계적 명성을 쌓았다.

게 반응해야 한다.

드러커는 노동은 기계가 대신해 주고 완전히 자동화되는 날이 올지도 모르지만 지식만은 오직 훌륭한 인간적인 자원인 것이라고 말했다. 지식은 책에서 얻어지는 것이 아니다. 지식은 정보를 담고 있는 데 불과하다. 지식이란 정보를 특정한 업무 달성에 응용하는 능력인 것이다.

지역사회복지의 실천은 모든 주민들이 주체가 되겠지만, 그 연결 통로의 활성화는 사회복지사의 민감한 반응에 따라 희비가 엇갈린다고 생각했다. 마지막으로 사회복지사는 통로가 중간에 새어나가지 않고 끝까지 올 수 있도록 '일치성'을 가져야 한다고 드러커는 생각했다.

사회복지사는 어떤 고난과 역경이 닥치더라도 자신의 초심을 잃지 않고, 비윤리적인 사회에 물들지 않을 수 있는 진실한 마음을 끝까지 유지해야 한다. 작은 복지의 시작은 인간의 정서적 유대감(사랑)에서 시작된다고 생각한다. 한 사람, 한 사람에게 따뜻한 마음이 전해진다면, 더 나아가 그 지역사회에 보이는 복지가 아닌 참으로 내면에서 밝게 빛나는 복지를 실천할 수 있다.

재벌 그룹이 몰락할 때마다 지적되었던 실패 원인 중의 하나가 시장에서의 신뢰 상실이었다. 기업이 시장에서 신뢰를 잃게 되면 생존의 기회는 물론 모든 것을 잃게 된다. 그래서 한 기업이 신뢰를 얻기 위해선 기업 내부의 신뢰 기반이 높은 수준으로 축적되어야 한다. 일반적으로 기업 내의 신뢰는 리더의 리더십에 영향을 받는다.

즉, 리더는 자신의 전문적인 일을 통해서는 물론 부하들을 통하여 자기 조직의 목표를 달성해야 한다. 켈의 법칙(Kel's Law)에 의하면, 구성원들 간에 수직적 관계의 거리가 짧을수록 직접적인 접촉 기회가 많은 반면에 수직적 관계의 거리가 멀수록 직접 대면할 기회가 적어진다.

그래서 상하 간의 심리적 거리가 크면 클수록 쌍방향의 활동이 되기보다 위에서 아래로 진행되는 일방적 행위가 되기 쉽다. 이는 리더의 과제 중심의 지위와 통제가 점차 강화된다는 것을 의미한다. 이러한 환경에서는 다수 구성원들의 자발성을 기대하기 어렵기 때문에 구성원들의 몰입과 헌신 그리고 창의성이 낮아진다.

따라서 신뢰를 바탕으로 심리적 거리를 좁힘으로써 관계의 질을 높여야 한다. 이러한 관계의 질을 높이기 위해선 리더의 직급에 따른 영향 요인을 행사하는 방법이 달라져야 한다. 즉, 수직적 거리가 짧을 경우에는 직접적인 상호작용을, 수직적 거리가 멀 경우에는 제도적 장치를 통한 커뮤니케이션을 마련함으로써 조직 전체의 효율성과 생산성을 높일 수 있다.

상사의 리더십 행위가 부하들에게 어떻게 받아들여지고 있느냐에 따라 상사에 대한 부하들의 신뢰 정도가 결정된다. 따라서 리더는 자기 자신에 대하여 엄격한 규범과 기준을 적용할 수 있어야 한다. 이러한 실천의 밑바탕에는 신뢰와 이를 바탕으로 한 리더십이 자리 잡고 있었다.

새로운 리더십 이론으로 각광받고 있는 서번트 리더십이란 부하와의 관계관리(relation-management)를 중시하는 것으로, 부하를 가장 중요한 재원(財源)으로 보고 부하에게 리더의 모든 경험과 전문 지식을 제공하면서 부하를 굉장히 중요하게 평가하고 어떤 면에서는 극진하게 모시는 리더십을 말한다.

미래학자 피터 드러커는 "지식시대에서는 기업 내 부하와 상사의 구분이 없어지고, 지시와 감독이 더 이상 통하지 않는다"라고 이야기한다. 이는 상사가 부하보다 우월한 입장에서 부하들을 이끌어야 한다는 기존의 패러다임에서 리더가 부하를 위해 헌신하며 부하의 능력을 길러 주어야 한다는 서번트 리더십의 새로운 패러다임의 시대가 왔음을 보여 주는 것이다.

미래기업의 경영자에게 바람직한 리더십 모델로서의 서번트 리더십이 절실히 요구되는 시대이다. 리더십의 변화가 절실히 요구되는 점을 감안할 때 국내 학계에서는 서번트 리더십에 관해 좀 더 많은 관심을 갖고 이에 대한 연구를 확대해야 할 것이며, 국내 기업들도 서번트 리더십과 비영리경영에 대한 이해를 넓혀 나가야 할 것이다.

(2) 리더십의 활용방안

사회복지조직을 효과적으로 관리하기 위해서는 서비스의 질과 생산성이라는 두 가지 측면을 적절하게 혼합할 수 있는 리더십 스타일을 찾는 것이 중요하다. 외부환경에 의존적인 사회복지서비스 조직들에서는 리더십 평가의 기준을 자칫 생산성이나 효율성에 국한되어 강요받을 수도 있다. 그러한 기준들도 일견 중요하지만, 그럼에도 그것들이 서비스의 질이나 효과성 기준을 능가하는 것이 되어서는 안 된다. 사회복지서비스의 목적 개념은 서비스의 효과성에 내재해 있기 때문이다. 이런 이유로 사회복지행정의 원리는 몰가치적 행정보다는 오히려 전문식의 자시개입을 통한 리더십을 강조한다(김영종, 2010).

사회복지조직은 일반행정 조직과 다르다는 것을 알 수 있다. 리더십의 특성을 충분히 고려해야 할 것이다. 사회복지리더십의 활용 방안으로는 사회복지실천기술의 활용으로서, 사회복지조직은 수립한 프로그램의 목표를 달성하기 위하여 동원 가능한 모든 기술과 기법을 활용해야 한다. 이를 위해서는 조직의 리더뿐만 아니라 조직구성원 전체의 능력을 증진시켜야 한다. 또한 조직 내의 사기를 진작시킬 수 있는 환경과 분위기를 만들어 가는 것도 중요하다. 리더가 조직 내에서 어떠한 리더십을 발휘하고 활용하느냐에 따라 달성 여부가 결정된다는 점을 반드시 고려해야 한다.

섬김(servant)의 리더십은 전통적 리더십 스타일의 대안으로 직원들이 개인적으로 성장함과 동시에, 조직의 질적인 개선을 시도한 새로운 리더십 이론이다. 섬김의 리더십에서는 팀워크, 지역공동체, 의사결정에 참여, 윤리적 행태 등을 강조한다. 스피어스(L. Spears)는 섬김의 리더십을 인간개발의 새로운 시대에 알맞은 진정한 희망과 방향을 제시하는 것으로 주장하고 있다. 섬김의 리더십은 1970년 그린리프(R. Greenleaf)가 《섬김의 지도력(servant-leadership)》이라는 저서에서 도출해 낸 용어이다. 그린리프는 헤르만 헤세의 《동방기행》에 등장하는 여행단의 하인인 레오에게 아이디어를 얻어 섬김의 리더십을 고안하게 되었다. 그린리프는 섬김의 리더십을 먼저 다른 사람에게 봉사하는 사람으로 규정하고 있다. 섬기는 자나 청지기는 먼저 봉사하고자 하는 자연스러운 감정이 들면 지도자가 하고자 하는 것을 의식적으로 선택하게 된다는 것이다(김성철, 2007).

섬기는 지도자의 특성은 경청, 감정이입, 영적인 치유, 자각, 설득, 개념화, 통찰력, 봉사정신, 성장의 몰입, 공동체 확립 등을 강조하고 있다. 이는 쉽게 얻어지는 특징이나 자질이 아니라 지도자가 되고자 하는 사람들의 절대적인 노력이 필요하기 때문이다. 스미스(R. Smith)는 전통적 리더십과 섬기는 리더십의 차이를 이론, 가치, 신념, 수수께끼 풀이, 리더십 스타일, 부하의 스타일 등으로 규정하고 있다(김성철, 2007).

사회복지조직에서의 리더의 역할을 보면 조직의 성격에 따라 다른데, 즉 기업의 최고경영자는 이윤을 최대로 추구하는 것이며, 공공기관조직의 리더인 경우는 정책의 일관적 집행을 가장 중요한 기준으로 삼고 있다. 그러나 사회복지조직의 리더는 클라이언트와 지역사회에 제공되는 서비스 및 활동의 질로서 평가 받게 된다.

따라서 사회복지조직에서의 리더의 역할은 ① 조직에서 생산되는 산출물에 의해 직접적인 평가를 받는다. ② 양질의 서비스를 효율적으로 공급하는 것이 그들의 가장 중요한 임무가 된다. ③ 전통적 경영기술과 함께 사회복지정책 형성과정에서도 중요한 역할을 수행한다. ④ 기관 생산성에 대한 강조와 동시에 클라이언트의 문제 및 욕구에 대해 민감할 것을 요구받는다(김치영·최용민, 2006).

리더는 조직 및 구성원의 발전에 대한 책임이 있다. 리더는 뚜렷하고 분명한 목표제시와 방향을 구성원에게 할 뿐만 아니라 솔선수범하는 자세를 보여 줘야 한다. 그리고 리더는 상황을 직시하고 분명한 통찰력으로 문제의 핵심을 잘 진단하고, 구성원에게 합리적인 방법을 제시할 수 있는 능력을 가져야 한다. 구성원들이 문제해결 방안을 선택하면 리더는 조직이 갖춘 모든 역량을 동원하여 문제를 해결할 수 있도록 추진해 나가야 한다. 리더는 조직의 안정을 위협할 수 있는 정치적·경제적·사회적 원인들에 대하여 분석하고, 이러한 원인들이 미칠 파장을 고려하여 대비책을 마련해야 한다.

따라서 사회복지조직의 최고관리자는 당면문제의 원인을 분석하고 해결방안을 모색할 수 있지만, 최종적인 방안의 선택은 리더의 몫이기 때문에 리더는 심사숙고해야 한다. 조직의 위기는 조직을 붕괴시킬 수도 있고 조직을 한 단계 발전시키는 결과를 가져오기도 한다. 탁월한 리더는 상황에 따라 적절한 방안을 제시하여 구성원들로 하여금 스스로 문제의 원인을 찾고 해결할 수 있는 능력을 갖춘 자라 할 수 있다.

3) 코칭리더십과 비영리경영

코칭은 사람과의 관계형성을 기본으로 상대방이 원하는 방향으로 변화를 주도하기 위해 이루어지는 커뮤니케이션 과정으로 수동적인 변화가 아닌 자기주도적 변화를 목표로 하며 일시적인 변화가 아닌 지속적인 변화를 원한다. 현대 사회가 추구하는 코칭리더십은 리더의 일방적인 명령이나 통제가 아니라 조직구성원에게 조직이 지향하는 방향을 제시해 주고 목표설정을 할 수 있도록 도와주는 역할을 한다. 코칭리더십은 스스로 직무성과를 향상시킬 수 있는 방법을 탐색하고 분석하는 것을 촉진시킨다. 특히 직무수행능력 함양을 위한 개발, 조직구성원의 과업수행과 수행평가, 구성원 사이에 개방적이고 신뢰적 관계 등을 통해 조직목표를 실현하는 조지관리 인식을 공급해 주기 때문에 새로운 리더십 패러다임을 중점으로 부상하는 비영리경영에 주목받고 있다. 코칭리더십이 조직에 미치는 영향을 살펴보면 다음과 같다.

첫째, 리더가 조직구성원에게 목표를 기대하고 실행에 관련된 긍정적인 피드백을 제공한다. 둘째, 리더가 조직구성원이 지닌 잠재능력을 개발하고 조직이 목표로 하는 변화와 혁신을 지원하는 데 의미를 두고 있다. 셋째, 리더가 코칭을 통하여 조직구성원들이 스스로 동기부여가 되어 조직에 몰입할 수 있는 분위기를 조성한다. 따라서 리더의 코칭역할은 조직구성원의 직무만족, 조직몰입 등에 긍정적인 영향을 미치는 결과이다.

비영리경영의
도약과 모색

기업윤리와
비영리경영의 합리성

1) 사회복지윤리와 비영리경영

① 사회복지윤리

일반적으로 윤리란 인간의 행위와 도덕적 의사결정에 관련되는 철학의 한 분야이다. 집단에 속한 구성원들을 위한 윤리는 그것이 갖는 사회적 속성 때문에 그 직업이 가능한 사회적 측면에 대한 규범적 고려와 상호 대립적 입장을 보일 수도 있는 윤리적 측면을 고려해야 한다. 사회복지전문가 윤리는 사회복지사의 서비스 실천은 도덕적으로 바른 방법이어야 함을 인식하도록 돕기 위한 것이며, 사회복지실천의 과정이 윤리적 결정의 과정임을 인식하고 사회복지사로서 어떻게 바르게 행동하는가를 배우도록 돕는 기준이다.

경영환경은 급속한 세계화로 인해 세계 모든 기업이 동일한 평가기준을 통해 평가되어지고 있으며, 부패라운드(Corruption Round)의 등장으로 기업윤리가 사회의 중요한 이슈로 등장하고 있다. 앞으로 미래를 변화시킬 동인(動因)은 세계 각지의 전문가들을 대상으로 한 조사에서는 '경제시스템 내의 윤리' 문제를 첫째로 뽑았다.

미래의 기업윤리는 조직구성원에게 행동의 규범을 제시할 뿐만 아니라 건전한 시민으로서의 인간의 윤리적 성취감을 충족시켜 주기도 한다.

그리고 기업 활동에 대한 윤리적·비윤리적 그리고 부도덕적 부패행위 등을 구분시킴으로써 사회의 이득이 되는 행위의 기준을 제시할 뿐만 아니라 기업 내부의 구성원, 즉 최고경영자로부터 관리자, 종업원에 이르기까지 행동에 대한 올바른 판단기준을 제시함으로써 구성원의 심리적 행동에 대한 올바른 판단기준을 제시하고 구성원의 심리적 갈등을 완화시켜 주며, 만족감과 성장·발전을 저해하는 문제점 등을 해소시켜 주기도 한다.

② 액체사회

'적자생존'이라는 맥락에서 다윈의 진화론은 기업의 경쟁원리에 곧잘 비유되곤 하는데 거대한 몸 때문에 빙하기를 극복하지 못하고 멸종한 공룡처럼 사회의 변화를 감지하지 못하는 기업은 살아남기 어려운 시대에 살고 있다.

변화를 감지하기 위해서는 세상이 어떻게 바뀌고 있는지를 알아야 한다고 본다. 미래학자들은 정보화 사회 다음은 '액체사회(Liquid Society)'가 될 것으로 전망한다. 액체사회는 사회학자 지그문트 바우만[1]의 저서 《액체 근대(Liquid Modernity)》에서 빌려온 말로 다양한 인종과 민족으로 구성된 사회를 의미한다고 본다.

요즘 기업들은 동종 업계에서의 경쟁뿐만 아니라 타 업종과의 경쟁까지 신경 써야 하는 상황이 됐다. 이른바 업종간 경계가 허물어지는(용해되는) '액체사회(Liquid Society)'로의 전환이 급속도로 이루어지고 있기 때문이다. 세계 초일류 스포츠용품 업체인 나이키가 기존 경쟁사인 리복, 푸마, 아디다스 이외에 새로운 경쟁상대로 지목했던 기업이 바로 일본의 게임업체 '닌텐도'였다. 왜 나이키는 그렇게 생각한 것일까? 한번쯤 생각해 볼 문제다(지그문트 바우만, 《액체근대》).

어떻게 게임업체 닌텐도가 나이키와 경쟁관계가 된 것일까? 나이키의 주 고객층이라고 할 수 있는 젊은 사람들이 전자게임에 몰두하게 되면 집 밖으로 운동을 즐기러 나가는 시간이 그만큼 줄어들게 된다. 결국 운동화를 신을 시간이 줄어들게 되어서 운동화 두 켤레를 사던 고객이 한 켤레만 사게 된다는 것이다. 그만큼 나이키는 매출 수익이 떨어지게 되는 것은 당연한 현상일 수밖에 없다.

지금까지의 기성세대들은 부모로부터 용돈을 받으면 주로 신발이나 스포츠용품 구입해 왔는데, 이제는 게임기나 게임용 소프트웨어를 산다. 즉 스포츠업

---

1) 지그문트 바우만(Zygmunt Bauman)은 폴란드 출신의 유대인 사회학자. 1925년 포즈난에서 태어났다. 바르샤바의 폴란드 사회과학원에서 사회학을 바르샤바대학에서 철학을 공부하고, 1954년부터 바르샤바대학에서 강의를 시작했으나, 1960년대 말 폴란드 정부의 주도로 시작된 반유대 캠페인의 여파로 국적을 박탈당한다. 이후 리즈대학 사회학 교수로 임용되면서 영국에 정착하게 된다.

셰와 게임업체 중 누가 고객의 시간을 더 많이 차지하는가를 놓고 경쟁하고 있는 것이다. 이 때문에 나이키는 이제 시장점유율(Market Share) 싸움을 해야 하는 것이 아니라 시간점유율(Time Share) 싸움을 하게 된 것이다.

그동안 주로 같은 업종 안에서 치열하게 펼쳐졌던 시장점유율(Market Share) 경쟁이, 업종 간의 장벽이 붕괴되고, 두 업종이 한데 용해되어 있는 시장환경(액체사회) 아래에서 점차 고객의 시간점유율(Time Share) 경쟁으로 바뀌기 시작한다는 점을 주목할 필요가 있다.

키워드는 '경계'다. 금을 그어 놓았던 것들이 서로 섞이고 엉키면서 새로운 차원으로 변화하고 있다. 국가 간의 경계가 무너지면서 글로벌화가 진행되고, 업종 간의 경계도 허물어지고 있는 변화는 이미 상식이다. 내 것만 고집하고 있다가는 빙하기 직전의 공룡 신세를 면하기가 어렵다고 볼 수 있다.

③ 윤리경영

시장경제체제의 틀 안에서 기업이 효율적으로 활동하기 위해 윤리경영의 중요성에 대한 인식은 강화되고 있는 현실이다. 그러나 윤리경영을 실천하는 일은 쉽지 않다. 윤리경영이 기업에서 제대로 실현되기 위해서는 경영자의 올바른 이해와 구체적인 노력이 뒤따라야 할 것이다.

최근 10~20년 사이에 전 세계적으로 기업 윤리에 대한 관심이 부쩍 커졌다. 이러한 현상은 지난 1999년에 체결된 경제협력개발기구(OECD)의 '뇌물 방지 협약'을 통해 더욱 심화되었다. 또한 이 협약은 기업의 윤리적 책임이 글로벌 스탠더드로 인식되는 계기를 마련해 주었다.

OECD 회원국인 우리나라에서도 윤리경영이라는 세계적인 흐름에 부응하여 정부나 기업에서 국제 상거래 뇌물방지법 및 부패방지법 제정, 기업 경영의 투명성 확보 등과 같은 형태로 기업 윤리 확립을 위해 힘쓰고 있다. 이러한 노력의 결과 윤리경영의 중요성에 대한 인식이 점점 강화되고 있다.

윤리경영이란 회사경영 및 기업 활동에 있어 '기업윤리'를 최우선 가치로 생각하며, 투명하고 공정하며 합리적인 업무 수행을 추구하는 경영정신이다.

이익의 극대화가 기업의 목적이지만, 기업의 사회적 책임도 중요하다는 의식과 경영성과가 아무리 좋아도 기업윤리 의식에 대한 사회적 신뢰를 잃으면 결국 기업이 문을 닫을 수밖에 없다는 현실적인 요구에 기초한다.

국제적으로는 국제표준화기구(ISO)[2] 산하 소비자 정책위원회가 '기업의 사회적 책임(Corporate Social Responsibility)'에 관한 표준안 작업을 승인함으로써 윤리경영을 ISO 9000(품질인증), ISO 14000(환경보호 인증)과 같은 범주에 포함시키려 하고 있다.

이처럼 국제경제사회외에서 '기업윤리'가 21세기에 기업들이 갖추어야 할 기업경쟁력으로 대두되어 윤리경영의 필요성이 높아지고 있으며, 이에 따라 국내 기업들도 윤리경영 전담부서를 설치하는 등 윤리경영을 도입하고 있다

오늘날 미국을 비롯한 선진제국에서는 윤리경영의 실천을 사회·경제발전의 하부구조(infrastructure)로 인식하고 있다. 이제 윤리는 비영리경영에 있어서 선택이 아니라 필수조건임을 다시 한번 인식해야 할 것이다.

2) 기업윤리와 신뢰를 통한 복지 경영

① 기업윤리

기업윤리에 대한 국내외의 관심이 고조되고 있다. 미국에서는 사르바네스-옥슬리 법(Sarbanes-Oxley Act)에서 "상장기업들이 윤리강령을 반드시 보유할 의무는 없지만 만약 없다면 왜 없는지를 설명해야 된다"는 규정을 도입하여 윤리경영시스템의 자발적인 채택을 강력히 권고하였다.

일본에서도 윤리경영이 기업경영의 리스크를 관리하기 위한 새로운 대안으로 주목받고 있다. 이러한 흐름을 반영하여 OECD등 국제기구들은 윤리경영의 글로벌 스탠더드화를 추진하였다.

특히 미국 기업의 윤리경영 담당임원들도 구성된 미국 윤리임원협의회라는 단체에서는 이미 '기업윤리경영표준안'을 제정했으며, 윤리경영에 대한 관심이 일시적 구호에 그치지 않도록 선진기업들의 윤리경영시스템을 적극 벤치마킹해야 할 시점이다.

기업은 지속적이고 일관성 있는 윤리경영 추진방안을 모색해야 한다. 그러기

---

2) 국제표준화기구(國際標準化機構, International Organization for Standardization, 문화어: 국제규격화기구(國際規格化機構)) 또는 ISO는 여러 나라의 표준 제정 단체들의 대표들로 이루어진 국제적인 표준화 기구이다.

위해서는 윤리강령이나 행위준칙을 제정하는 초보적 단계를 벗어니 구체적인 윤리경영시스템이 요소와 운영 노하우를 체계화해야 할 것이다. 기업경영윤리가 원하는 사회는 경쟁자와 환경 그리고 사람의 삶에 속하는 여러 가지 변수들을 조화롭게 유지하는 것을 통하여 윈윈(win-win) 전략을 얻는 것이다.

② 신뢰성

서로에 대한 경쟁은 인정하되 서로를 사랑하고 도움을 줌으로써 시너지 효과를 얻는 것을 말한다. 이러한 이론에 대한 바탕이 되는 것은 바로 신뢰성이다. 즉, 상대방과 나의 경쟁 관계에서 이기적인 관계를 추구하는 것은 비용을 발생시키며, 부적절한 영향을 미치기 마련이다.

각 단계에서의 유지되는 여러 가지 실제적인 양심(conscience), 도덕성(morality), 정직성(honesty), 이타성(alturism)과 같은 요소들은 기업윤리의 핵심이 되어 왔다.

'윤리는 경영학이 아니다'라는 고정관념은 기업윤리의 학문을 경영학 외의 학문으로 분류시켜 버렸고, 기업 환경의 변화에 따른 기업윤리에 대한 관심의 고조와는 다르게 경영학이나 경제학, 그리고 사회학적인 주변적 위치에 머물러 있다.

그러므로 여태까지의 기업윤리와 관련된 경영자와 기업윤리나, 경영목표로서의 기업윤리는 이러한 기업윤리에 대한 연구에 있어서 실제적인 적용방법을 모색하기 위한 통찰을 주로 하였다. 즉, 기업윤리와 경영성과에 있어서 차이에 대하여 체계적인 분석을 상호보완적으로 제시해 주지 못하였기 때문이다. 신뢰란 한마디로 '어떻다'라고 정의할 수는 없다.

그것은 신뢰라는 의미가 문화마다 다르며 각자 가지고 있는 가치관이나 편견에 의해서 다소 차이가 생길수가 있기 마련이기 때문이다. 그래서 신뢰를 보편적으로 자신의 이익 추구를 어느 정도 희생하면서도 상대방의 복지(welfare)를 배려하는 윤리적 의식이 강하게 작용한다는 것을 의미한다. 신뢰란 타인의 미래 행동이 자신에게 호의적이거나 혹은 최소한의 악의적이지 않을 가능성에 대한 기대와 믿음이다.

신뢰란 다음의 네 가지 조건을 만족시키는 행위로 규정될 수가 있게 된다.

첫째로, 이익 관계나 사회적 관계에서 신뢰라는 개념의 성립을 위해서는 자기 자신의 복지가 타인의 행동에 의해서 영향을 받을 가능성이 존재하여야 한다.

둘째로, 사회적 관계에서 신뢰라는 이론이 성립하기 위해서는 신뢰에 대한 대상이 되는 특정 타인의 행동을 자기 스스로가 통제할 수가 없어야 한다.

셋째로, 신뢰에 있어서 상대방이 악의적으로 행동하게 되거나 약속을 수행할 능력이 부족할 경우에는 기대되는 이익은 물론 자신과 약속한 거래에는 심각한 손해가 자신의 이익에 가해질 가능성이 있어야 한다.

넷째로, 위의 3가지 조건이 모두 존재하는데도 불구하고, 타인의 악의적 행동이나 수행능력의 부족의 가능성에 대해서 별도의 방어적 메커니즘을 동원하지 않으면서 자신의 이익을 상대방에게 맡겨 놓는 행위를 신뢰라고 말한다. 이러한 신뢰와 기업윤리가 함께할 때 복지경영이 아름답게 이루어지리라 본다.

③ 투명성

청교도 정신 중 법(Law)과 도덕(Morality)은 투명성, 공정성과 깊은 관련이 있다. 정직성과 투명성은 특히 채권자와 주주의 관계에 있어서 중요한 의미를 갖는다.

청교도의 4대 정신 중 믿음(Faith)과 교육(Education)은 미래에 대한 준비와 깊은 관련이 있다. 믿음은 미래에 대해 희망을 갖는 것이며, 교육은 미래에 대한 투자이다. 경영자의 가장 큰 책임은 기업이 미래에도 지속적으로 성장·발전할 수 있는 토대를 마련하여야 한다는 것이다. 기업이 지속적으로 가치를 창출하면서 성장하기 위해서는 경영자는 항상 미래를 대비하는 준비경영을 하여야 한다. 준비 경영은 기업의 5년 후, 10년 후의 모습을 내다보면서 기업의 본질적인 역량을 배양하는 데 온 힘을 쏟아 증가하는 것이다. 미국의 엔지니어링 회사인 에머슨(Emerson)의 경영자는 미래를 대비하는 데 가장 큰 우선순위를 부여하고 있고, 경영진 회의시간의 60%를 미래를 대비하고 계획을 세우는 데 보내고 있다.

청교도들이 삶의 미덕으로 삼았던 '청렴(淸廉)'은 기업 비용을 줄이는 운영 효율성(Operational Excellence)과 관련이 깊다. 외환위기 이후 국내 기업들은 비용을 삭감하기 위해 인원을 줄이고, 수익성이 저조한 사업을 매각하는 등 지속적인 구조조정의 노력을 기울여 왔다. 그동안 뼈를 깎는 고통을 감내한 결과 기업 체질이 튼튼해졌고, 실적도 많이 개선되었으니 '이제는 비용 지출에 여유를 주어도 되지 않을까'라고 여길 수 있다. 하지만 청렴은 기업 실적의 호·불황에 관계없이 항상 기업 자원을 아끼고, 비용을 줄이는 새로운 방법을 찾으며, 낭비가

용인되지 않는 기업 문화를 만드는 것이다. 미국의 전설적인 투자지인 워런 비핏이 회장으로 있는 버크셔 헤더웨이(Birkshire-Hathaway), 월마트(Wal-Mart), 일본의 도요타 자동차는 경기의 호·불황에 상관없이 청렴을 미덕으로 삼고 기업 경영에서 적극적으로 활용하고 있다.

3) 비영리경영에서의 최고의 전략은 정직

위기에 빠진 마케팅을 구할 최고의 전략은 정직이다. 린 업쇼(Lynn Upshaw)는 정직이 전략이라고 제시한다. 브랜드 마케팅의 세계적 거장 린 업쇼는 불확실한 시장 환경에서도 여전히 중요한 가치는 '정직'이라고 주장한다. 수많은 마케팅 전략이 횡행하지만 사람들이 신뢰하는 가치는 변하지 않았다. 물론 이는 윤리학에서 말하는 추상적인 정직과는 다르다.

정직은 마케팅 분야 전체에 걸쳐 정직성을 체계화한 '실현 가능한 정직'으로 마케팅의 전문가인 린 업쇼는 이를 실현한 기업의 사례를 제시하기도 했다. 2007년 금융위기 이후 최근 또다시 금융관련 사건 사고들이 경제지의 일면을 장식하고 있다(린 업쇼, 2012).

오늘날의 정치, 경제 특히 금융계의 부산저축은행, 현대캐피탈의 고객정보 유출사건, 농협의 전산망 마비 사태로 인한 고객의 불편함과 관련 직원의 무성의한 태도, 간혹 금융관련 종사자의 횡령과 기업 내부직원의 내부정보 유출은 기업의 브랜드 가치와 고객의 신뢰를 떨어뜨려 엄청난 손실과 이를 회복하기 위해 많은 시간을 필요로 한다.

'TRUTH(정직)'가 전략임을 더욱더 실감나게 하고 있는 현실이다. 더욱 똑똑하고 냉철해진 소비자의 시선은 이제 제품과 브랜드에 가려져 있었던 기업의 도덕성으로 향하고 있다. 따라서 소비자의 마음을 돌려 치열한 시장에서 살아 남을 수 있는 방법은 단 하나, 바로 '정직'이라고 본다. 정직을 마케팅에 활용하는 방법으로 린 업쇼가 제시하는 것은 '다이아몬드 전략', 고객, 제품, 경쟁, 가치, 커뮤니케이션 등 다섯 가지 부분으로 세분화시켜 다이아몬드 전략을 설명한다.

린 업쇼가 세계적인 다국적 기업들의 사례(예 GM, 리바이스, 인포시스 등)를 통해 정직성을 기반으로 소비자 신뢰를 얻을 수 있어야 함을 강조하는 것은 매우 의미있게 받아들여야 할 것이다. 특히 "기업 자신부터 정직하라"고 강조하는데 마케팅계의 새로운 거장으로 인정받고 있는 린 업쇼는 '실현 가능한 정직'을 마케팅 분야에 새롭게 도입할 것을 요구하면서 소비자와 마케터, 기업, 브랜드 모두의 요구를 충족시킬 만한 '다이아몬드 전략'을 다섯 가지로 제시한다. 첫째, 정직해야 고객을 떠나지 않는다. 둘째, 정직을 구현한 제품을 판매하라. 셋째, 정직이야말로 경쟁에서 이길 유일한 무기이다. 넷째, 정직과 신뢰로 가치를 창조하라. 다섯째, 정직은 스스로 홍보한다. 다이아몬드 전략은 소비자와 마케터, 기업이 수평을 이루어 파트너십을 실현할 수 있도록 돕고 특히 우리가 살고 있는 환경을 함께 살아가는 방법이 중요하다고 본다. 우리가 아는 큰 인물들은 모두 다 정직이 우선이었다. 위대한 영웅은 그냥 만들어지는 게 아니다. 서양 격언에도 '정직이 최상의 전략(Honesty is the best policy)'이라고 했다. 솔직함이 최상의 전략이다. 양심 마케팅, 정직이 최상의 전략임을 잊지 말아야 한다. 단점을 숨기지 않는 것도 하나의 전략이다. 고객은 정직한 사람을 좋아한다. 있는 그대로 보여 주는 것이 중요하다.

오래된 광고지만 모 기업이 "435만 고객 여러분! 죄송합니다. 그동안 불편했던 통화 품질, 이제는 책임지겠습니다." 이 기업에서는 자신들의 잘못을 시인하는 광고 문구로 제시했던 것이다. 이것은 자신의 기업에서 자신들의 고객들의 불만을 솔직하게 인정하고 기지국이 경쟁사에 비해 적어서 생겼던 잘못 아닌 잘못을 솔직하게 인정하고 새로운 혁신을 통하여 다시 신뢰를 얻겠다는 것이다. 고객들의 불만을 솔직하게 인정하고 뼈를 깎는 자기 혁신을 통해 통화 품질을 끌어 올리겠다는 것이 이 광고에서 주는 메시지이다. 깨끗한 인정은 소비자와 나에게 득이 될 수 있다. 백화점 과일 코너에 푯말이 하나 붙어 있다. "흠집 난 과일입니다." 이러한 푯말과 함께 과일을 다른 코너와는 다르게 싸게 판다. 하지만 사람들로 북새통이다. 솔직하게 과일에 흠집이 있음을 인정하게 가격을 낮추어 팔았던 것이 오히려 사람들의 발길을 잡은 것이다. 결점을 솔직하게 인정하라. 결국 그걸 수용하느냐 안 하느냐의 최종적인 판단은 고객의 몫이다(린 업쇼, 2012).

대중 매체를 보면 다양한 광고를 소비자들은 접하게 된다. 광고를 접할 때 누구라도 가장 눈에 들어오는 광고를 선택하고 그 제품을 사는 경우가 많이 있을 것이다. 그러나 장기적으로 보았을 경우 제품 자체에 신뢰도나 완성도가 없는 제품은 시장에서 사라지는 경우를 많이 보았다. 그 말은 제품을 단지 많이 팔기 위하여 허위로 없는 기능을 포장하거나 과장하는 마케팅 전략은 오히려 독이 될 수 있다는 것이다. 그리고 한 번 잃은 신용은 회복하기가 어렵고 비용도 많이 든다.

'정직'이라는 것은 무엇일까? 바로 고객과 소통하는 방법이다. 소비자, 즉 구매자 입장에서 최선의 선택을 했다는 생각을 하면서 행동을 하게 된다. 나중에 당사자의 선택이 최선이 아니라고 생각된다면 또 다른 행동을 취하게 된다. 하지만 소비자 혹은 구매자가 정직하지 못한, 즉 신뢰가 없는 제품을 구매했다고 생각한다면 다시는 그 제품을 쳐다보지 않게 된다. 구매자 입장에서 선택의 잘못이라기보다 정직하지 못하는 데서 얻는 실망감이 매우 크기 때문이다. 이러한 실망감은 결국 좋은 제품마저도 신뢰하지 못하고 정직하지 못하다는 고정관념과 함께 구매자의 선택의 폭에서 제외되어 버린다. 따라서 '정직'이라는 것은 단순한 마케팅이거나 윤리의식을 넘어서 사명과 같은 것이 되어야 한다.

오늘날 수많은 기업 중 역사 속으로 사라진 기업과 그렇지 않은 기업의 차이는 결국 '정직'과 '신뢰'라는 부분의 차이에 의해서 결정된다. 특히 글로벌 경제 위기상황의 발단 자체가 '정직'하지 않은 부도덕한 기업 윤리의식의 만행의 결과에 따른 금융자산의 허와 실에서 비롯된 만큼 과거보다 더욱 '정직'이라는 것이 기업의 광고이자 마케팅 효과를 극대화하는 방법이다. 다만 '정직'한 기업은 광고를 하기보다는 묵묵히 기업의 정체성을 유지하면서 맡은바 사회적 역할을 할 뿐이다. 잠시 일시적 충동에 의해서 올바르지 않은 선택을 했던 구매자도 언젠가는 '정직'을 앞세운 기업으로 되돌아오는 것이 자연현상일 것이다.

이제 위기의 비영리경영에서의 최고의 전략은 정직임을 다시 한번 생각하며 정직을 통한 희망의 복지를 볼 수 있기를 바란다.

세계 최고 컨설팅 회사 베인 컴퍼니의 위기경영 전략의 연구결과에 따르면 2001년 경기침체기에는 경기회복기에 비해 거의 두 배에 이르는 기업이 업계 선두권에서 바닥으로 추락한 반면, 더 많은 기업들이 상대적인 성과를 개선한 것으로 나타났다고 한다. 전략을 재정립하고 자원을 핵심사업에 투입하는 등 각 기업들이 경기침체기를 맞아 어떤 탈출구를 마련했는지 체계적으로 정리하여 보여 준다.

위기에 대처하는 해법으로 명확한 전략 수립과 핵심사업 자원 배치, 비용과 현금흐름의 철저한 관리, 매출과 마진 확대 등이 필요하다. 전 세계 750개 기업의 위기관리 능력을 분석해 위기에서 선도기업으로 올라선 기업의 성공 전략을 분석하고 상황에 맞는 전략 수립과 변화를 보면서 미래의 격변 속에서의 경영을 준비해야 할 것이다.

CEO의 위기경영의 내용에 현대자동차, 교보생명, 제일은행 등 국내 기업이 어떻게 위기를 극복하고 좋은 성과를 거둔 사례를 보아야 한다. 가격할인보다 수요가 감소하는 이유에 대해 고객의 목소리에 귀를 기울여 더 좋은 성과를 거둔 현대자동차, 국내 최초로 인터넷을 통해 자동차보험을 판매해 일반관리비의 삭감 없이 효과적인 성과를 거둔 교보생명, 인수한 투자사의 강력한 재무자원을 활용해 기업금융 위주의 전략에서 소매금융 위주의 전략으로 성공적으로 전환한 제일은행의 사례를 통해 사회복지계에서도 분석하고 연구하는 고민이 필요하다고 본다.

CEO는 위기경영 능력을 키워야 하며 위기경영 비법을 끊임없이 노력해야 할 것이다. 얼마 전 누구도 예상하지 못한 금융위기가 터져 전 세계가 어려움에 빠졌듯이 앞으로 기업 경영자들에게 위기경영은 필수적인 경영요소가 될 것이다. 이 문제는 기업의 문제만이 하니라 복지와 학교, 병원등 비영리단체들도 예외는 아닐 것이다. 그런데 미리 예측하고 위기에 대처한다는 것은 쉽지 않은 일이다. 실제 많은 기업경영자들은 시장에서 중대한 위협이 감지되었을 때 핵심활동과 덜 중요한 기능을 구분하지 못하고 있는 현실이다. 이들은 조직 외부를 봐야 할 때 자꾸 조직 내부를 들여다보려 하고, 또 집중력을 잃고, 창의력이 감소하며, 새로운 정보로부터 뭔가를 감지하고 학습하지 못할 뿐 아니라 올바른 결정을 시기적절하게 내리지 못하는 실수를 저지르고 있다.

위기가 발생했을 때 CEO와 리더들은 어떤 움직임을 취해야 할 것인가? 기업의 생존과 미래의 성공을 위해 어떤 기업 전략을 세워야 할 것인가? 현실과 미래의 격변기에서의 승리(Winning in Turbulence)를 준비하고 위기에서 승리할 수 있도록 해야 한다.

위기는 기업의 혁신 문화를 통해 민첩하게 대처해 나가는 것이 최선이다. 유능한 CEO라면 경기 침체를 이겨 내는 능력을 갖춰야 한다. 야구에서 타자라면 누구나 번트를 대거나 도루하는 법을 알아야 하는 것과 같은 이치다. 요즘 기업체의 핵심 과제인 감원, 일부 제품 생산 중단, 고객에게 대금 지급을 독촉하는 것만으로 능력을 인정받는 CEO는 없다는 게 현실이다.

컨설턴트 램 차란(Ram Charan)은 《경제 불확실성 시대의 리더십(Leadership in the Era of Economic Uncertainty)》에서 "기업 경영자들은 지금껏 오로지 성장만 추구해 왔지만 이제 사고방식을 바꿔야 한다"라고 지적했다.

힘든 시기에 필요한 여섯 가지 필수 리더십 자질 훌륭한 리더를 특징짓는 무수히 많은 중요한 행동과 자질 중에서 지금과 같은 불황 시기에 기업경영에 있어 가장 중요한 점은 무엇일까? 다음 내용은 여섯 가지 중요한 행동 및 자질과 그 이유를 설명한다.

① 정직과 진실성

사람들과 동등한 입장에서 자신이 세상을 바라보는 법을 설명하고 자신이 납득할 수 있는 이해력의 한계를 인정한 다음 그들의 견해에 대해 질문하라. 이런 일을 하려면 용기가 필요하지만, 혼자서 할 때보다는 함께할 때 좀 더 많은 가능성들을 조합해 볼 수 있다.

② 격려하는 능력

팀과 함께 시작하라. 그들은 전체 조직에 자극을 불어넣어야 할 사람들이다. 팀원들이 두려움 없이 새로운 우선순위에 집중할 수 있도록 자극을 불어넣어라. 사람들에게 의욕을 불어넣는 일은 점진적 성공을 이루게 되는 의사 결정에서 비롯된다. 이는 활력을 주는 행동으로 여겨진다.

③ 현실과의 실시간 연계

지금처럼 변덕스럽고 불확실한 상황에서 현실은 움직이는 과녁과도 같다. 인습에 사로잡히지 않은 자유로운 출처에서 정보를 모아라. 한 가지만의 편협한 사고방식에 얽매이지 말라. 새로운 정보를 모으면서 상황을 변화시켜라.

④ 낙관주의와 어우러진 현실주의

이는 리더십이 공연 예술이 되는 지점이며 나쁜 소식에 대처하고 두려움을 행동으로 바꾸기 위해 심리적 잠재성을 일깨우는 낙관주의적 특징을 이끌게 된다.

⑤ 철저한 관리

오로지 철저한 개인적 발전만을 통해 기본적인 정보를 습득할 수 있으며, 정보를 팀원들과 함께 공유하고 토론하고, 신속하게 행동하는 일이야말로 불안정한 환경에서 필요로 하는 일이다.

⑥ 미래 구상에 대한 대담성

가용 자금이 별로 없고 자신의 계획을 바탕으로 한 가정에 확신이 서지 않을 때 아무런 대가가 보장되지 않는 전략적 도박을 하려면 상상력과 배짱이 필요할 것이다.

위기에도 승승장구한 기업에는 특별한 CEO가 있다. 위기의 시대, 위기가 곧 기회라고 말한다. 하지만 모든 이들에게 위기가 기회가 되는 것은 아니다.

현대 기업들의 현안인 혁신, 지식, 소통, 인재의 문제를 '강한 CEO'라는 키워드로 설명하고, 이 순서를 바로 잡을 기본정신과 시스템을 제공할 것이다.

위기를 대비해야 하는 오늘날 위기를 효과적으로 경영해 나갈 수 있도록 연구하고, 준비하고 노력하는 자에게 오늘과 미래에 참된 의미가 있으리라 본다. 세계적인 컨설팅회사 '베인&컴퍼니' 가디쉬 회장은 지금 세계 경제는 모든 악재가 한꺼번에 터진 퍼펙트 스톰과 같은 상황이라고 하면서 지금 불확실한 상황은 전쟁과 같다고 한다. 전쟁 중에 공격 명령을 내리려고 할 때, 중요한 것은 적보다 준비가 더 되어 있는가가 중요하다. 기업도 불확실성 시대에 손 놓고 뭘 해야 할지 모르는 경우가 많은데, 그럴 때일수록 리더의 역할이 중요하다. 리더는 끊임없이 앞으로 나아가야 하며, 원칙을 바꾸는 게 아니라 방향을 바꿔 전진하는 게 바로 리더이다.

격변기에는 위협만큼이나 기회도 다양하다. 불황기에 파고를 넘어 성공한 기업들의 공통점은 첫째, 불황기엔 핵심사업에 집중해야 한다. 실적이 부진한 사업이 우선 눈에 걸리겠지만, 그런 사업에 너무 매달리지 말고, 침체기일수록 가장 경쟁력 있는 비즈니스에 집중해야 한다. 둘째, 최악의 상황을 가정하고 위기 대응 전략을 마련해야 한다. 셋째, 잘못된 전략은 지체없이 수정해야 한다. 대응 시기를 놓치면 나중엔 대대적인 대수술이 불가피해진다.

문화복지와
비영리경영의 전망

1) 문화와 사회복지경영

① 문화

세상에서 가장 정의하기 어려운 단어 중에 하나가 바로 '문화'이다. 문화의 정의는 '그것을 정의하려는 사람 숫자만큼' 있다. 일반적으로 가족문화, 학교문화, 한국문화에서처럼 '서술형'으로 문화가 사용될 때는 특정 집단(가족, 학교, 한국)이 갖는 생활양식 전반을 가리키는 것이다. '디지털문화'도 사회 전반에 디지털 기술이 적용되면서 나타나게 된 새로운 형태의 삶의 양식을 뜻한다고 봐도 무방할 것이다. 그러나 '문화콘텐츠'와 '문화산업기술'에서 사용된 '문화'의 의미는 앞서 언급한 '서술형' 문화와는 분명 차이가 있다. 이때 문화는 '엔터테인먼트(entertainment)'와 흡사한 개념이다. 즉 매체를 통해 대중적으로 유통될 수 있는 일종의 '문화상품'을 가리키는 개념이다.

'콘텐츠'란 말은 인터넷 시대가 도래하면서 본격적으로 사용되기 시작했다. 인터넷을 통해 유통되는 각종 정보를 '콘텐츠'라고 부르기 시작한 것이다. 그리고 그 콘텐츠 중에서도 엔터테인먼트 요소가 강한, 오락적, 유희적 요소가 강한 콘텐츠를 묶어서 '문화콘텐츠'라고 이름 붙이게 된 것이다. 인터넷이나 휴대폰에 유통되는 것뿐만 아니라 공연장, 영화관 등 오프라인 공간을 통해서 유통되는 것들도 다들 문화콘텐츠라고 부르고 있다. 문화콘텐츠를 장르적으로 구분한다면 만화, 영화, 캐릭터, 애니메이션, 게임, 방송, 에듀테인먼트, 음악, 공연, 인터넷/모바일콘텐츠 등을 들 수 있다. 에듀테인먼트(edutainment)는 교육(education)과

오락(entertainment)의 합성어로 양자겸용의 소프트웨어를 통칭한다. 무미건조한 교육 내용에 게임이나 친근한 인물과 음악, 이야기 등을 가미하여 피교육자의 흥미를 유발, 교육효과를 높이는 소프트웨어를 말한다.

문화바우처 사업은 사회적, 경제적, 지리적 어려움으로 인해 문화예술을 향유하지 못하고 있는 소외계층에게 공연, 전시, 영화 등 다양한 문화예술 프로그램의 관람료 및 음반, 도서구입비를 지원하는 사업이다. 문화카드로 개인이 원하는 문화예술 프로그램을 온오프라인에서 신용카드 또는 체크카드처럼 편리하게 이용할 수 있다.

② 사회복지와 문화

오늘날 사회복지와 문화의 관계는 매우 의미있게 문화라는 용어는 라틴어의 cultura에서 파생한 culture를 번역한 말로 본래의 뜻은 경작(耕作)이나 재배(栽培)였는데, 나중에 교양·예술 등의 뜻을 가지게 되었다. 영국의 인류학자 타일러(E. B. Tylor)는 저서 《원시문화(Primitive Culture)》(1871)에서 문화란 "지식·신앙·예술·도덕·법률·관습 등 인간이 사회의 구성원으로서 획득한 능력 또는 습관의 총체"라고 정의를 내렸다.

일반적으로 문화는 첫째, 구미풍(歐美風)의 요소나 현대적 편리성(문화생활·문화주택 등), 둘째, 높은 교양과 깊은 지식, 세련된 생활, 우아함, 예술풍의 요소(문화인·문화재·문화국가 등) 셋째, 인류의 가치적 소산으로서의 철학·종교·예술·과학 등을 가리킨다. 이것은 독일의 철학이나 사회학에 전통적인 것이며, 인류의 물질적인 소산을 문명이라 부르고 문화와 문명을 구별하고 있다.

레이먼드 윌리엄스(Raymond Williams)는 문화를 삶의 특별한 양식이라고 정의하였다. 이것은 문화가 삶의 양식을 규정한다는 의미이고 나아가 삶의 양식에 바탕이 되는 사람들의 의식, 가치, 믿음 등을 규정한다는 것이다. 의식, 가치, 믿음과 같은 '정신 체계'는 개인과 사회 또는 집단 간의 상호작용을 통한 의미생산의 결과이다. 문화에 대한 정의는 결국 의미작용이라고 결론 지을 수 있고, 이 관점은 문화를 가장 포괄적으로 정의할 수 있다.

사람들은 삶의 양식을 통해 주변 세계를 이해하고 이에 따라 일상생활을 조정한다. 이런 과정은 우리의 의식적인 인식작용의 결과가 아니라 어떤 일을 이해하고 그에 따른 행동을 구조화시키는 일종의 도식에 따른 것이다. 사회적으로 형성된 지식은 도식을 만들고, 이것이 공유되면 내가 인식한 의미와 우리가 공유하는 의미가 같아진다. 문화는 일종의 도식이라고 정의할 수 있는데 문화를 통해 사회를 이해하는 의미작용이 가능하기 때문이다. 예를 들어 우리는 어떤 상징을 보고 일치하는 상식과 의미를 공유할 때 같은 문화권에 있다고 한다. 따라서 의미작용이 어떻게 발생하고 어떻게 기능하는지 살펴보는 것은 문화가 어떻게 생성되고 기능하는지 역시 알게 해줄 것이다.

우리는 삶의 곳곳에서, 삶의 매 순간 어떤 식으로든 문화와 관계를 맺으며 살고 있다. 자연물 외에 우리가 보고 접하는 유형(有形)의 사물들은 물론 제도나 관습, 지식처럼 우리의 삶에 관여하고 있는 무형의 것들까지 모두 문화의 소산이며, 우리의 행동과 생각, 어쩌면 우리의 느낌과 감정의 대부분이 모두 문화의 바탕 위에 이루어지는 것이다.

다만 그것은 너무나 항상적으로 이루어지는 것이라 잘 의식하지 못할 뿐이다. 따라서 우리는 어떤 사회에 속해 살아가는 한 그 사회의 문화를 호흡하며 살고 있다고 할 수 있다. 문화가 그 사회의 공기라면 삶은 그것의 호흡인 셈이다.

③ 문화의 속성

문화는 몇 가지 속성을 지닌다. 첫째, 문화는 집단구성원에 의하여 공유된다. 사회구성원 각 개인의 독특한 취향이나 버릇은 문화가 아닌 개성에 속한다. 한 사회의 구성원들이 다른 사회에서와 구분되는 어떤 행위·관습·경향 등을 공유할 때라야 그것이 비로소 문화가 되는 것이다.

둘째, 한 사회의 문화는 학습된다. 인간의 생리적 현상은 문화가 아니다. 인간은 태어나서 한 사회에서 자라면서 그 공유된 문화를 사회화를 통하여 배우게 마련이다.

셋째, 축적성을 들 수 있다. 인간의 지식은 한 세대에서 다음 세대로 전해지고 그 세대에 새로 이루어진 내용이 또 거기에 더해진다. 문화는 이처럼 시간이 흐르면서 축적되는 것이다.

넷째, 체계성을 들 수 있다. 문화의 요소는 많고 다양하다. 이들 요소는 결코 홀로 존재하지 못한다. 그들은 서로 긴밀한 관계를 맺고 있으면서 하나의 체계를 구성하고 있다.

다섯째, 문화는 변화하는 속성을 지닌다. 문화는 끝없는 변화생성의 과정을 겪는다. 외부로부터 한 사회로 유입된 문화는 그 사회의 배경과 문화접변(文化接變)을 통하여 변한다. 또한 도입되었거나 개발된 새로운 지식이 유용한 것으로 판명되면 전체 사회에 확산되어 혁신이 일어난다. 그런 과정에서 기능을 상실한 낡은 문화요소들은 사멸된다.

문화는 이처럼 정지된 상태로 존재하지 않고 부단히 진화 또는 퇴화의 길을 밟는다. 문화인류학자들은 문화의 이러한 성격을 초유기체성(超有機體性)이라 부르기도 한다. 한 사회의 문화를 이해하기 위해서는 이들 문화의 성격에 대한 바른 이해가 전제된다. 이제 사회복지도 문화의 틀 속에서 새롭게 조명하고 준비해야 할 것이다.

2) 문화복지사와 비영리경영의 역할과 과제

① 문화복지사

고령화 사회로의 급격한 변화는 노인을 부양해야 하는 부담이 점차 늘어남에 따라 상대적으로 노인 소외와 빈곤 등 노인과 관련한 새로운 사회 문제들을 야기시키고 있으며, 산업화, 도시화 등 현대사회의 변화와 맞물려 노인의 사회적 역할 상실과 소외, 은퇴의 심적 부담, 경제적 수입 감소 등 노인 문제가 심각한 사회 문제로 대두되고 있다. 그러나 노인문제는 이제 사회복지적 방법만으로는 해결할 수 없게 되어 버렸다. 우리나라의 경우 세계적으로 유래를 찾아볼 수 없을 정도로 급속하게 고령화가 진행되어 개인적으로나 사회적으로 노인문제에 대해 대처할 시간적 여유가 부족한 실정이다(오현주, 2017). 인구의 고령화 현상은 수적으로 줄어만 가는 젊은이들의 노력만으로 노인들의 부양부담을 감당하기 힘들게 되었고, 과거의 노인에 비하여 지금의 노인들은 신체적으로나 정신적으로 보다 건강한 상태에서 은퇴를 맞이하게 됨으로써 사회적으로나 노인 스스로 사회적·경제적 활동에 대한 기대와 욕구가 다양해지고 있다. 이제 노인문제는 평생교육 차원에서 교육적 접근의 필요성이 대두되어 학문적으로 체계 있는 해결 방안이 마련되어져야 할 필요성이 있는 것이다. 한국의 현세대 노인들은 그동안의 국가 경제발전에 크게 기여하였으나 성장과실의 배분에서는 소외되어 왔으며, 또한 국가의 정책적 무관심이나 사회적인 인식의 변화로 인한 가정에서의 무책임 속에서 남은 여생을 쓸쓸히 보내고 있다.

최근 노인인구의 급속한 증대와 함께 노인복지의 문제점이 대두되고 있다. 재가복지기관의 경영활동을 치료 예방적이고 특화된 프로그램을 통하여 고정적인 서비스의 체계를 바꾸어 보면서, 지속적으로 프로그램 참여자들의 욕구(Needs)를 파악하여 이에 부족한 부분을 근본적으로 개선함으로써 고객을 만족시키고자 하는 경영기법으로서 미래의 경영은 이러한 방향으로 지향되며, 이에 맞는 성과경영이 함께 따라가야 할 것이다. 우리 사회에서 경제적·사회적·지리적·신체적 제약 등으로 문화예술을 누리지 못했던 이들이 더욱 친근하고 섬세한 문화복지 서비스를 누릴 수 있게 되었다. 미래 사회복지는 새로운 패러다임으로 준비해야 할 것이다. 사회복지는 전통과 역사라는 범주만을 고집할 것이 아니라 오늘의 현실을 직시하며 미래문화복지의 전략적 복지경영을 준비해야 할 것이다(김성철, 2012).

3) 문화복지와 비영리경영의 전망

빈부격차에 따른 문화생활의 양극화 현상은 문화복지적 입장에서 볼 때 매우 가슴 아픈 현실이다.

전문가들은 초등학교 저학년 시기를 예술을 통한 감수성과 지능, 창의성 개발이 가장 활발한 시기로 꼽고 있지만, 공교육 과정의 예술교육이 충분치 않고, 사교육 시장에서는 경제적 어려움이 닥칠 경우 가장 먼저 교육을 포기하는 분야가 예술교육 분야라는 것이다. 따라서 어린이들에게 '기회의 사다리'를 확대하기 위해 방과후 교실에서 초등학교 저학년 대상 예술교육을 확대할 것을 제안했다.

영국 던디대 연구팀은 어린 시절에 본 TV 색깔이 꿈의 색깔에도 영향을 준다는 연구결과를 발표한 적이 있는데, 25세 이하 사람들 중 5퍼센트만이 흑백 꿈을 꾸었고, 55세 이상은 25퍼센트가 흑백 꿈을 꾸었다고 한다. 연구팀은 어린 시절의 깊은 인상이 평생 영향을 끼치기 때문에 그 시기에는 풍부한 경험을 하는 것이 필요하다고 분석했다.

문화란 인간이 살아가면서 가지는 자연적인 것을 제외하는 모든 것들이다.

따라서 문화란 인간이 살아가면서 느끼며 함께 살아가야 할 사회적인 필요 필수 조건이다. 이러한 필수조건의 가치제를 실컷 누리면서 살아가는 사람이 있는가 하면 문화가 무엇인지 조차 모르고 사는 사람들도 있다. 이것이 문화복지의 지향점일 것이다.

인간은 평등하다고 하면서도 영화 한 편, 공연 한편, 연주 한 곡, 책 한 권도 평생 못보고 삶을 마감하는 우리의 이웃들이 우리의 곁에는 아직 너무 많은 것이 현실이다. 자본주의사회에서 가진 자와 못가진 자의 차이, 능력자와 무능력자의 차이로 치부하고 넘어가기에는 너무 비인간적이지 않은가?

문화복지의 개념은 문화예술을 가치재로, 문화적 삶을 영위하는 것을 하나의 권리로 인식하는 데서 출발한다. 문화복지는 클라이언트의 삶의 질을 높이기 위해 사회 전반적으로 추구해야 하는 인류적 과업이다. 또한 클라이언트의 빈곤·질병·고독·무위 등 주요 문제를 해결하는 국가 사회적 활동의 총칭인 것이다.

클라이언트는 문화복지를 통하여, 자신이 긍정적·우호적인 자세로 여생을 살아갈 수 있는 사회적 여건 마련할 수 있으며, 심신·건강 유지 및 생활안정을 강구할 수 있을 것이다. 어려운 이웃의 삶의 질을 향상시키고, 더불어 함께 사는 건강한 사회를 만들기 위해서도 문화복지는 꼭 국가의 책임과 의무로 책임 지워져야 할 것이다.

문화예술분야에 종사하는 사람들조차도 문화경영, 문화마케팅, 예술경영, 문화기획의 공통점과 차이점을 명확하게 설명하기는 쉽지 않다. 네 가지 개념 모두 문화와 경제의 교류를 전제에 두고는 있지만, 현장에서 사용될 때는 그 의미가 많이 달라진다. 예술경영은 1960년대 미국의 비영리 예술단체들의 운영을 경영학이나 경제학적으로 고찰한 것에서 유래한다. 예술경영인이라는 직업은 오래 전부터 존재해왔지만, 단순한 매개자로만 인식되어 왔던 것이 사실이다.

이후 대한민국에서는 문화기획이라는 단어가 등장한다. 문화기획은 예술경영을 보다 구체적인 직업으로 탈바꿈시켰다는 점에서 의의가 크다. 특히, 기존의 예술경영이 예술단체나 예술공간 등의 운영에 국한된 개념이라면, 문화기획은 예술의 개념을 문화로 확장시킴으로써 축제, 문화산업, 문화행정, 문화교육, 광고, 홍보의 영역까지 진출한다.

이후 문화경제라는 큰 조류가 형성된다. 문화경제의 탄생은 예술경영과 문화기획이 문화예술분야를 출발점으로 삼았던 것과는 대조적으로, 경제학이 그 출발선이라는 섬에서 크게 차별된다.

문화(Culture)와 경제(Economics)의 합성어인 컬치노믹스(Culturnomics)가 사람의 마음을 얻어내고 새로운 경제 가치를 창출하는 이 시대의 트렌드로 등장하고 있다. 문화와 경제의 만남인 컬처노믹스가 문화를 원천으로 경제 가치를 창출하고 문화를 소재로 부를 만들어 내는 새로운 장으로 관심을 받는다. 문화가 경제를 견인하며, 문화를 경제적으로 활용하는 문화와 경제의 결합이 미래의 경쟁력으로 간주되고 있는 것이다.

문화 가치의 재해석이 필요하다고 볼 수 있다. 그동안 경제의 논리와 문화의 논리는 이분법적으로 분리되었다. 경제현상을 설명함에 있어 문화가 중요하다는 인식이 없었던 것은 아니지만, 문화가 경제라는 인식은 최근의 일이다. 문화가 경제이며, 문화와 경제의 융합이 사회운영의 새로운 질서로 인식되면서 그 적용 범위가 넓게 확대되는 양상을 보인다.

우리 사회에서 컬처노믹스가 가장 적극적으로 윤곽을 드러내는 분야는 단연 기업 이미지와 기업 상품과 관련된 곳이다. 금융상품에 현대 고급 예술의 이미지를 접목한 아트 금융이 좋은 예라 할 수 있다.

고급의 문화예술을 일상의 경제활동에 접목시키면서 고급의 문화 가치와 현실의 경제 가치를 연결하는 것이다. 고급의 문화가 높은 신뢰를 보증한다는 대중 심리를 읽어 내면서 말이다. 그런가 하면 최근 들어 건물이나 넓은 공간의 전면을 문화예술로 도배하는 래핑(Wrapping) 마케팅이 문화예술을 경제활동에 접목시키는 컬처노믹스의 대표적인 마케팅 전략의 하나로 각광받고 있다. 래핑 마케팅(Wrapping Marketing)은 기존의 광고판 등 광고개체 대신 벽, 기둥 등에 광고물을 겹쳐서 광고하는 래핑 광고를 활용해 제품이나 기업 이미지를 알리는 마케팅 기법. 래핑 광고는 화려한 색감, 대형 이미지, 색다른 공간 활용 등 기존 광고와 차별화된다는 장점이 있다. 래핑 광고는 버스, 건물, 지하철, 에스컬레이터 등 유동 인구가 많은 곳은 물론 최근에는 항공기에까지 활용되고 있다. 래핑 대상도 제품 광고부터 기업 이미지, 캠페인, 영화, 공익 광고 등 다양해지고 있다.

이제 복지도 문화복지 입장에서 새롭게 조명되고 연구와 실천이 이루어져서 바람직한 복지경영을 해야 할 것이다(김성철, 2012).

지속 가능한 복지를 위해서는 이제 '비영리경영'이 절대적으로 필요하다고 본다. 이젠 복지분야도 효율성이 강조되는 추세이고 '비영리경영'에 대한 새로운 방향과 정책 그리고 실천현장의 적용이 필요하다고 본다.[3]

---

3) 김성철, 복지저널 June 2017. 이러한 필요성을 위하여 김성철 교수는 2011년 5, 1 국내 최초로 한국복지경영학회를 설립하였다.

비영리경영의 도약과 모색

1) 경영자의 자기관리와 비영리경영의 합리성

① 경영관리

경영관리는 합리적으로 이루어져야 하지만, 그 합리성은 조직적 사고와 계산적 사고에 의하여 뒷받침된다. 즉, 사업을 조직화하고, 계수적으로 생각하는 것이 그것이다. 이들 두 가지 사고의 전개로서, 조직적 관리 또는 실체적 관리와 계수적 관리가 성립한다. 또한 모든 경영관리는 사전·진행 중 및 사후에 있어서의 합리성과 유효성을 확보하도록 주력하며, 그것이 '계획 – 조직 – 통제'라는 매니지먼트 사이클이 된다. 사전에 행동을 합리적으로 예정하는 것이 계획이며, 이는 조직을 통해서 집행된다.

② 경영계획

경영계획(business planning)이란 기업의 장래를 위해 경영목표를 설정하고, 그 목표를 달성하기 위한 대체적인 행동 안을 선택하는 경영자 활동이라고 할 수 있다.

미래에 있어서의 기업활동 수행에는 여러 가지의 대안(alternative)이 있다. 그 대안 중에서 최적의 것을 선택하고, 이에 따라 기업활동을 수행하게 되면 가장 합리적으로 기업활동이 수행될 수 있다. 이처럼 미래의 활동과정에 대한 여러 가지의 대안 중에서 가장 적합한 것을 선택하는 것을 계획설정 또는 계획수립(planning)이라 하며, 이와 같이 선택된 미래의 활동과정에 대한 안을 가리켜 계획(plan)이라 한다.

경영계획은 활동을 시작하기 전에 이루어지며 앞날을 지향하며 창조적인 사고를 구체화하는 것이다. 경영계획이 다른 관리활동에 비해 갖는 특성을 살펴보면, 목표기여(contribution to objectives), 계획우선(primacy of planning), 계획의 일반성(pervasiveness of planning) 및 계획의 효율성(efficiency of planning)을 통해 수립되어야 한다.

③ 통제

통제(controlling)라는 용어는 여러 가지 의미로 사용되고 있는데, 이를 정리해 보면 다음과 같은 다섯 가지 뜻으로 요약할 수 있다.

a. 점검 또는 확인하는 것

b. 규제하는 것

c. 표준과 비교하는 것

d. 명령 또는 지시의 권한을 행사하는 것

e. 억제 또는 제한하는 것

통제는 계획과 실적을 대조하고, 실시(實施)를 비판·검토하며 필요한 시정활동을 모색하는 한편, 그러한 내용을 차기 계획에 반영시킨다. 이러한 사이클에 있어서 경영계획의 옳고 그름은 경영관리 전체를 결정적으로 좌우한다.

효과적인 통제제도로서 모든 통제제도는 조직구성원이 조직의 성과에 최대한 기여할 수 있도록 하는 것이다. 따라서 통제의 관리적 의의는 성과목표와 그 실행결과를 연결시켜 주는 관리 역할에 있다. 그러나 때때로 통제제도는 피통제자의 예기치 않은 반응으로 인해서 전혀 다른 결과를 발생시킬 수도 있다.

조직이 종업원의 부정적 반응을 극복하고 통제제도를 효과적으로 운영하기 위해서는 다음과 같은 지침을 준수해야 한다.

첫째, 통제는 전략적이며 결과지향적이어야 한다. 통제는 조직의 전략적 계획을 실행 하기 위하여 이루어지는 것이므로 목표에 따른 결과지향적인 것이어야 하며 성과측정 그 자체에 치중되어서는 안 된다.

둘째, 통제는 정보에 근거하여 이루어져야 한다. 통제는 의사결정과 문제해결을 보조하는 것이다. 따라서 단순히 목표와 실제와의 차이뿐만 아니라 그 원인과 해결방안에 대한 정보를 제공할 수 있어야 한다.

셋째, 필요 이상으로 복잡해서는 안 된다. 통제는 조직의 과업과 과업을 달성하기 위한 계획을 보조하기 위한 것이다. 따라서 통제는 과업을 수행하는 사람들과 과업, 그리고 조직구조에 적합해야 한다. 과잉통제는 비용도 많이 소용될 뿐만 아니라 종업원의 부정적 반응을 야기시키므로 통제제도는 단순하여야 한다.

넷째, 목표와 실제와의 차이를 발생시킨 예외에 신속하게 대응하여야 한다. 통제는 표준적인 업무에서 벗어나는 사건을 신속히 파악하여 많은 문제를 발생시키기 전에 조치를 취하는 것이다. 따라서 통제는 표준적인 업무보다는 예외적 사건에 초점을 맞추어야 한다.

다섯째, 통제제도는 조직구성원이 이해 가능해야 한다. 좋은 통제제도란 의사결정자에게 간결하고 이해하기 쉬운 형태로 자료를 신속하게 제공할 수 있어야 한다. 불필요하게 복잡한 통제제도나 자료는 아무런 의미가 없다.

여섯째, 통제제도는 신축성을 가져야 한다. 통제제도는 단순히 규칙에 따라 항상 일정하게 적용하게 되는 것은 아니다. 좋은 통제제도는 신축성 있게 상황에 따라 적절한 조치를 취할 수 있어야 한다.

일곱째, 통제제도는 조직구조와 일치하여야 한다. 통제제도는 권한 계층을 보조하게 된다.

즉, 통제제도에서 제공되는 자료는 권한 소유자가 의사결정을 하고자 할 때 필요한 정보를 제공하는 것이므로 조직구조와 일치하는 방향으로 설계되어야 한다.

여덟째, 가능한 한 자기 통제를 촉진시킬 수 있도록 설계되어야 한다. 통제제도는 관련된 모든 관계자의 자기 통제, 상호신뢰, 활발한 의사소통, 그리고 적극적 참여를 촉진시킬 수 있는 방향으로 설계되어야 한다.

아홉째, 통제제도는 긍정적인 측면을 중심으로 이루어져야 한다.

열번째, 통제제도는 공정하고 객관적이어야 한다. 즉 통제제도는 편견이나 주관이 개입되어서는 안 된다.

④ 자기관리

경영관리는 경영상에서의 각종 업무수행이 경영목적을 위하여 가장 효과적으로 행해질 수 있도록 여러 가지 시책을 체계적으로 연구하고 경영조직체를 만들어 이를 운영하는 일을 의미한다. 초기의 경영관리는 경영자의 경험과 직관력

(直觀力)을 바탕으로 행해졌으나, 경영규모의 확대, 경영내용의 복잡화, 경영환경의 급격한 변화 등으로 경영관리의 과학화가 필연적으로 필요하게 되었다. 그것은 20세기 초의 과학적 관리법에서부터 시작된다. 그리고 경영관리와 함께 필요한 것이 자기관리이다. 자기관리가 뛰어난 사람을 성공한 사람이라고 부를 수 있다. 성공으로 가기 위해서는 두 가지 도움이 필요한데 역량, 기술, 지식을 통해 창출된 경제적 부와 원만한 대인관계가 필요하다. 이 모든 것들은 리더십이 배후가 되어 조종하게 된다. 즉 성공한 사람은 리더십이 뛰어난 사람이라고 할 수 있다. 자기관리에는 협의의 자기관리와 광의의 자기관리로 나뉠 수 있다. 협의의 자기관리는 미시적 차원의 자기관리로 오로지 자기 자신의 자기관리 능력을 말하는 것이고, 광의의 자기관리는 거시적 차원의 자기관리로 대인관계 능력을 말하는 것이다. 자기관리의 능력으로는 비전, 목표, 태도, 시간, 스트레스, 마음, 건강관리가 있고 대인관계의 능력으로는 신뢰를 바탕으로 인간관계관리와 갈등관리가 있다.

자기관리의 핵심은 자아개념에 있다. 내가 나를 얼마나 알고 있는가? 자아개념을 가지고 있어야만 자신의 목표와 능력, 신념 및 가치관 등을 세울 수 있다. 이로써 자아실현 또한 이룰 수 있는 것이다. 자기 자신을 표현한다는 정신으로 본연의 자기 자신이 된 다음 자신을 펼쳐 행하는 방법이다. 자아인식의 네 가지 교훈으로는 '자신이 최고의 자기 선생이다', '책임을 져라. 누구에게도 전가시키지 마라', '자신이 배우고 싶은 것은 무엇이든지 배울 수 있다', '진정한 깨달음은 자기 경험의 성찰에서 온다'가 있다.

스스로의 힘으로 한 발짝 앞으로 나아가는 것이 중요하다고 본다. 자신을 모습에서 무엇인가 변화를 생각하는 사람들이 많다. 자신을 둘러싼 사회의 부조리나 모순에 대한 변화를 시도하는 사람들뿐 아니라 조직화된 사회에서도 개별화되며 느끼는 개인의 심리적 갈등을 이겨 나가려는 부분도 있다. 대부분 그 변화를 바라는 중심에는 돈, 명예, 사랑, 직업 등이 포함된다. 또한 이와는 다르게 자신의 내면의 자아를 발견하고 보다 성숙한 삶의 의미를 찾으려는 사람들도 있을 것이다. 어떤 의미에서 변화를 시도하든지 그 변화의 뜻을 가진 사람들의 관심의 대상이 되는 자아인식은 매우 필요하다고 본다. 경영관리가 다양화하면, 전체경영과 부분경영관리와의 연결 및 일체성(一體性)을 어떻게 확보하는가가 문제가 된다.

성영관리의 과학성과 경영사의 자기관리와의 부문과 어떻게 조화시키느냐 하는 문제가 중요한 과제라고 보며 경영자는 자기 자신과의 관리와 비영리경영의 합리성이 요구되는 시대에 미래의 비영리경영을 이루어 나가야 할 것이다.

2) 비영리경영의 도약과 모색

오늘날의 기업은 시장에서의 위험을 부담하면서 시장수요를 충족시키기 위하여 자주적으로 의사결정을 하고 영리를 추구하는 경제적 주체이기는 하지만, 이윤극대화만을 위한 수단이기보다는 경제적 후생을 달성하기 위한 수단이며, 이해집단의 공동이익을 추구하는 수단으로 인식되어야 한다. 학문이 성립되기 위해서는 그 연구대상이 필요하다.

예컨대 사회과학 중 경제학은 사회현상 중 사회의 경제적 측면만을 대상으로 성립된 학문이며, 정치학은 정치적 측면을 대상으로 성립된 학문이다.

경영학이 학문으로 성립하기 위해서는 나름대로 다른 학문과 구별되는 연구영역과 대상이 존재해야 하는데, 경영학의 경우 그 연구영역 또는 대상은 '경영'이라는 현상이다. '경영'은 경제주체들이 인간의 생활에 필요하고 인간의 욕구를 충족시켜 줄 수 있는 재화나 서비스를 생산하여 공급하는 활동을 말한다.

그러므로 경영학은 경영을 담당하고 있는 경제주체들의 활동을 체계적이고 과학적인 비법을 통하여 연구하는 학문분야라고 할 수 있다. 즉 경영학은 개별 경제주체들의 경제적 활동에 초점을 맞추고 있는 학문이다. '경영'은 오래전부터 실제로 존재하였던 현상이지만 이 현상을 탐구의 대상으로 하는 '경영학'은 역사가 그렇게 오래되지 않았다.

경영학의 양대 조류 중 하나인 독일 경영학의 경우 17세기, 그리고 다른 또 하나의 조류인 미국 경영학은 20세기에 들어서 본격적으로 연구되기 시작하였으며, 오늘날 우리가 알고 있는 경영학은 산업혁명 이후 본격적으로 발전하였다고 할 수 있다. 경영학의 연구영역을 위와 같이 규정하더라도 경영학의 발달과정을 살펴보면 경영학에서 다루었던 경영현상은 국가에 따라 다소 차이가 남을 알 수 있다.

독일의 경영학은 상학자들의 연구를 바탕으로 생성, 발달했다. 따라서 이론

중심적이고 학문적인 성격이 강하다는 특징을 갖는다.

독일 경영학의 특징은 첫째, 기본적으로 경제학의 테두리 안에서 경제학적 방법에 의해 다루어져 왔다. 곧 독일의 경영학은 경영경제학으로서의 경영학이다.

둘째, 독일 경영학에서는 기업자 중심의 실리 추구에 앞서 생산조직으로서의 경영체의 본질을 어떻게 정립할 것이냐의 문제를 두고 고심했는데, 이때 독일민족 특유의 민족공동체 의식이 반영된 경영본질론을 집중적으로 다루고 있다.

셋째, 독일 경영학을 형성한 학자들은 대개 회계학에 소양이 깊었기 때문에 그들은 특히 기업의 자본이나 비용문제에 중점을 두었다. 이런 까닭에 독일 경영학은 오랫동안 회계학의 비중을 크게 다루어 왔다.

예컨대 독일 경영학은 경영경제학으로 알려져 있고, 미국 경영학은 경영관리학(Management)으로 알려져 있다. 그리고 영국, 미국에서는 기업경제학(Business Economics), 관리경제학(Managerial Economics), 또는 기업이론(Firm Theory) 등으로 불리는 경제학적 접근방식도 경영학의 분야로서 연구되고 있다. 우리는 미국식 경영학을 그대로 답습하는 경향을 보였다.

'기업경제학'(경영자를 위한 경제학)으로서 일반적으로 기업을, 이윤극대화를 지향하는 경제단위로 보며, 이윤을 목적함수로 하고, 수익·비용의 움직임을 판매량·생산량의 함수로 이해한다. 이윤을 극대화하는 함수관계를 풀기 위하여, 수요·가격·생산과정·원가·경쟁·판매촉진 등이 검토되며, 분석용구의 대부분은 미시경제학의 수법을 차용하였다.

기업경제학은 경영자·관리자의 의사결정문제에 획기적인 공헌을 한 반면, 기업을 극대이윤과의 관계에서만 받아들이는 등 이론적인 많은 문제점도 내포하고 있다.

미시경제학은 국민경제에 있어서의 경제주체, 즉 각 개인(가계)이나 기업이 어떤 동기로 어떤 법칙에 따라 활동을 전개하며, 그 활동의 결과로 여러 가지 재화나 용역 및 생산요소의 가격과 수급량이 어떻게 결정되는가의 문제를 연구대상으로 하는 것을 말한다. 즉, 미시경제학은 분석의 출발점을 개별적 경제주체로 보고, 그것들의 합리적 선택의 행동방식(가계는 효용의 극대화, 기업은 이윤의 극대화)을 밝힘으로써, 각 경제주체가 일반적 상호의존 관계에 의해서 구성하고 있는 전체 경제의 법칙성을 해명하려는 분석방법을 택한다.

이제는 한국적 경영학을 세워야 할 때가 왔다고 본다. 외국과 우리는 기업환경이 다르고 경영학의 원리도 결코 같은 방식을 적용하기 어렵다. 경제규모라든가 생활수준, 여러 면에서 이제 우리의 것을 만들어 나가야 한다. 그래야 외국인들도 우리나라에 와서 뭔가 배우고 갈 것이다. 기업 경영이 글로벌화되고 있는 것은 사실이지만, 미국이나 일본 기업이 우리 기업의 미래가 아니듯, 그들의 경영학이 우리의 경영학을 대신할 수는 없다. 분명 우리에게는 대한민국 시장에 적합한 논리나 실제로 응용 가능한 한국적 경영학이 존재할 것이다.

그리고 이러한 현실적 인식이야말로 우리 기업의 경쟁력을 한 단계 끌어올리는 계기가 될 수 있을 것이다. 이제 앞으로는 미래의 한국적 비영리경영을 만들어 가야 할 것이다. 사실 우리 기업에 맞는 고유한 경영방식을 찾아내는 작업은 무엇보다도 중요한 과제다. 그럼에도 불구하고 경영학자들이 좀처럼 엄두를 못 내는 이유가 있을 것이다. 국내외에서 모든 면에 대해 인정받을 만큼 성공적이면서도 바람직한 한국 기업이 있어야 하고 이러한 기업으로부터 다른 기업에 보편적으로 적용할 수 있는 경영방식을 찾아낼 수 있어야 하기 때문이다. 그러나 아직도 양적 규모와 질적 수준, 그리고 기업윤리적 관점에서 모범이 될 만한 한국 기업을 찾기란 보통 어려운 일이 아니다. 미국적 경영방식은 다른 어느 나라에서도 찾아보기 어려운, 미국만의 독특한 현상이었는데도 미국 경제가 가진 경제력에 편승해 보편성을 지닌 일반경영학으로 포장돼 전 세계로 확산됐다.

윤리경영(moral management)이란 경영 활동의 규범적 기준을 사회의 윤리적 가치체계에 두는 경영 방식을 뜻한다. 윤리경영을 실천하기 위해서는 많은 노력들이 필요하다. 우선 윤리경영의 실천 여부를 모니터링할 수 있는 성과평가 시스템의 정비가 필요하고, 단기적 성과가 아닌 장기적인 관점의 질적인 평가지표를 만들어야 한다. 소비자의 기업에 대한 평판, 기업이 지역 사회에 공헌한 정도, 종업원의 기업 경영에 대한 만족도 등 윤리경영에 관한 지표들을 평가할 필요가 있는 것이다.

사람은 스스로 만든 문제를 어떻게 해결하느냐에 따라 그 사람의 가치가 결정된다. 넬슨 만델라가 인종차별 정책이라는 사회악에 맞서 싸운 것, 크레이그 벤터가 인간의 게놈을 밝혀 낸 것, 래리 페이지와 세르게이 브린이 사이버 공간의 광활함을 가져온 것 등은 모두가 놀라운 가능성을 지닌 특별한 문제를 해결하고자 했던 열정 덕분이었다. 따라서 경영의 미래를 창조하는 것은 경영혁신의 가치에 대한 지적인 확신 이상의 것이 필요하다. 또 매우 구체적이면서도 고귀한 도전에 대한 열정도 요구된다.

이제는 한국적 경영학이 무엇이냐에 대한 고민을 함께 하면서 한국기업의 특질에 대해 본격적으로 연구하고 새로운 비전과 꿈을 이루기 위하여 계속적인 관심과 노력으로 나아가야 할 것이다.

기업경영과 마찬가지로 사회복지경영도 비영리조직이지만 효율성과 효과성의 입장에서 '경제목적 달성을 위한 경제적 가치의 조직'이며 동시에 '공통의 목적을 향해 결합된 인간공동사회'이므로 경영관리는 '업무관리'와 '인간관리'의 2중체계로 이루어진다.

사회복지는 이러한 종합적 관리를 경영 직능의 수직적 분화와 수평적 분화를 통해 수행한다고 볼 수 있다. 비영리경영과 코칭은 이 시대가 요구하는 지식에만 국한된 학문적인 복지 소비자의 욕구(Needs)에 대한 서비스를 창출할 뿐만 아니라 변화에 대응하고 미래에는 유연성에 대한 요구가 확대되는 서비스를 형성해 내는 자원의 확보·활용 등을 포괄하는 사회복지에 대한 수요와 공급을 정해진 목표 내에서 합리적으로 조정하고 경영관리하는 의미를 가지고 있다. 비영리경영과 코칭(Non-profit Management & Coaching)은 사회복지에 관한 정책 형성과 이를 실행하는 임상적 실천 현장에서 사회복지기관 차원에서의 경영관리와 운영관리를 모두 포괄하는 전반적인 과정이며 복지의 효율성과 효과성을 중심으로 이루어지는 가치를 활성화하고 특히 인성코칭은 인간관리 방법을 중요하게 생각하는 비영리경영에 적합한 인간성장 기술 과정이라고 볼 수 있다. 비영리경영학은 이러한 비영리경영을 이루어 가는 사회복지학과 경영학의 융합의 학문적인 과정이며 결과물이다. 그리고 사회복지에서 경영학은 복지를 새로운 시각으로 보게 한다. 일반적인 사회복지에서 매우 중요하게 강조되었던 이론들은 너무나 추상적이어서 가깝게 여겨지지 않는 것이 대부분이지만 '비영리경영학'에서 본 복지는 그렇지 않다. 물론 우리나라 현실을 생각한다면 아직은 먼 미래의 일 같지만 사회복지가 앞으로 나아가야 할 방향성은 '비영리경영'이라고 생각한다. 비영리경영을 통하여 우리의 시각 전환이 매우 필요하다. 이러한 미래지향적인 준비는 한국적 비영리경영학이 좀 더 나은 단계로 도약할 수 있는 밑거름이 될 것이다.

인성코칭

환영합니다

학습목표

1. 마음을 열고 학습할 자세를 준비한다.
2. 과정 참여에 대한 기대 사항을 정리한다.
3. 과정에 참여하면서 지킬 약속을 공유한다.

환영합니다

1. 자기소개

1) 명패 만들기

(1) A4용지를 4등분하여 삼각기둥 명패를 만든다.

(2) 세 번째 면 중앙에 큰 글자로 자신의 이름을 적는다.

(3) 이름의 왼쪽 상단에 사는 곳을 적는다.

(4) 이름의 오른쪽 상단에 미래의 꿈을 적는다.

(5) 이름의 하단에는 살아오면서 가장 성과를 냈던 사건을 적는다.

새로운 사람들과의 만남으로 어색한 분위기를 깨뜨리고 서로를 알아가면서 동시에 각자의 강점을 찾기 위한 시간이다.

[그림 8-1] 자기소개

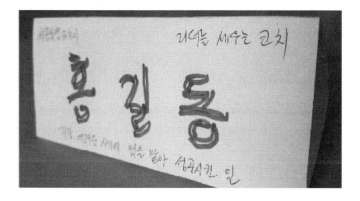

2) 가장 행복했던 순간

    (1) 1분간 자신의 생애에서 가장 행복했던 순간을 떠올려 본다.

    (2) 두 사람이 짝을 지어 그 순간을 나누어 본다.

    (3) 팀별로 플립차트에 행복했던 순간과 그 이유를 기록한다.

    (4) 이유 전체를 포함하는 단어 하나를 찾아본다.

현대사회는 비교, 평가, 경쟁 속에서 살아가고 있다. 그동안 잃어버렸던 행복을 되찾기 위한 시간으로 잠시 과거를 회상해 본다.

2. 기대 사항 나누기

1) 기록하기

- 접착 메모지에 기록한다.
- 한 장에 한 가지씩 기록한다.
- 각자 세 가지의 기대 목표를 기록한다.

2) 나누기

• 두 명씩 짝을 지어 이야기를 나누어 본다.

3. 오늘의 약속

• 효과적인 학습을 위해 함께 지켜야 할 약속으로는 다음과 같다.
 - 서로 비판하지 않는다.
 - 서로에게 배우는 자세로 임한다.
 - 서로의 의견을 존중한다.
 - 지금 여기서 나눈 이야기는 비밀보장으로 지킨다.

[그림 8-2] 오늘의 약속

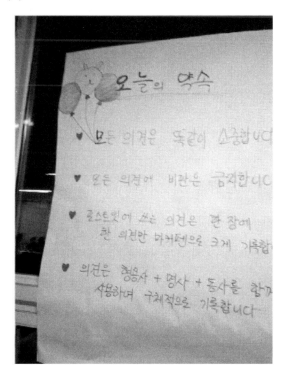

왜 코칭인가?

학습목표

1. 인성과 코칭의 상관관계를 이해한다.

2. 코칭의 이해, 역사, 정의를 알게 된다.

3. 일반대화와 코칭대화의 차이를 숙지한다.

M2 왜 코칭인가?

1. 인성과 코칭

1) 인성교육진흥법

정부는 산업사회 속에서 오직 성장을 위해 달려오느라 잊어버렸던 인성을 바로 세우기 위해 2015년 인성교육진흥법을 제정하여 인성교육을 의무로 규정하였다.

인성교육진흥법 제2조(정의)는 다음과 같다.

1. "인성교육"이란 자신의 내면을 바르고 건전하게 가꾸고 타인·공동체·자연과 더불어 살아가는 데 필요한 인간다운 성품과 역량을 기르는 것을 목적으로 하는 교육을 말한다.
2. "핵심 가치·덕목"이란 인성교육의 목표가 되는 것으로 예(禮), 효(孝), 정직, 책임, 존중, 배려, 소통, 협동 등의 마음가짐이나 사람됨과 관련되는 핵심적인 가치 또는 덕목을 말한다.
3. "핵심 역량"이란 핵심 가치·덕목을 적극적이고 능동적으로 실천 또는 실행하는 데 필요한 지식과 공감·소통하는 의사소통능력이나 갈등해결능력 등의 통합된 능력을 말한다.[4]

---

4) http://www.law.go.kr/lsInfoP.do?lsiSeq=188361&efYd=20161220#0000

인성교육진흥법은 건전하고 올바른 인성을 갖춘 국민을 양성하며 국가 사회의 발전에 이바지함을 목적으로 하는 법이다. 이 법에 따르면 인성교육이란 자신의 내면을 올바르고 건강하게 만들면서 타인, 공동체, 자연과 더불어 살아가는 데 필요한 인간다운 성품과 역량을 기르는 것을 목적으로 하는 교육이다(조벽, 2016).

2) 한국대학교교육협의회 인성 및 대인관계 평가 항목

한국대학교교육협의회는 인성교육진흥법이 제정되기 이전인 2013학년부터 입학사정관 전형 인성 및 대인관계 평가항목을 신설하여 자기소개서와 교사추천서에 '미흡'부터 '탁월함'까지 5단계로 평가하도록 한 바 있다. 인성 및 대인관계 평가 항목은 다음과 같다. 책임감, 성실성, 준법성, 자기주도성, 리더십, 협동심, 나눔과 배려.5)

3) 종교계의 인성덕목

인성훈련과 가장 밀접한 곳으로 종교를 빼놓을 수 없다. 일반적인 인성과 종교계에서 말하는 인성, 그리고 디지털 사회를 내다보며 정리한 대표적인 인성덕목은 다음과 같다.

- 경건/거룩, 경청, 공감(수용), 공정(형평), 관대(관용/용서), 구제, 베풂, 규범준수, 긍휼, 기쁨/희락, 배려, 사랑, 성실성/부지런함, 세계시민의식, 신뢰, 신실, 양선/선함, 인내/오래참음, 온유, 자기조절(자기통제), 자비, 절제, 정직/진실, 정의, 존중, 지혜, 질서/준법, 참여/협동, 책임, 충성, 친절(이타성), 화평(평강/평화), 효도(윤미선, 2016).

---

5) 한국교직원신문 2012-06-11, http://ktcunews.com/sub03/article.jsp?cid=13738

4) 종합적인 인성덕목

위의 세 가지 인성 덕목을 합하여 36개의 인성 덕목으로 정리하면 다음과 같다.

- 경건, 경청 공감, 공정, 관용, 구제, 규범, 긍휼, 기쁨, 나눔, 리더십, 베풂, 사랑, 성실성, 소통, 선함, 신뢰, 신실, 예의, 온유, 인내, 자비, 자기주도성, 자기통제, 절제, 정의, 정직, 존중, 지혜, 질서, 책임, 충성, 친절, 평화, 협동, 효도

5) 디지털 시대의 인성 덕목

디지털 시대에 필요한 인성 덕목으로 41개를 정리하면 다음과 같다.

- 경건, 경청, 공감, 공정, 근면, 관용, 규범, 기쁨, 나눔, 봉사, 배려, 베풂, 사랑, 사이버 리더십, 성실성, 소통, 선함, 신뢰, 신실, 열린 마음, 예의, 온유, 인내, 자비, 자기주도성, 자기통제, 절제, 정의, 정직, 존중, 지혜, 질서, 촉진리더십, 책임, 충성, 친절, 평화, 후원, 협동, 효도, SNS예절

인간은 자신이 하는 일에 의미와 목적을 부여하는 자기 인식의 존재이다. 그렇기 때문에 사람들이 자신의 행동에 적용하는 의미가 무엇인지 먼저 파악하지 않으면 사회적 삶을 정확하게 표현할 수 없게 된다(앤서니 기든스 외, 2018).

우리는 인성교육을 통해서 자신이 추구하는 욕망을 어느 시점에서 멈추어야 하는지, 어떻게 멈출 수 있는지를 경험해야 한다. 그래야만 우리 마음의 병을 예방하고 치유할 수 있거니와 보다 도덕적인 건전한 사회를 만들 수 있다. 좋은 인성을 구성하는 인성역량 없이는 누구도 행복한 삶을 살 수 없으며 어떤 사회도 효과적으로 기능할 수 없다. 인성역량은 개개인의 행복과 안녕을 증진시킬 뿐만 아니라 개개인의 존엄과 가치가 존중될 것이다(정창우, 2015).

인간관계의 본질은 변화된 것이 아니기 때문에 새로운 유형의 인성을 개발할 필요는 없지만 인성을 교육하는 기법이 달라져야 한다. 인성교육은 개인차원에

서는 자기를 조율해 나가는 법, 관계 속에서 다른 사람들과 조율해 나가는 법, 그리고 공익을 위해 조율해 나가는 법을 가르치고 배우는 것이다(조벽, 2016). 인성교육을 지식으로 학습하는 것 외에 실질적인 변화를 주도해 낼 수 있는 것이 바로 인성코칭이다.

인성 개념의 다양한 해석으로 인해 인성이 인간으로서의 성품을 길러 주는 교육으로서 인간성 함양, 인격 함양, 품성 형성 등의 차원으로 해석될 수 있다(강선보, 2015). 따라서 인성은 인간에게 내재되어 있으므로 가치있는 인간답게 인식하면서 만들어 가는 것이다.

6) 회복탄력성

우리는 일상 생활에서 항상 새로운 문제와 마주하게 되는 데 이럴 때 자신이 적용할 수 있는 여러 가지 인적 물적 자원을 새롭게 구성하거나 거기에 새로운 의미와 기능을 부여해서 최선의 해결책을 만들어 내는 능력이 회복탄력성의 중요한 요소이다(김주환, 2011).

많은 논문에서 인성과 회복탄력성, 코칭과 회복탄력성의 관계를 증명하고 있다. 회복탄력성은 온갖 역경과 어려움으로 넘어진 상황에서도 칠전팔기 다시 일어설 수 있는 힘, 즉 마음의 근력이다. 회복탄력성은 아래와 같이 세 가지로 분류된다.

(1) 자기조절능력

회복탄력성을 구성하는 데 첫 번째 요소인 자기조절능력은 자신의 감정을 인식하고 어려운 상황에서도 자신의 부정적인 감정을 억제하면서 긍정적인 감정과 건강한 도전 의식을 가져온다. 충동통제력은 자신의 감정에 휩쓸리는 본능적 행동을 통제하는 것이며, 원인분석력으로는 자신이 직면한 상황을 객관적이고 분명하게 파악해서 대처 방안을 알아낼 수 있는 능력을 말한다. 자기조절능력, 즉 감정조절력은 어떠한 압박이나 스트레스를 받게될 경우 평온을 유지할 수 있는 능력으로 이에 따라 회복탄력성이 높은 사람들은 스스로의 감정과 주의력 또는 행동을 통제할 수 있는 능력을 지니고 있다. 자신이 필요하다고 느낄 때면 긍정적인 감정을 불러일으키면서 일상생활에서 흥미롭게 지낼 수 있는 능력이 있다(김주환, 2011).

(2) 대인관계력

탁월하게 사회관계를 잘하는 사람들은 회복탄력성이 높거니와 상대방의 감정상태를 잘 파악하여 소통능력과 공감능력이 뛰어나 건강한 대인관계를 유지한다. 성공적인 소통과 공감능력을 얻기 위해서 가장 효과적인 기술이다. 결국 강력한 회복탄력성을 갖기 위해서는 자기조절능력과 대인관계능력이 필요하고. 이에 따른 기반에는 긍정적 정서가 있다. 따라서 대인관계능력을 유지하기 위해서는 자신의 행복감을 높이고 주변 사람들에게 정서적인 영향력을 끼치게 되는 것이다.

(3) 긍정성

긍정성을 가진 사람은 다른 사람을 더 긍정적인 방향으로 바라보거니와 부정적인 면은 약화된다. 더구나 긍정성이 우수한 사람은 진취적이고 도전적이거니와 새로운 것을 추구하는 데 가치를 두고 있다. 긍정성이 이처럼 문제해결 능력을 향상시키고 개인적 능력뿐 만 아니라 대인관계의 측면에서도 좋은 결과를 가져온다는 연구 결과들은 경영과 조직의 차원에서도 많은 변화를 가져온다(김주환, 2011). 긍정성은 조직의 효과성을 극대화시키고 조직문화 특징을 가지고 있으며, 더 나은 성과를 위한 성취동기에도 이바지한다. 회복탄력성이 높아지려면 스스로 긍정성을 초래하는 것이 생활화되어야 한다.

- 자기조절력 = 감정조절력 + 충동통제력 + 원인분석력
- 대인관계력 = 소통능력 + 공감능력 + 자아확장력
- 긍정성 = 자아낙관성 + 생활만족도 + 감사

[그림 9-1] 돌아가는 삼각지

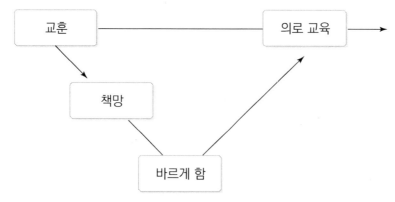

출처: 하나님의 능력에 접속하라(2008)

7) 인성의 핵심 역량과 코칭

인성의 핵심역량이라는 것은 기능적인 측면에서 지식과 행위 실천을 연계하는 것으로 바람직하고 합리적인 문제해결과 실천지향성이 핵심이다. 주로 공감능력, 소통능력, 갈등해결능력, 문제해결능력, 대인관계능력, 자기관리능력 등이 포함된다. 따라서 인성 역량은 실천을 위한 동기부여로 기술을 제공하여 인성의 수행을 성공적으로 이끈다(정창우, 2015).

인성교육진흥법 제2조 3항에서 인성의 핵심역량을 "핵심 가치·덕목을 적극적이고 능동적으로 실천 또는 실행하는 데 필요한 지식과 공감·소통하는 의사소통능력이나 갈등해결능력 등이 통합된 능력"이라고 정의하였다. 실행을 지속하게 하는 실행지속성, 경청·질문·인정 등 코칭의 핵심적인 기술은 대표적인 의사소통능력이다. 갈등해결능력은 그룹코칭이나 조직코칭에서 필요한 역량으로 중립성이나 신뢰성을 포함하며, 회복탄력성을 포함하여 코칭의 기술과 태도 및 역량 가운데 인성이 핵심역량과 상통하는 요소들을 정리하여 조작적 정의를 아래와 같이 내릴 수 있다.

〈표 9-1〉 인성의 핵심역량

코칭 기술/역량	조작적 정의
실행지속성	실행(Action Plan)을 지속할 수 있도록 돕는 파트너십
경청	고객의 이야기를 존경하는 마음으로 비언어적 요소까지 듣는 능력
동기부여	고객에게 어떤 특정한 자극을 주어 목표하는 행동을 불러일으키는 능력
인정	고객과 고객의 생각에 대한 가치를 알아주고 표현하는 능력
질문	고객의 잠재력을 이끌어내기 위해 적절한 시간에 적절한 질문을 할 수 있는 능력
신뢰	고객의 미래 행동이 호의적이고 희망적일 가능성에 대한 기대와 믿음
중립성	고객들의 의견에 대하여 평가하지 않고 중립을 지킴으로 모든 고객의 의견을 유효하게 하는 것
회복탄력성	자기조절, 대인관계, 긍정성을 요소로 하는 칠전팔기의 힘

2. 인성코칭의 학습 목표

인성은 선천적으로 형성되어 있기 때문에 후천적인 회복이 중요하다. 따라서 인성계발은 단기간의 교육이나 코칭으로는 목표를 달성할 수 없다. 고객의 인성계발 목표가 달성될 수 있기까지 코치가 파트너가 되어야 한다.

코칭은 미래에 초점을 맞추지만 더러는 과거를 돌아보기도 한다. 상담기법처럼 상처를 치유하는 것이 아니라 과거에 만들어진 지원을 찾기 위해서다. 때로는 과거에 주위 사람으로부터 들었던 부정적인 말이 고객의 자아를 묶어 놓은 경우가 대다수를 차지하는데 코칭적 접근으로 미래의 자유로운 세계를 향해 그 부정적인 말의 영향력에서 벗어날 수 있도록 일깨우는 일이 중요하다.

모든 변화의 핵심은 우리의 생각 속에 자리하고 있고, 이를 명확하게 인식하는 것이야말로 모든 변화의 첫 단초임을 잊지 말아야 한다(이정숙, 2009). 생각이 습관을 만들기 때문에 부정적인 첫 생각의 스위칭을 습관화할 때 인성이 크게 향상된 사례들을 볼 수 있다. 인성계발을 위한 셀프코칭도 가능하다. 단, 자신이 주도적으로 의사결정을 했을 경우다. 따라서 인성코치를 양성하는 교육 역시 자기주도적인 참여형 교수법으로 진행한다.

• 본 과정의 학습 목표를 살펴보면 다음과 같다.

– 코칭대화모델을 사용할 수 있다.

– 코칭스킬을 적절히 사용할 수 있다.

– 인성과 코칭의 상관관계를 이해하여 인성계발에 코칭을 적용할 수 있다.

– 인성계발에 필요한 자원 찾는 방법을 알 수 있다.

– 인성계발을 위한 코치로서 장단기 로드맵을 그릴 수 있다.

3. 코칭의 이해

1) 교육 · 컨설팅 vs 코칭

(1) 교육

인간이 삶을 영위해 나가는 데 필요한 모든 행위를 가르치고 배우는 과정이며 수단을 가리킨다. 즉, 교육은 커리큘럼을 바구니에 담아 전달하는 방식이다.

(2) 컨설팅

어떤 분야의 전문가가 문제의 분석과 평가에 관한 해결책을 제안하는 것으로, 특히 기업이나 조직에서 이루어지는 컨설팅과 비교해 볼 때 코칭과 컨설팅은 모두 기업이 현재 가진 문제점들을 해결함으로써 보다 건강한 기업으로 발전해 나아가려는 시도이다. 컨설팅은 진단 결과와 보고서를 바구니에 담아 전달하는 방식이다.

[그림 9-2] 교육 · 컨설팅 vs 코칭 비교

사율적으로 움직이면 복잡한 깃도 스스로 풀어지게 된다. 하지만 던순하게 풀기 위해서는 코칭이 필요히다.

(3) 코칭

구성원이 스스로 자신의 능력을 발견하고 강점을 발휘할 수 있도록 지원해 주는 과정이다. 즉, 빈 바구니를 전달하고 고객의 에너지를 올려 스스로 담게 하는 과정이다.

2) 상담 vs 코칭

(1) 상담

상담은 심리적인 문제나 고민이 있는 사람에게 상담원이 전문적인 입장에서 조언을 하거나 공감적인 이해를 통해 상담자의 문제를 해결하거나 심리적인 성장을 돕는 것을 말한다. 즉, 클라이언트의 과거 문제에서부터 출발하는 치유모델이다.

(2)코칭

코칭은 심리적인 측면에 대한 탐색이나 해석보다는 행동적인 변화에 더 많은 비중을 둔다. 즉, 고객의 목표를 향해 가능성을 담아 현재 상태에서 출발하는 성숙모델이다.

유토피아란 결코 도달할 수 없는, 말 그대로 이상향일 뿐이다. 그런 유토피아가 우리 삶에 필요한 이유는 바로 삶에 방향성을 제시하기 때문이다.

코칭도 마찬가지이다. 한꺼번에 모든 것을 성취하려는 것보다는 목표를 향해 나아가는 과정 속에서 스스로 변화되는 자신의 모습을 발견하고 방향을 제시하므로서 성취감을 느끼게 하는 데 그 의미가 있다(김은성, 2011).

코칭은 수동적인 변화가 아닌 자기 주도적인 변화를 목표로 하면서 지속적인 변화를 추구한다. 또한 코칭은 상담에서 중요하게 여기는 치유적인 부분보다는 끊임없이 새로운 목표를 설정하여 성장지향적인 변화를 주도하거니와 문제해결에 중점을 두지 않고 문제를 해결할 수 있는 능력을 성장시키는 데 중점을 둔다.

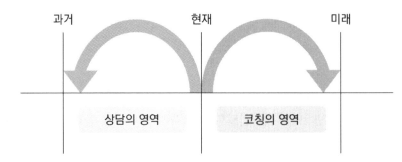

[그림 9-3] 코칭의 이해

과거　　　　　　　　　현재　　　　　　　　　미래

상담의 영역　　　　　　코칭의 영역

4. 코칭의 역사

1) 코치의 어원

1500년대 헝가리의 도시 코치(Kocs)에서 개발된 네 마리의 말이 끄는 마차에서 유래되었다. 이 마차는 '코치'라는 명칭으로 불리며 전 유럽으로 확산되었으며, 지금도 영국에서는 택시를 코치라고도 부르고 있다.

- 1840년대 영국 대학에서 수험지도를 하는 개인교사를 코치로 호칭하고 있다.
- 1950년대 경영분야에서 '코치'라는 용어를 사용하기 시작하였다.
- 1992년 토마스 레너드를 중심으로 전문적인 코칭 비즈니스가 탄생하였다.
- 1995년 국제코치연맹(ICF, International Coach Federation)이 창립되었다.
- 1998년 ICF MCC Judy Santos에 의해 Christian Coach Network International 창립되었다.
- 2002년 한국 최초의 코칭 전문기업이 설립되었다.
- 2003년 12월 한국코치협회가 발족되었다.
- 2006년 한국코치협회가 고용노동부 산하 사단법인으로 인가를 받았다.

2) 현대 코싱의 출발

1992년 전직 재무설계사 토마스 레너드가 코치 유니버시티라는 회사를 설립하고, 같은 해 평화봉사단 자원봉사자로 활동한 경험이 있는 공인회계사 로라 휘트워스가 코치 훈련원을 설립하며 본격적인 현대 코치 산업 발전이 시작되었다. 한편, 2003년에는 토마스 레너드가 국제코치협회(IAC: International Association Coaching)를 창설하였고, 그 외에 분야별 코치협회의 하나로 국제비즈니스코치협회(WABC: Worldwide Association of Business Coaches)가 활동을 해오고 있다(출처: 한국코치협회).

3) 우리나라 코칭의 발전

우리나라에서는 1998년 '코칭에 대한 연구: 권력의 관점에서(손민철, 고려대학교 경영학과)'라는 학위논문이 발표된 바가 있으나, 2000년 이후 컨설팅과 리더십 관련 기관에서 코칭이 도입된 것으로 알려졌으며, 초창기 코치들은 미국 리젠트 대학 교수인 조셉 유미디가 개발한 TLC(Transformational Leadership Coaching) 프로그램을 통해서 이루어졌다. 하지만 한국에서 코칭 발전을 위한 본격적인 첫 출발은 2003년 6월7일 ICF Korea Chapter 결성이라고 볼 수 있다. 한국의 코치와 코칭 운동을 대표하는 주체로서 한국코치협회가 2020년 현재 8,000여 명의 인증코치가 사회 각 분야에서 활발한 활동을 전개하고 있다(출처: 한국코치협회).

5. 코칭의 정의

1) 국제코치연맹(ICF, International Coach Federation)

고객의 개인적, 전문적 가능성을 극대화시키기 위해 영감을 불어넣고 사고를 자극하는 창의적인 프로세스 안에서 고객과 파트너 관계를 맺는 것이다.

2) 한국코치협회(KCA, Korea Coach Association)

개인과 조직의 잠재력을 극대화하여 최상의 가치를 실현할 수 있도록 돕는 수평적 파트너십.

3) 요약

고객에게 자가(Insight)을 일으켜 지속적으로 행동(Action)하도록 돕는 파트너십
기독교 심리학자인 게리 콜린스(2011)는 코칭의 정의를 한 개인이나 그룹을 현재 있는 지점에서 그들이 바라는 더 유능하고 만족스러운 지점까지 나아가도록 인도하는 기술이자 행위라고 하였다.
현재 코칭은 여러 영역에서 조금씩 상이된 정의로 확산되고 있다.

6. 코칭의 역할

코칭은 1980년대 후반에 서구를 중심으로 급속한 변화와 끊임없는 경쟁에 직면한 기업들이 구성원들의 리더십과 의사소통 패러다임 변화에 대응하면서 인적자원개발 측면에서 도입하기 시작했다. 코칭은 국내외를 막론하고 조직의 목표 달성과 한 사람의 삶의 질을 개선하는 데 도움을 주는 개념으로 확대, 발전하여 다양한 분야에서 적용되면서 독자적인 영역으로 인식되는 실정이다. 즉, 코칭은 문제를 해결하고자 하는 사람이 스스로 해결하도록 돕는 일련의 과정으로써 다양한 형태로 진행되면서 개인의 성장과 조직의 발전에 중점적 영향을 끼친다는 점이 선행연구를 통해 확인되고 있다(조성진, 2020). 코칭 시장이 급속히 성장하는 이유는 빠른 환경변화에 효과적으로 대응할 수 있는 수평적 조직구조의 변화와 인적자원을 중요시하는 조직운영 방식의 전환으로 조직구성원의 개발 및 양성의 도구로써 리더들의 코칭에 관심을 갖기 시작했기 때문이라고 할 수 있다(장미화 외, 2019). 코칭이 조직 내에서 활용될 때 리더코칭, 코칭리더십, 중간관리자코칭, 리더성과코칭 등의 용어로 사용되고 경영자코칭은 임원코칭 또는 경영자코칭, CEO코칭으로 비즈니스코칭과 기업코칭 등으로 혼용되어 사용

되고 있다(성세실리아 외, 2016).

4차산업혁명시대는 기계처럼 정확하고 빠른 인재가 아니라 문제해결능력, 소통과 협력, 상상력을 갖고 변화에 도전하는 미래지향적인 인재가 필요하다.

이 시대는 변화에 유연하고 감성과 자기성찰을 갖춘 인간다운 인간, 인성을 갖춘 인재로서 전문적인 코칭을 통해 완전한 사람됨의 교육을 받은 코치가 더욱 필요한 시대이다.

7. 일반대화와 코칭대화

인간은 대화를 통해 자신의 감정이나 느낌을 표현하고, 타인과 정보를 주고받거나 새로운 사실을 접한다. 그리고 우리는 대화를 통해 자신의 능력을 잘 이해하거나 어리석음을 깨닫기도 한다. 나아가 자신이 얼마나 성장했는지 또는 퇴보했는지도 대화를 통해 알 수 있다(조성진, 2019)

일반대화와 코칭대화 차이점을 살펴보면 다음과 같다. 일반대화에서는 상대방의 강점보다는 약점을 생각하고, 충고를 하게 되며, 결국 말하는 사람의 일방적인 대화로 이어지기 쉽다. 하지만 코칭대화는 코칭 철학을 기반으로 가능성과 잠재력을 갖고 진행된다. 고객의 성장과 변화를 염두에 두고, 구조화된 대화 방법으로 이루어진다. 핵심적인 대화는 경청과 질문, 인정이 잘 조화롭게 이루어진다는 것이다. 칼 로저스(2000)는 개인이 조금씩 새로운 관점을 인내하고, 심리적 역량이 축적될 때 통찰은 이루어진다고 하였다. 결국 통찰력을 가지고 자신을 변화시키려는 자세가 되어 있는 고객이라면 코칭대화가 필요한 사람이다. 고객이 이러한 갈증을 가지고 코치를 만나게 되면 자신의 문제를 해결할 수 있는, 변화시킬 수 있는 마음의 자세를 갖고 있는 것이다.

다음 두 가지 대화방법에서 어떠한 차이점이 있는지 알아보도록 한다.

1) 첫 번째 대화

손님: 여기요.

점원: 네, 손님 뭘 도와드릴까요?

손님: 이거 뭐야?

점원: 부러졌네요.

손님: 누가 부러진 거 몰라! 대체 구두를 어떻게 만들었기에 산 지 하루 만에 부러지냐고? 부러지는 바람에 나 넘어져서, 지금 허리 삐고 다리 삐고 출근도 못했어. 이거 어쩔 거야? 어떻게 보상할 거야?

점원: 죄송합니다. 제가 손님께 맞는 다른 구두를 골라드리면 안 될까요?

손님: 뭐?

점원: 이건 어떠세요? 굽도 낮고 편하고요.

손님: 뭐야 이거? 지금 내가 뚱뚱해서 굽이 부러졌다는 거야?

점원: 아뇨, 꼭 그런 것이 아니라, 고객님께서 이 스타일이 어울릴 것 같아서…

손님: 그게 그 소리잖아. 내가 뚱뚱하니깐 낮은 굽 신어라, 높은 건 무리다.

점원: 그렇게 들으셨다면 죄송합니다. 전 그런 게 아니라…

손님: 뭐가 아니야? 우리 구두는 문제가 없는데 네 몸 때문에 부러진 거야. 네가 뚱뚱해서 그 뜻이잖아.

점원: 아니요, 전 그런 것이 아니라… 언짢으셨다면 정말 죄송합니다. 전 다만 고객님이 신기 편하신 걸로 골라드리는 게 나을 거 같아서…

손님: 뭐야 너 내 몸을 왜 훑어? 뚱뚱하다고 사람 무시하는 거야 뭐야?

점원: 저… 훑은 적 없고요. 고객님 무시하지도 않았습니다.

2) 두 번째 대화

손님: 여기요.

점원: 네, 손님 뭘 도와드릴까요?

손님: 이거 뭐야?

점원: 어쩜 구두굽이 부러졌네요, 많이 속상하시겠어요.

손님: 누가 부러진 거 몰라! 대체 구두를 어떻게 만들었기에 산 지 하루 만에 부러지냐고? 부러지는 바람에 나 넘어져서, 지금 허리 삐고 다리 삐고 출근도 못했어. 이거 어쩔 거야? 어떻게 보상할 거야?

점원: 그러시군요. 구두가 부러져서 허리 삐고 다리도 삐고 출근까지 못하셨다니 어떻게 보상을 해야 할지 고민도 되고 죄송스런 마음이 생기네요. 어떻게 보상해드리면 좋을까요?

손님: 이번에 굽이 높고 얇다 보니 불편하니 다른 스타일로 봤으면 해.

점원: 아, 그러시군요.

손님: 이 구두가 굽이 좀 낮고 편안한 스타일이면 이런 제품이 좋겠네요.

점원: 탁월한 선택이십니다. 저라도 이 제품을 추천해드리고 싶었을 겁니다.

손님: 사실 다른 사람들이 저를 뚱뚱하다고 굽 높은 것을 신지 말라고 해서 이번에 다이어트를 하고 처음으로 높은 굽을 신어 본 거라… 저도 모르게 그만 실망감에 큰 소리가 나왔네요. 죄송해요.

점원: 그렇게 말씀하시니 더욱 이해가 됩니다. 그래도 이런 일로 고객님의 마음이 불편하지 않으셨나요?

손님: 아뇨. 조금 더 노력해서 다이어트 성공하면 다시 도전해 보고 싶네요. 이번 일로 더 노력해야 할 계기가 생긴 것 같아요.

점원: 그렇게 생각하시니 정말 대단하십니다.

손님: 다음에 또 봬요. 감사합니다.

점원: 네, 안녕히 가세요. 다음에 또 뵙겠습니다.

코칭 대화는 완전히 새로운 방식의 대화로써, 코치가 사람들에게 영향을 미치고 싶다는 열의로 가득 차고, 사람들이 실망을 안겨 주거나 실수할 때도 그들의 위대함을 인식하는 대화이다(조성진, 2019).

8. Module 정리

배운 점	
느낀 점	
실천할 점	

[그림 9-4] 베느실

인성코칭 대화모델
HUMAN

학습목표

1. 대화의 단계를 효과적으로 진행하는 순서를 익힌다.
2. 인성코칭 대화모델을 통해 코칭할 수 있다.
3. 인성계발을 위한 대화의 목적과 방향을 적용할 수 있다.

인성코칭 대화모델 HUMAN

2019년 국제투명성기구 발표자료에 의하면 우리나라는 경제적으로 강대국에 속하지만 청렴도 순으로는 2015년 전체 국가 중 18위였으나, 2016년 176개국 중 52위, 2017년 전체 180개국 중 51위, 2018년 OECD 36개국 중에는 30위로 낮은 수준으로 나타났다.

물질 만능주의에 간과해서는 안 되는 팽배한 결과이다. 청렴도가 높다는 것은 양심적인 선택과 행동의 결과물이기 때문에 일반화할 수는 없지만, 경제력이 높은 잘 사는 나라일수록 인성지능 수준도 상대적으로 높음을 국가부패지수를 통해 예측할 수 있다. 즉, 인성지능이 높다는 것이 단순히 착한 마음으로 바르게 살아가는 삶을 넘어 인간다운 질적인 삶을 가능하게 하는 경제력과도 관련성이 있음을 알 수 있다.

앞으로 다가오는 미래는 사람만이 할 수 있는 창의적 사고, 문제해결능력, 소통하고 통합하는 능력, 인간다운 감성과 선한 마음을 갖춘 인재가 부각되는 시대이며, 이런 인재를 육성할 수 있도록 교육하고, 양성하며 선발할 수 있는 문화와 시스템을 갖추어야 하기 때문이다(신수림, 2019).

최근에는 인성개발을 위하여 코칭 체계를 적용하여 이를 통해 개인의 잠재력과 조직의 극대화를 도모하고 있다. 인성코칭 프로그램 개발의 첫 연구로 인성코칭 대화모델을 소개한다.

- 첫 글자를 연결하면 HUMAN이 되는 대화모델
  - 라포 형성(Hand): 공감
  - 목표 설정(Underline): 방향
  - 가능성(Mapping): 지도
  - 실행계획(Action plan): 용기
  - 마무리(Nature): 약속

인성(HUMAN)은 코칭의 4대 기술(질문, 경청, 인정, 신뢰)이 기둥(PROP)이 되어 자율주행한다.

[그림 10-1] 인성코칭 대화모델

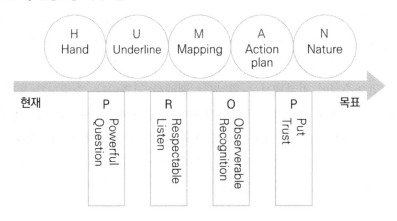

1. 라포형성(Hand)

1) 라포형성하기

인간관계는 삶의 모든 것이라 해도 과언이 아니다. 삶 자체가 만남과 헤어짐의 연속이기에 좋은 인간관계를 맺는 사람은 그만큼 건강하고 강한 삶을 살아가게 된다(김주환, 2011).

라포는 손과 손을 마주 잡는 관계를 말하는 심리학 용어로, 상호 간의 심리적 공감대 위에 형성되는 유대감을 말하므로 라포형성을 위해서는 우선 고객의 입장에서 생각하고 노력할 필요가 있다. 라포형성은 사람과 사람 사이에 생기는 상호 신뢰감을 형성하는 것으로서 고객의 마음과 감정 상태를 재빨리 파악하고, 깊이 이해하고, 공감함으로써 원만한 상태를 유지하는 데 있다. 고객에 대한 사전 정보를 알게 되면 도움이 되거니와 우선 선입견이 없어야 한다.

사람과 사람 사이에 연결되어 있는 모든 관계의 기본은 대화, 즉 소통에 의해서 형성되고 지속된다. 따라서 소통능력이란 바로 인간관계를 진지하게 맺고, 오래도록 유지하는 능력이라고 할 수 있다. 라포형성에서 중요하게 여기는 공감능력은 고객의 심리나 감정상태를 알아차릴 수 있는 능력을 말한다. 고객의 입장을 생각하며 사물을 바라볼 수 있는 능력은 소통과 인간관계를 위한 가장 기본적인 역량이다.

2) 라포형성을 위한 질문

코치는 대답을 추구하는 사람이 아니라 고객으로부터 질문을 추구하는 사람이다. 코치의 공감은 말이나 몸짓, 표정 등으로 표현되지 않더라도 긍정적인 미세적 코칭기술이다(김상복, 2017).

- 라포를 형성하기 위한 질문은 다음과 같다.
  - 오늘 기분을 날씨로 비유하면 어떻게 표현하시겠습니까? 그 이유는요?
  - 오늘 식사는 어떤 분들과 함께하셨나요?
  - 어떤 장르의 음악을 좋아하시나요?
  - 가장 사랑받고 있다고 생각하는 순간은 어떤 때인가요?

3) 인성관련 라포형성 질문

현대사회는 정답이 없는 시대라고 한다. 하나의 정답이 있다기보다는 다양한 해답들이 있으며 조직의 리더가 정답을 제시하는 것이 아니라 항상 새로운 방식의 해답들이 많은 직원들에 의해 개발되고 있는 시대이다. 바람직한 리더는 구성원이 가진 대답을 이끌어 내기 위해 끊임없는 관심을 가지고 질문하고 경청해야 한다(TALC, 2015).

- 인성관련된 라포형성 질문
- 지금까지 살아오면서 가장 많이 들었던 칭찬은 어떤 것들이었나요?
- 당신은 조직에서 어떤 분과 함께 일을 할 때 가장 능률이 오르시나요?
- 좋은 사람 하면 누가 떠오르나요? 그 이유는 무엇인가요?
- 최근에 성품에 대하여 칭찬을 받았을 때는 언제였나요? 좀 더 구체적으로 말씀해 주시겠어요?
- 라포형성 질문 브레인스토밍

4) 질문느낌 카드 활용

- 느낌 이미지 활용하기
- 펼쳐 놓은 카드에서 각자 자신을 설명할 수 있는 세 가지 이미지를 선택한다.
- 세 가지 이미지 카드를 통해서 자신의 과거, 현재, 미래를 차례로 설명한다.
- 과거와 현재, 현재와 미래 사이에는 어떤 과정이 필요한지 설명한다.
- 조별로 돌아가면서 설명한다.
- 질문 활용하기
- 각자 무작위로 카드 세 장을 선택한다.
- 세 사람을 일 대 일로 돌아가면서 만난다.
- 상대방의 카드에서 서로 한 장씩 선택하여 질문에 대답한다.
- 질문느낌 카드는 아이스브레이킹으로 사용

[그림 10-2] 질문느낌 카드

질문느낌 카드

자신감　희망　오만　소심　쾌감　슬픔　수치심　복수심　망설임　행복

모든 참여자의 지혜를 통해 가장 현명한 답을 얻도록 돕습니다.

한국FT코칭연구원
Korea FT Coaching Institute
특허청 디자인 출판원번호 30-2015-0025183 디자인등록번호 제0-0612828호
제조 및 판매업자　한국FT코칭연구원
전화 070-4416-0072 팩스 02-6442-9544
http://www.fcikorea.co.kr
http://www.facebook.com/fcikorea

5) 라포형성 도구 "공감지도"(by XPLANE)

• 공감지도는 라포형성, 아이스브레이킹, 그룹코칭에서 활용한다.

[그림 10-3] 공감지도

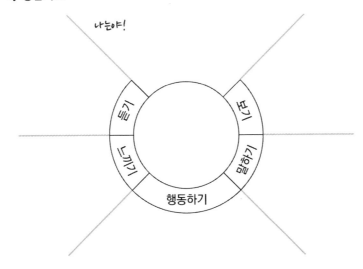

2. 목표 설정(Underline)

1) 목표 설정하기

한 개인의 목표와 그의 세계에 대해서 어느 정도라도 알게 되면 그의 표현 방식이 목표를 위한 준비 과정을 의미한다는 것을 알 수 있다(알프레드 아들러·홍혜경, 2017).

(1) 코칭대화는 주제를 가지고 집중해서 하는 대화이다.
(2) 주제는 어떤 이야기라도 가능하다.
(3) 그러나 목표는 한 세션에서 이룰 수 있는 것으로 좁혀진다.
(4) 다른 사람의 문제는 상담이나 다른 방법으로 해결되어야 한다.
(5) 코칭의 목표는 고객 자신이 해결할 수 있는 것으로 좁히는 것이 바람직하다.
(6) 목표는 구체적인 실행계획을 끌어낼 수 있는 단위이다.
(7) 목표는 결과물이 수반되는 구체적인 것이다.
(8) 결과물은 단계별 결과물과 최종 결과물로 구분된다.

• 외부목표는 반드시 내부목표의 지원을 받아야 목표를 달성할 수 있다. 외부목표는 측정이 가능하지만 내부목표는 측정이 불가능하다.
• 단기목표는 코칭의 도입 목적과 목표에 따라 주제를 정할 수 있는데 리더십 개발과 직무교육의 현장에 적용하고 조직개발 촉진을 유발한다.
• 장기목표는 교육과 코칭을 통한 조직의 성과 향상과 조직문화 개선을 위한 목표를 달성할 수 있다.

[그림 10-4] 외부목표 내부목표/ 단기목표 장기목표

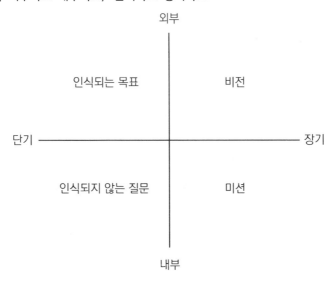

```
                        외부
                         │
              인식되는 목표    │     비전
                         │
   단기 ──────────────────┼────────────────── 장기
                         │
           인식되지 않는 질문  │     미션
                         │
                        내부
```

- 목표는 고객이 원하는 주제에서 구체적인 목표가 설정되어야 한다.
- 고객님께서 이루고자 하는 주제 혹은 문제는 무엇인가요?
- 이번 코칭에서 어떠한 결과를 원하시나요?
- 오늘 코칭에서 어느 정도까지, 얼마나 구체적인 성과를 기대하시나요?
- 장기적으로 이 문제와 관련되어 있는 목표는 무엇인가요?
- 고객님께서 확인할 수 있는 시안이 정해진 중간단계는 어떤 것들이 있으신가요?

2) 목표 질문

고객의 생각이 확장되기 때문에 다양한 관점으로 질문해 볼 수 있다. 이제 답이 필요한 시대에서 질문이 필수적인 시대로 바뀌었다. 질문하는 시대에 대표적인 패러다임이 바로 코칭이다(이동운, 2017).

(1) 오늘 여기서 무엇을 이야기하고 싶으신가요?
(2) 오늘 무엇에 초점을 맞추시겠습니까?

(3) 가고 싶은 곳은 어디입니까?

(4) 무엇에 마음이 쓰입니까?

(5) 어떤 점에서 이것을 선택하고 싶습니까?

(6) 이 가운데 가장 긴급한 문제는 무엇입니까?

(7) 오늘의 목표를 한 문장으로 표현해 주시겠습니까?

(8) 이 목표를 이루는 당신은 어떤 의미가 있습니까?

(9) 원하는 모습이 10이라면 지금은 몇 점 정도일까요?

(10) 이 세션이 끝났을 때 몇 점 정도가 되기를 원하시나요?

(11) 지금 점수와 세션이 끝났을 때 점수의 사이는 어떤 의미가 있을까요?

(12) 무엇을 원하십니까?

• 조직 리더들의 주요 코칭 주제를 살펴보면 다음과 같다. 1위로는 코칭리더십 역량으로 동기부여, 권한위임, 효과적인 피드백 등으로 나타났고, 2위로는 커뮤니케이션 역량으로 공감적 소통, 소통채널의 다양화, 비전 공유, 3위는 관계증진 및 신뢰구축, 4위는 조직관리와 그 외 기타 등으로 나타났다.

3) 인성관련 목표 질문

(1) 아래 36가지 인성 덕목 중에서 어떤 덕목을 갖고 싶으신가요?

(2) 아래 36가지 인성 덕목 중에서 가장 긴급한 문제는 어떤 것인가요?

(3) 선택한 인성 덕목의 원하는 수준이 10이라면 지금은 몇 점 정도일까요?

(4) 선택한 인성 덕목을 성장시키기 위해 무엇을 할 수 있을까요?

〈표 10-1〉 36가지 인성덕목

경건, 경청, 공감, 공정, 관용, 구제, 규범, 긍휼, 기쁨, 나눔, 리더십, 베풂, 사랑, 성실성, 소통, 선함, 신뢰, 신실, 예의, 온유, 인내, 자비, 자기주도성, 자기통제, 절제, 정의, 정직, 존중, 지혜, 질서, 책임, 충성, 친절, 평화, 협동, 효도

- 에너지를 올리는 긍정적인 인성관련 질문
- 성실성을 발휘하기 위해 어떤 행동을 하면 될까요?

- 에너지를 떨어뜨리는 부정적인 인성관련 질문
- 어려움 속에서 잃어버린 기회는 무엇인가요?

4) 목표설정 실습

(1) 두 사람씩 짝을 지어 실습한다.
(2) 한 사람이 코치가 되어 고객에게 코칭할 주제를 묻는다.
(3) "이 주제를 통해 원하시는 것이 무엇입니까?"를 5분간 반복해서 묻는다.
(4) 코치와 고객의 역할을 바꾼다.
(5) 인성 덕목이 주제가 될 때에는 더욱이 주제에서 목표를 찾아야 한다.

5) 목표탐색 질문

- 주제에서 목표를 찾을 때는 행동 변화의 의지가 반드시 선행되어야 하고,
목표는 현실 위에 세워져야 한다(이동운, 2017).

(1) 이 주제를 통해 원하시는 것은 무엇인가요?(여러 번 반복)
(2) 더 추상적(chunk up)이거나 구체적(chunk down)일 수 있다.
(3) 추상과 구체 사이에서 적절한 목표를 고객이 선택하도록 한다.

- 목표탐색을 위한 질문은 다음과 같다.
- 어떤 성과를 얻었으면 좋겠습니까?
- 목표를 달성하기 위해 어떤 사람이 되어야 할까요?
- 고객님이 이루고자 하는 목표는 무엇인가요?
- 어떤 서비스를 원하고 계신가요?

- 조직 내에서 목표가 되는 사람이 있나요?
- 언제까지 그 목표를 달성하고 싶으신가요?

〈표 10-2〉 목표탐색 질문

For Want of a Nail(from en. Wikipedia.org)

- For Want of nail the shoe was lost.(못 - 말굽편지)
- For Want of a shoe the was lost.(말굽편지 - 말)
- For Want of a horse the rider was lost.(말 - 기수)
- For Want of a rider the message was lost.(기수 - 메시지)
- For Want of a message the battle was lost.(메시지 - 패전)
- For Want of a battle the kingdom was lost.(패전 - 왕국)
- And all for the want of a horseshoe nail.(못 하나가 원인)

• Want의 질문은 추상화 가능성이 있지만 Want와 Why를 함께 섞어 질문하면 구체적이고 한 회기 안에서 목표를 설정하게 된다.

[그림 10-5] Deep Whys

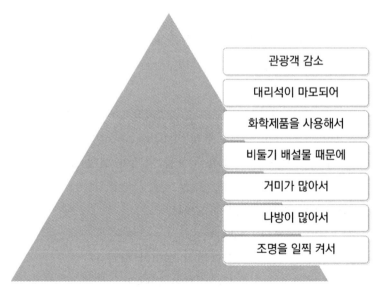

Washington DC의 제퍼슨 기념관

3. 가능성(Mapping)

- 탐색이 되지 않으면 정확한 목표가 설정되지 않는다. 또한 목표를 찾으면서 장애 요소도 함께 찾아야 한다. 자원은 나 혼자만의 속해 있는 것이 아니라 여러 분야에 속해 있다.

1) 가능성 찾기

(1) 옳고 그름을 판단하지 않고 생각을 듣는 단계이다.
(2) 질문을 통해 가능성을 발견한다.
(3) 예상되는 장애 요소를 찾는다
(4) 다시 한번 이야기를 정리한다.
(5) 다른 생각의 회로를 확장한다.
(6) 현재 상태와 목표 사이의 갭(GAP)을 찾는다.

2) 가능성 찾기 매핑(Map)

(1) 가능성 찾기 단계는 목표 설정과 실행계획 사이에 존재한다.

(2) 목표를 달성하기 위한 적절한 실행계획을 찾기 위해 고객이 가지고 있는 자원을 찾는 단계이다. 목적지를 정하고 실제로 이동하기 위해 나서기 전에 지도(Map)를 통해 어떠한 교통수단이 있는지 알아보는 것과 같다. 최대한의 성과를 위하여 그리고 리스크를 방지하기 위하여 예상되는 어려움이나 장애를 찾는 것도 포함된다.

- Metaphor: 의식 확장을 위해서는 명확한 정의(definition)를 내리는 것보다는 은유와 같이 추상화시키는 단계가 유익하다.
- Absolute: 목표를 정해 놓고 실행계획을 세우는 것은 약간의 의무감이나 강박이 따를 수 있다. 그러나 목표가 아니고 누구나 힘들이지 않고 할 수 있는 꿈이라면 즐거운 마음으로 맞이할 수 있다. 미래를 향해서 가는 것보다 꿈꾸는 미래가 현재를 향해 다가온다는 것은 가슴 벅찬 일이다.
- Pillow: 리스크를 방지하기 위해 어려움과 장애만 다룬다면 자칫 고객의 에너지를 떨어뜨릴 수 있기 때문에 거침돌이 디딤돌이 된 경험을 떠올리는 것은 강력하고 새로운 자원이 될 수 있다.

〈표 10-3〉 가능성 찾기 매핑(Mapping)

Metaphor	목표에 대한 은유	
Absolute	목표가 절대적으로 다 이루어진다면?	
Pillow	거침돌이나 디딤돌은?	

3) 가능성을 찾기 위한 질문

- 이 단계에서는 비유나 은유를 사용하여 질문을 하면 쉽게 이해할 수 있거니와 은유로 대화하면 코치와 고객이 서로 공감하는 수준이 달라지게 된다.
  (1) 세우신 목표를 은유로 표현해 보시겠습니까?

(2) 그 목표를 이루었다면 무엇이 동기부여를 했을까요?

(3) 목표에 도달하면 무엇이 달라질까요?

(4) 목표를 이룰 수 있는 자원이 있다면 어떤 것들이 있을까요?

(5) 조직 내에서 걸림돌이 디딤돌로 변화된 어떤 경험이 있나요?

4) 인성관련 가능성 찾기 질문

(1) 성공한 사람에게 선택한 인성 덕목이 없다면 상대방은 무엇을 느끼게 될까요?

(2) 선택한 인성 덕목을 은유로 표현해 본다면 무엇이라고 하시겠어요?

(3) 선택한 인성 덕목을 완벽하게 갖춰진다면 어떤 모습이겠습니까?

(4) 선택한 인성 덕목이 부족해서 걸림돌이 되었던 상황이 디딤돌이 된 일이 있다면 어떤 것일까요?

(5) 걸림돌이 디딤돌이 되려면 어떤 자원들을 활용하시겠습니까?

〈표 10-4〉 36가지 인성덕목

경건, 경청, 공감, 공정, 관용, 구제, 규범, 긍휼, 기쁨, 나눔, 리더십, 베풂, 사랑, 성실성, 소통, 선함, 신뢰, 신실, 예의, 온유, 인내, 자비, 자기주도성, 자기통제, 절제, 정의, 정직, 존중, 지혜, 질서, 책임, 충성, 친절, 평화, 협동, 효도

4. 실행계획(Action plan)

1) 실행계획 세우기

(1) 계획의 크기가 큰 것은 작게 분할한다

(2) 기대하는 성과에 초점을 맞춘다.

(3) 해야 할 일의 목록을 작성한다.

(4) SMART 기준으로 체크한다.

- Specific(명확성)
- Mathematics(수치측정 가능성)
- Accomplishment(달성 가능성)
- Relation(관련성)
- Time-Limit(시간 제한성)

[그림 10-6]

2) 실행계획을 세우기 위한 질문

(1) 목표를 달성하기 위해 가장 효과적인 방법은 무엇일까요?

(2) 구성원들과 업무를 공동으로 나눌 수 있는 부분은 무엇입니까?

(3) 어떤 지원이 필요하고 그 지원은 어느 부서에서 받게 되시나요?

(4) 조직 내에서 어떤 역할이 필요합니까?

(5) 조직에서 달성하고 싶은 목표는 무엇일까요?

인간에게 가장 힘든 일은 자신을 정확하게 인식하고 자신을 변화시키는 일인 지도 모른다. 자기 안에서 무슨 일이 일어나고 있는지, 그것이 어떤 원인에서 비 롯된 것인지 알게 될 때 자기 인식 능력은 훨씬 배가 될 것이며, 자신은 전혀 다 른 사람이 되고 그 이후로도 더 이상 자기 자신을 포기하지 않을 것이다(알프레 드 아들러, 2017).

3) 인성관련 실행계획 질문

(1) 선택한 인성 덕목을 이루기 위해 시도해 보신 것이 있다면 무엇입니까?

(2) 선택한 인성 덕목을 이루기 위해 무엇을 시도해 보시겠습니까?

(3) 선택한 인성 덕목을 이루기 위해 무엇을 바꿔야 할까요?

(4) 선택한 인성 덕목을 이루기 위해 한 가지 더 추가한다면 어떤 것이 있을 까요?

(5) 어느 날 자고 일어나서 아침에 보니 선택한 인성 덕목이 온전하게 이루 어져 있었다면 무엇이 가능하게 했을까요? 기적이 일어난 것처럼 지금도 그것을 해본다면?

〈표 10-5〉 36가지 인성덕목

경건, 경청, 공감, 공정, 관용, 구제, 규범, 긍휼, 기쁨, 나눔, 리더십, 베풂, 사랑, 성실성, 소통, 선함, 신뢰, 신실, 예의, 온유, 인내, 자비, 자기주도성, 자기통제, 절제, 정의, 정직, 존중, 지혜, 질서, 책임, 충성, 친절, 평화, 협동, 효도

4) 실행의 지속성

(1) 실행계획이 계획으로만 끝난다면 목표를 달성할 수 없다.

(2) 더욱이 인성 덕목은 하루아침에 이루어지지 않는다.

(3) 따라서 계획은 지속적으로 반복적으로 실행이 되어야 한다.

(4) 다음의 "첫 번째 생각을 전환하는 습관"을 참조하여 생각을 스위칭하는 것을 습관이 될 때까지 반복해 보자.

실행은 의지만 가지고는 이루어지지 않는다. 언제나 지속적으로 실행하는 것이 필요하다. 코치는 고객의 행동이 분명하고 확실해질 때까지 지원하고, 고객이 자기신념을 갖고 변화될 수 있도록 코칭을 해야 한다.

첫 번째 생각을 전환하는 습관(1)

지방 출장을 한 주간 다녀온 가장인 상심 씨,
집에 도착한 그는 가족들 보고 싶었던 마음에 가족들도 자신을 반기며 환대할 것이라는 기대와 함께 문을 연다. "무심아, 아빠 왔다."
아내인 방심 씨는 "잘 다녀오셨어요?" 나름 반기었지만 기대만큼 보고 싶었다는 표정은 아니었는데, 한 술 더 떠서 아들 무심이는 TV 앞에 앉아 아빠인 자신을 쳐다보지도 않은 채 "오셨어요?" 하며 본체만체하는 게 아닌가?
'이제 다 컸다고 아빠를 이렇게 무시하나?' 하는 생각에 화가 난 상심 씨, 아들에게 나무라기는 그렇고, 아내 방심 씨를 향해서 "당신은 애 교육을 어떻게 시키는 거야? 아빠가 한 주간이나 나갔다가 왔는데 인사도 제대로 안 하고?"
느닷없이 아들 앞에서 나무람을 당한 방심 씨 마음은 괜찮겠는가? "아들 교육은 나 혼자 시켜요? 당신이 아들에게 한 건 없으면서 받고는 싶어서?"
그렇게 그렇게 서로 나무라는 말을 주고받던 부부는 끝내 이혼도장을 찍게 되는데 그 이유는 마지막에 "당신 집안은 피가 그래?"라는 말 때문이었다나?

무시당했다는 섭섭한 첫 번째 마음은 말을 서로 주고받으면서 상한 마음이 눈덩이처럼 커져서 그 무게 아래 깔려 더 큰 상처로 이어지게 되는 것이다. 인간관계가 소원해지는 첫 번째 마음은 대부분 무시당했다는 마음일 것이라는 데 이의가 있을까? 이 첫 번째 마음만 제대로 스위칭했다면 그런 결과를 가져오지는 않았을 것이다. 바로 스위칭한다면 어떻게 하면 좋을까? 아내와 아들을 원망하는 마음의 방향을 돌려 자신을 성찰하는 기회로 삼아 보는 것이 좋을 것이다. 아내 방심 씨 말이 아주 틀린 것도 아니다. "내가 아들에게 기대만 했지 따뜻하게 보듬어 주지 못했구나?" 이렇게 첫 번째 생각을 전환하는 것도 습관이 되지 않으면 결코 쉬운 일이 아니다. "생각은 행동을 낳고, 행동은 습관을 낳고, 습관은 인격을 낳고, 인격은 운명을 낳는다"고 하지 않는가?

---

5. 마무리(Nature)

사람들이 원하는 결과에는 각자 원하는 것들이 반영되어 있는데 이것은 자신의 삶에 중심으로 구성되는 것이다. 사람들은 삶의 맥락에서 당면한 문제를 해결하고 결과를 얻기 위해 잠재성을 발휘한다. 잠재성을 발휘하여 얻은 결과가 외부저인 평가이 척도를 충족시킬 때, 그 잠재성은 깅점이 된다. 따라서 강점을 발휘한 성공의 경험은 자기평가에도 긍정적인 영향을 미치게 된다(Seligman, 2000).

1) 마무리하기

(1) 무엇을 알게 되었는지 체크한다.
(2) 다음 코칭 시까지 수행할 약속을 정한다.
(3) 코치의 지원을 강조한다.
(4) 실행을 위한 기타 후원 환경을 만든다.
(5) 다음 코칭세션 시간을 정한다.
(6) 가장 나답고 자연스럽게 실행할 수 있도록 차별화한다.

2) 마무리를 위한 질문

(1) 오늘 코칭세션에서 무엇을 느꼈습니까?
(2) 다음 코칭 시까지 실행하기로 한 것은 무엇입니까?
(3) 가장 고객님답게 실행한다면 무엇을 강화하면 되겠습니까?
(4) 실행하기로 결심한 것이 지켜졌다는 것을 어떻게 알 수 있습니까?
(5) 여전히 누락된 것이 있다면 무엇이 있을까요?
(6) 다음 약속은 언제가 좋겠습니까?
(7) 약속을 잘 지키게 하려면 무엇을 도우면 좋겠습니까?

3) ACE

(1) 승인자(Accountable): 실행계획을 승인해 줄 사람
(2) 조언자(Consulted): 실행에 도움을 줄 수 있는 사람
(3) 전달자(Eco-Informed): 실행약속을 꼭 지키기 위해 소문낼 사람

실행계획	승인자(A)	조언자(C)	전달자(E)

4) 인성관련 마무리 질문

(1) 선택한 인성덕목을 이루기 위해 다음 코칭 시까지 실행하기로 한 것은 무엇입니까?

(2) 실행계획을 승인해 줄 사람은 누구입니까?

(3) 실행에 도움을 줄 수 있는 사람은 누구입니까?

(4) 실행약속을 꼭 지키기 위해 소문낼 사람은 누구입니까?

〈표 10-6〉 36가지 인성덕목

경건, 경청, 공감, 공정, 관용, 구제, 규범, 긍휼, 기쁨, 나눔, 리더십, 베풂, 사랑, 성실성, 소통, 선함, 신뢰, 신실, 예의, 온유, 인내, 자비, 자기주도성, 자기통제, 절제, 정의, 정직, 존중, 지혜, 질서, 책임, 충성, 친절, 평화, 협동, 효도

6. 대화모델 열린 질문 만들기

1) 라포형성(Hand)

2) 목표 설정(Underline)

3) 가능성(Mapping)

4) 실행계획(Action plan)

5) 마무리(Nature)

- 열린 질문은 고객이 스스로 생각을 하게 만들거니와 성찰을 불러일으킨다. 하지만 닫힌 질문은 단답형인 "예", "아니요"로 구체적으로 생각할 기회를 주지 못한다. 코칭과정에서 성찰과 책임감을 형성시키는 데 열린 질문이 효과적이다.

- 열린 질문과 닫힌 질문
  - 현재 조직 구성원들 간에 가장 어려운 문제는 무엇인가요?(열린 질문)

- 없어요.(닫힌 질문)
- 목표를 위해 현재 집중하고 있는 것은 무엇인가요?(열린 질문)
- 고객님이 말하는 과제는 팀원들과도 합의한 것인가요?(열린 질문)
- 아니요.(닫힌 질문)
- 몇 가지 범위로 나누어서 대안을 검토해 보시면 어떨까요?(열린 질문)
- 네.(닫힌 질문)
- 목표 달성의 결과를 어떻게 측정할 수 있을까요?(열린 질문)

7. Module 정리

배운 점	
느낀 점	
실천할 점	

PART

11

코칭의 기술 PROP

학습목표

1. 코칭스킬을 통해 인성 덕목을 위한 핵심역량이 향상된다.

2. 고객이 가진 해답을 이끌어 내기 위한 코칭 접근법을 익힌다.

3. 코칭스킬을 활용하여 인성을 계발하는 세션을 운영할 수 있다.

M4 〉 코칭의 기술 PROP

1. 질문의 기술(Powerful Question)

1) 자유질문실습A

(1) 각자 배타적으로 아래 인성 평가 항목 중 한 가지를 선택한다.

(2) 문제 제기자의 문제를 묻는다.

(3) 자신이 선택한 항목의 시각에서 질문을 던진다.

(4) 질문은 문제 제기자 외의 다른 사람에게도 할 수 있다.

[그림 11-1] 7가지 단어

출처: 한국대학협의회 7가지 단어들

2) 자유질문실습B

(1) 각자 배타적으로 아래 회복탄력성 9가지 중 한 가지를 선택한다.
(2) 문제 제기자의 문제를 듣는다.
(3) 자신이 선택한 항목의 시각에서 질문을 던진다.
(4) 질문은 문제 제기자 외의 다른 사람에게도 할 수 있다.

[그림 11-2] 회복탄력성 9가지

3) 코칭 질문의 방향

(1) 편향형 질문에서 중립형 질문으로(Ask and it will be give to you)
(2) 추궁형 질문에서 탐색형 질문으로(Seek and you will find)
(3) 폐쇄형 질문에서 개방형 질문으로(Knock and the door will be opened to you)
(4) 판단형 질문에서 학습형 질문으로(마셜 B, 2017)

[그림 11-3] 질문의 기술

중립형(Ask)
• 편향형

탐색형(Seek)
• 추궁형

개방형(Knock)
• 폐쇄형

학습형
• 심판형

2. 경청의 기술(Respectable Listen)

고객의 이야기를 들을 때 가시적인 것보다 내포되어 있는 부분에 더욱 귀를 기울여야 고객에게서 원하는 것을 들을 수 있는 것이 경청이다. 코치는 적극적 경청, 강력한 질문, 직접적인 대화를 통해 고객에게 자기 자신에 대한 자각 인식이 새롭게 일어나도록 지원한다. 자기 자신에 대한 새로운 인식을 하게 되면 자기가 진정으로 소망하고 있던 것이 무엇인지 좀 더 분명하고 절실해진다. 코치의 경청으로 고객의 자각 인식의 깊이와 폭에 영향을 준다. 또 얼마나 깊고 넓은 자각 인식이 일어났는가는 고객의 실행능력 증대와 새로운 발견에 근거한 새로운 목표 설정을 했는가로 가늠할 수 있다(김상복, 2017).

국제코치연맹(ICF) 11가지 핵심 역량에서 '경청'에 대해 코치가 보여 주어야 할 역량평가 기준은 다음과 같다.

① 코치가 고객의 어젠다와 관련해 고객이 말하는 것을 표면적 수준으로 넘어 얼마나 깊이 있게 듣는가
② 말, 단어의 실질적 내용, 감정 등을 종합하여 복합적 수준으로 경청하는

능력이 코치에게 있는가

③ 고객이 말, 감정, 행동의 불일치가 있을 때 이를 얼마나 잘 알아차리면서 듣는가

④ 고객이 코치에게 말하면서 자기 스스로 알게 되는 배움이나 창의성, 생각, 자기 신념 등을 코치도 들을 수 있는가

⑤ 또 코치가 고객이 말하는 내용을 들으며 지속적으로 격려하여 고객 스스로 더 깊게 자기 이야기를 하도록 하는가(김상복, 2017).

1) 효과적인 경청

모든 것 버리기(Abandon All)

– 경청을 위해 버려야 할 것에는 어떤 것들이 있을까요?

경청은 인간이 할 수 있는 최고의 서비스이다. 코칭을 잘하기 위해서는 기본적으로 자신의 메시지를 전달하는 기술과 고객 이야기의 핵심을 파악하는 경청 능력이 선행되어야 한다. 더불어 소통이 진행되는 과정들을 제대로 이해하고 파악하는 상황 판단 능력이 필요하거니와 이런 기본적인 기술 등이 보장되었을 때 영향력 있는 코칭이 가능하다(김은성, 2011).

• 감정을 인정하기(Accept Feelings)

– 어떤 감정들까지 인정해야 할까요?

눈에 보이는 부분에 치중하다 보면 조직문화의 시각적인 효과에 연연하게 되고 정작 중요한 핵심을 놓치게 된다(TALC, 2015). 그렇기 때문에 공감은 고객과 코치 관계에서 배려와 이해를 전제로 하는 것이다.

• 여유 있게 메모하기(Afford Memo)

– 코칭대화 중 메모는 어떻게 하는 것이 좋을까요?

분석적인 사람은 메모를 통해 실행력을 높일 수 있고 실행력이 강하고 열정적인 사람은 피드백을 통해 실수를 줄여나갈 수 있다(이동운, 2017).

• 다 들은 후 대답하기(After Listen)

– 대화 중 끼어들면 어떤 생각이 들까요?

성공적인 경험으로 의구심 없이 행동할 때가 있는데 자신이 속한 조직은 어떠한지 간혹 멈추어서 점검하는 것이 바람직한 코치의 역할이다.

• 침묵을 허용하기(Allow Silence)

– 침묵은 어느 정도까지 기다리는 것이 좋을까요?

생각하게 시간적 여유를 갖는 것이 코칭이다. 고객이 침묵하는 동안 약 10초 정도 기다려 주는 것이 적당하다. 고객으로부터 기다리는 답을 얻지 못할 경우 답이 나올 수 있는 질문을 구체적으로 한다.

• 항상 준비하기(Always Prepare)

– 기자가 인터뷰를 위해 만나기 전에 무엇을 준비할까요?

항상 고객의 이야기에 집중하고 들을 준비가 되어 있어야 한다.

• 시선을 맞추기(Attention Eye)

– 시선은 어느 정도 맞추는 것이 적당할까요?

코치는 고객의 미간이나 인중을 바라보면서 동시에 고객의 머리 뒤쪽에 초점이 맞추어지면 고객의 전신이 한눈에 들어온다.

[그림 11-4] 효과적인 경청 7A

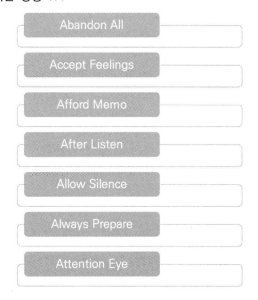

2) 경청과 딴청 실습하기

경청이 중요한 이유는 '빙산의 일각'이라는 말이 있다. 수면 위에 떠오른 빙산은 전체 중에 한 부분에 불과하다. 경청은 바로 빙산과도 같다고 하는데 '메라비언 법칙(Law of Mehrabian)'에서는 말로 전달되는 것은 7%, 어조와 억양 음성으로는 38%, 행동이나 얼굴표정 등의 비언어적 몸짓이 55%로 전달된다. 즉 7%는 들리는 것이고 나머지 93%는 듣기 위해 노력해야 하는 것이다. 코치는 고객의 비언어적 몸짓에 집중하지 않으면 결국 중요한 부분을 놓치게 된다.

(1) 두 사람씩 짝을 짓는다.
(2) A가 첫사랑에 대해 이야기하고 B는 경청한다.
(3) B가 코칭을 배우는 이유를 이야기하고 A는 딴청을 한다.
(4) 서로 느낀 점을 나누어 본다.

경청	딴청

코칭에서 의미하는 듣기는 일반적으로 이해하고 있는 것과 여러 가지 면에서 다르다. 그저 열심히 들어 주기만 하는 것이 아니라 코칭 고객의 입장에서 고객과 공감하면서 듣는 경청을 말하는 것이다. 특히 적극적 경청은 고객에게 철저하게 초점을 맞추는 것으로 고객이 말하는 언어적 표현과 비언어적 표현, 즉 태도, 목소리 톤, 의도, 감정, 에너지의 수준 및 상황까지도 듣는 것이다(조성진, 2019).

3) 경청 실습

(1) 네 사람씩 짝을 짓는다.

(2) 화자는 지난 주간에 가장 기뻤던 이야기를 한다.

(3) 세 사람의 청자는 각각 사실, 생각, 느낌을 담당하여 기록한다.

• 사실 듣기(Fact)

• 생각 듣기(Idea)

• 느낌 듣기(X-ray)

사실 듣기	
생각 듣기	
느낌 듣기	

경청 실습은 보이는 부분과 보이지 않는 부분까지 중요하다.

3. 인정의 기술(Observable Recognition)

1) 인정하는 방법

(1) 적절한 순간 과불급

(2) 감탄사

(3) 머뭇거리는 말투

(4) "음~", "에~" 등 불필요한 음 적절히 배치

(5) 맞장구

(6) 은유 사용

(7) 진심으로

2) 실습 - 인정받은 사람의 마음

(1) 전체가 둥글게 둘러선다.
(2) 인정해 주고 싶은 사람을 찾아가 짝을 이룬다.
(3) 짝끼리 서로 5가지 인정의 말을 서로 나눈다.
(4) 팀에 영입하고 싶은 한 사람을 논의하여 모셔온다.
(5) 어떤 점을 인정해서 영입을 했는지 그 이유를 나눈다.
(6) 인정받은 사람의 마음을 듣는다.

인정 기술의 실습은 코치가 고객을 관찰하는 데 중점을 두면서 실습에 임한다. 행동이나 영향력에 따라 인정해 주는 것에 초점을 둔다.

3) 인정과 칭찬 과제

(1) 부모, 형제, 자녀에게 하루 한 가지씩 10일간 칭찬하기
(2) 칭찬을 들은 직후의 반응을 기록하기
(3) 칭찬을 들은 이의 10일간 변화된 경험을 나누기

[그림 11-5] 인정과 칭찬

4) 인정과 무시

인정하는 말	무시하는 말

부정적인 혼의 묶음

(1) 생각(mind)의 차원에서 이루어지는 지적이고 관념론적인(platonic) 혼의 묶임이 있다. 교사와 학생 사이, 스승과 제자 사이에서 흔히 발생한다. 이런 종류의 혼의 묶임은 보통 중립적인 성격을 띤다. 단, 스스로를 자발적으로 '상대방의 지도하에' 둠으로써 자신의 의지를 더 이상 주장할 수 없게 된 경우는 예외이다. 관념론적인 혼의 묶임은 교사-학생의 역할이 종료됨과 동시에 해제되거나 쉽게 의미를 잃는다. 일단 묶여 있다는 사실이 인식되면서 즉시 깨어지는 경우도 있다. 처음에는 단순한 교사-학생의 관계였으나, 점차 교사에 대한 의존과 속박으로 발전해 가거나, 심지어 우상숭배적인 모습으로까지 나아갈 수 있다. 사상과 신념을 공유하거나 개념과 이해와 목표를 같이 한 경우에 이런 관계로 될 가능성이 많다.

(2) 미움, 두려움, 사랑 등 감정적인 애착관계에 있는 경우, 감정 차원에서의 혼의 묶임이 발생한다. 남편과 아내, 부모와 자녀 사이에서 쉽게 일어난다. 이러한 혼의 묶임은 불균형이 심화될 때 왜곡되거나 변태적이 될 수 있다.

(3) 에로틱한 사랑의 애착관계, 육체적인 사랑의 애착관계를 통해 혼의 묶임이 발생한다. 혼의 묶임은 오랜 기간에 걸쳐 상대방에게 복종하고자 내려온 수없이 많은 결정들의 결과물이다.

이 외에도 다른 사람의 주술, 점술, 예언으로 인한 저주의 말이나 자신의 맹세(oath)나 서원(vow) 등을 통해서도 혼의 묶임이 이루어질 수 있다.

(빌&수 뱅크스, 2006)

---

5) 피드포워드

(1) 세계 최고의 리더십 코치인 마샬 골드스미스(Marshall Goldsmith)의 제안
이다.

(2) 피드백은 과거를 평가하는 것이나 피드포워드(feed forward)는 현재를 인
식하게 하는 질문으로 미래지향적이다. 고객에게 기대하는 모습을 발전
적으로 이야기하는 것이다.

(3) 피드포워드는 오늘의 결과와 관계없이 다음 단계에 먹이를 주는 것이다.

(4) 과학자가 가설을 세우고 증명해 내는 것처럼 긍정적인 가설을 제안하는
것이다.

(5) 피드백(되먹임)을 하는 경우에도 되먹임이 악순환이 되지 않고 선순환이
되도록 긍정적 피드백이 필요하다. "빨간색 스카프를 상상하지 마세요"
라고 하면 이미 뇌는 빨간색 스카프를 그렸다("부정적인 혼의 묶임"을 참조
하라).

[그림 11-6] 변화를 위한 행동

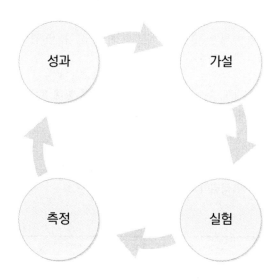

7) 피드포워드 예문

(1) 앞으로가 기대됩니다.

(2) 엄청난 긍정 파급이 기대됩니다.

(3) 잘 할 수 있어요.

(4) 앞으로의 모습이 보고 싶습니다.

(5) 당신의 비전이 그림을 보는 것같이 선명합니다.

(6) 긍정적인 영향이 기대됩니다.

(7) 사람들이 당신을 닮고 싶어 할 것 같아요.

(8) 끊임없이 전진하십시오.

8) 피드포워드 실습

(1) 두 사람씩 짝을 지어 변화하고자 하는 행동을 이야기한다.

(2) 제안에 대해 평가하지 않고 두 가지 피드포워드한다.

(3) 다섯 사람을 만날 때까지 짝을 바꾸어 반복한다.

[그림 11-7] 피드포워드

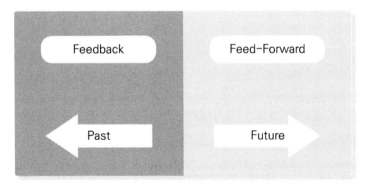

4. 신뢰의 기술(Put Trust)

1) 사람을 신뢰할 수 있는가?

    (1) 사람은 완전하지 못하므로 온전히 신뢰할 수는 없다.

    (2) 그러나 잘해 보려는 마음, 효율성을 높이고자 하는 마음은 누구에게나 있다.

    (3) 잘해 보려는 마음에 대해서는 신뢰할 수 있다.

    (4) 신뢰는 고객의 미래 행동이 호의적이고 희망적일 가능성에 대한 기대와
       믿음이다.

2) 피그말리온 효과(로젠탈 효과)

    '피그말리온(Pygmalion)'이라는 이름은 그리스 신화에 등장하는 키프로스의
조각가 이름에서 유래했다. 피그말리온이라는 이 조각가는 상아로 여인의 상을
조각하다가 자기가 조각한 그 여인상과 사랑에 빠지고 말았다. 그는 '갈라테아'
라는 이름까지 지어 주면서 이 조각상을 사랑하게 되었고, 신에게 이 조각상을
사람으로 만들어 달라고 기도했다. 이 기도를 듣게 된 아름다움의 여신 아프로
디테가 감동하여 생명을 불어넣어 주었고, 피그말리온은 갈라테아와 결혼하여
자식까지 낳았다. 이 신화는 '피그말리온 효과'라는 이름의 유래가 되었다.

    피그말리온 효과는 사람이 다른 사람들로부터 큰 기대를 받는 경우, 기대에
부응하는 사람이 되고자 노력하고, 기대충족에 필요한 조건을 내재화시키게 되
며, 이러한 노력은 결국 긍정적 효과로 나타나게 된다는 것이다. 이를 '관찰자–
기대효과'로, 관찰자의 기대가 대상에게 자기실현적 예언상황을 만들면서, 현실
에 실제 영향을 준다는 의미이기도 하다.

    미국의 사회심리학자인 로버트 로젠탈(Robert Rosenthal)은 초등학교에서 무
작위로 선정한 20%의 학생들이 성적이 향상될 것이라고 각 담임 선생님에게 통
보해 주었다. 8개월 후 실제 학생들의 성적이 향상되었으며, 이는 교사가 기대
하는 경우 학생은 그에 상응하는 성장을 하게 된다는 주장을 뒷받침하는 증거가
되었다. 이 실험을 바탕으로 로젠탈은 이를 '피그말리온 효과'라고 불렀으며 이

름을 붙인 로젠탈의 이름을 따서 '로젠탈 효과'라고도 한다.

3) 신뢰의 기술 실습

(1) 두 사람씩 짝을 짓는다.

• 화자의 역할
– 자랑을 늘어놓는다.
– 그중에는 말도 안 되는 논리를 포함한다.
• 청자의 역할
– 믿어 주려고 노력한다.
– 반박하거나 비판하지 않는다.
– 그렇게 할 만한 이유가 있음을 생각하여 적어 본다.
– 적은 것을 함께 나눈다.

4) 신뢰의 기술 찾아보기

(1) 포스트잇에 각각 3장씩 적어 본다.

• 신뢰는 내가 생각할 때 (   )와 같다.
• 신뢰는 어떤 이유에서 필요할까?
• 신뢰하기가 어려운 점은 무엇인가?
• 신뢰하는 방법에는 어떤 것들이 있을까?

〈표 11-1〉 신뢰기술 찾기

Equal	Needs
Obstacle	Way

5. 코칭기술 실습

(1) 3인씩 소그룹을 만든다.

(2) 코치, 고객, 관찰자 역할을 분담한다.

(3) 코치는 고객을 10분간 코칭한다.

(4) 관찰자는 기록한다.

(5) 고객과 관찰자는 코치에게 각각 3분씩 피드백한다.

(6) 코치, 고객, 관찰자의 역할은 오른쪽으로 돌려 바꾼다.

(7) 모두가 코칭을 받을 때까지 계속한다.

[그림 11-8] 코칭기술 실습

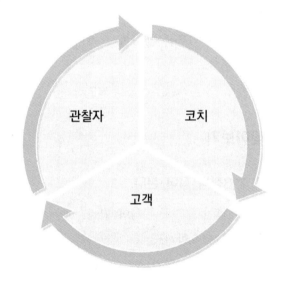

1) 코칭대화모델 실습

고객명함		연락처	
날 짜		시간	
코칭주제			
코칭대화모델	주요 질문		답변
1. Hand			
2. 라포형성			
3. Mapping			
4. Action plan			
5. Nature			
깨달음			
피드백			
소감			
차기 일정			

2) 관찰자 노트

단계	체크할 사항	잘한 점	개선 점
1. Hand	안전한 분위기 조성? 편안한 관계 형성?		
2. Underline	구체적인 목표 설정? 목표의 수준 탐색? 목표의 명료화?		
3. Mapping	현재 상황 이해? 다른 생각회로 확장?		
4. Action plan	다양한 실행계획? SMART 기준으로 체크?		
5. Nature	후원환경 조성? 요점정리와 차기 약속?		

6. Madule 정리

배운 점	
느낀 점	
실천할 점	

코치되기

M5 코치되기

1. 코칭의 철학

1) 일반적인 코칭 철학

(1) 제1철학: 모든 사람에게는 무한한 가능성이 있다.

(2) 제2철학: 그 사람에게 필요한 해답은 모두 그 사람 내부에 있다.

(3) 제3철학: 해답을 찾기 위해서는 파트너가 필요하다(에노모토 히데타케, 2004).

코칭은 주어진 환경 속에서 코치와 고객이 신뢰를 바탕으로 목표를 향해 나아가는 과정이다. '신뢰'는 코칭의 철학을 함축하고 있는 핵심 개념이라고 할 수 있는데 코치는 상대방의 가능성을 신뢰하며, 고객은 자신의 가능성에 대한 신뢰는 물론 코칭을 통해 목표에 이룰 수 있다는 믿음을 포함한다. 또한 코칭은 자아실현 경향성과 성장 잠재력을 중요시하는 성장지향적인 인간관을 토대로 한다는 점에서 인본주의와 관점을 공유하고 있다. 이러한 인간관은 개인을 바라보는 관점뿐만 아니라 성장과 변화의 주체와 원천을 개개인의 잠재 능력에 초점을 두는 코칭 철학으로 이어진다.

2) 인성 코칭철학

(1) 모든 사람은 온전한 인성을 가지고 태어났다.

(2) 비교, 평가, 경쟁의 환경 속에서 수많은 좋은 인성들이 내부로 숨었다.

(3) 좋은 인성이 회복되고 표현되기 위해서는 코치가 필요하다.

인간의 문제는 인간 밖의 문제가 아니라 인간 자신 안에 자리하는 인간성의 문제로부터 시작해야 한다(김기숙, 2003). 인성의 구성 요소들은 매우 다양하게 설정될 수 있다고 한다. 인성의 요소에는 긍정적인 생활태도, 성실성과 정서 안정, 양심 등의 심미적 소양뿐만 아니라 실수를 인정하고 자비를 베푸는 용서와 관용, 정당한 행동과 헌신과 관련되어 있는 공동선의 추구하는 요소까지 포함될 수 있다(김찬목, 2013). 따라서 인성은 인간에게 내재되어 있는 것들을 인간이 형성해 가야 하는 것이라고 할 수 있다.

4차 산업혁명 시대에 성공하고 행복하게 살아가기 위해 모든 사람이 갖추어야 하는 최고의 실력이 바로 인성이다. 인성의 본질은 여전히 달라지지 않을 것이라는 점에 따라 인성의 필요성이 더욱 절실하게 다가올 것이다. 인간은 관계 속에서 살아가고 관계 속에서 인성이 더욱 형성되므로 지속된 아름다움을 유지하게 되는 것이다.

3) 코칭철학 보태기

(1) 브레인 스토밍으로 이외의 코칭철학 찾기

2. 코칭의 윤리

1) 윤리 강령

(1) 코치는 개인적인 차원뿐 아니라 공공과 사회의 이익도 우선으로 합니다.

(2) 코치는 승승의 원칙에 의거하여 개인, 조직, 기관, 단체와 협력합니다.

(3) 코치는 지속적인 성장을 위해 학습합니다.

(4) 코치는 신의 성실성의 원칙에 의거하여 행동합니다.

2) 윤리 규칙

(1) 기본 윤리

(2) 코칭에 관한 윤리

(3) 직무에 관한 윤리

(4) 고객에 대한 윤리

3) 코칭윤리 실습

(1) 부록에 있는 (사)한국코치협회 윤리 규정을 읽고 키워드 10개 선택하기

(2) 세 사람씩 짝을 지어 선택한 이유를 서로 나누기

(3) 추천할 만한 규정과 이유를 전체 앞에서 발표하기

3. 코치의 자세

1) 호기심(Curiosity)

(1) 고객에 대한 정보를 수집하고자 하는 호기심이 아니다.

(2) 고객의 목표와 주제, 가치와 열정에 관한 호기심이다.

(3) 코치의 세계를 고객의 세계에 겹치는 것이 아니라 고객의 세계를 탐험하는 것이다.

2) 기대(Expectation)

(1) 코치 자신의 해결책을 포기하고 고객이 자기 자신을 발견할 수 있는 길로 인도한다.

(2) 코치는 고객으로 하여금 참된 기지와 지혜의 자리에 있도록 힘을 실어 준다.

(3) 분석하지 않고 고객에게 학습하는 마음으로 뼛속 깊이 배운다.

3) 인정(Recognition)

(1) 칭찬은 고객의 행위를 강조하는 것이지만 인정은 고객의 마음이나 성품 또는 가치를 인정하는 것이다.

(2) 고객이 원하는 변화가 가능하기 위해서는 고객이 어떤 존재여야 하는지를 지원해 주어야 한다.

(3) 고객의 강점을 인정함으로 고객이 그 강점을 잘 활용할 수 있도록 돕는다.

4) 설렘(Throb)

(1) 코치의 고객에 대한 설렘은 창의를 만난다.

(2) 코치의 고객에 대한 설렘은 고객의 씨앗이 아름답게 꽃을 피우고 좋은 열매를 맺을 수 있는 환경을 만들어 준다.

(3) 설렘은 고객이 무한한 가능성을 가졌다는 믿음으로부터 출발한다.

• 코치의 자세 실습
- 두 사람씩 짝을 지어 코칭 목표 찾기
- 코칭 중에 호기심, 기대, 인정, 설레이는 마음으로 바라보기
- 함께하는 것으로 힘을 주고 쉼이 되는 사람들의 특징 찾아보기

[그림 12-1] 고치의 자세

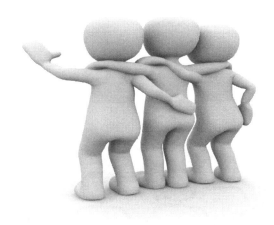

4. 코칭 동의서

코칭관계는 동의서를 통한 계약에 의해 성립한다. 고객이 코칭 윤리에 대해 이해하면 코치는 고객과 함께 코칭 목적에 대한 동의서를 작성한다. 고객이 해답을 찾을 수 있다는 기본 전제에 따라 모든 것은 고객에게 내재된 것을 결정해야 하므로 코치가 고객한테 처한 상황에 대해 정확하게 파악하고 고객 스스로 발견할 수 있도록 이끌 수 있는 역량이 절대적으로 필요한 부분이다.

코치와 고객이 직접 만나서 서면으로 계약을 하거나 또는 이메일로 가능하다.

코칭 동의서에 포함할 내용은 살펴보면 다음과 같다.

- 코칭세션 내용 비밀 보장 등 코칭 윤리 준수사항
- 정신요법이나 상담을 행하지 않는다는 점을 명시
- 코칭세션 취소 및 연기 조건
- 면대면이나 전화 등 코칭수단 선택
- 코칭기간 및 횟수
- 코칭비용과 입금계좌
- 고객 동의 확인
- 고객의 요구사항 기록란

• 코칭 동의서 실습
 – 동의서에 포함될 추가 사항 브레인스토밍
 – 나만의 코칭 동의서 작성하기

[그림 12-2] 코칭 동의서

• 코칭 동의서 내문

코치 (   )와 고객(   )는 다음 조건에 기초하여 코칭을 진행하는 것에 동의한다.
− 코치는 (사)한국코치협회 윤리 규정에 의해 코칭 세션에서 이루어지는 모든 대화에 있어서 비밀을 보장하며 고객의 개인정보를 보호할 것이다.
− 외부에 사례를 공유할 경우 사전에 고객의 동의를 얻는다.
− 코칭 세션은 법이 정하는 한도 안에서 녹음 및 보관을 할 수 있다.
− 정신요법이나 상담으로 진행해야 할 내용을 코칭으로 진행하지 않는다.

코칭 세션은 주 (   )회 (   )번 진행되며 1회당 60분으로 고객이 코치에게 전화함으로 시작된다.

        년   월   일   요일   시   분부터 진행되며 일정 변경은 24시간 전까지 합의하여야 한다.

코칭 비용은 1회당 (   )만 원으로 코칭 시작 전까지(일시불, 매 회당) 지불한다.
(은행 예금주   계좌번호   )
고객은
1.
2.
3.
    에 관하여 지원을 받을 목적으로 코치를 고용한다. 고객은 코치의 지원을 받는다할지라도 스스로가 내린 결정과 행동, 그리고 그 결과에 대해서는 고객 자신이 스스로 책임을 진다는 것에 동의하며 코칭 세션을 진행하는 데 있어서 최선을 다할 것을 약속한다.

                        20   년   월   일

                        코치
                        고객

5. 코치 역량

그룹	no	11가지 코치 역량	점수
기초 세우기 Setting the Foundation	1	윤리 지침과 직업기준 충족시키기 Meeting Ethical Guideline and Professional Standards	/4
	2	코칭 동의서 만들기, 코칭관계에 합의하기 Establishing the Coaching Agreement	/3
관계의 공동 구축 Co-creating the Relationship	3	고객과의 신뢰 및 친밀감 조성, 친분 쌓기 Establishing Trust and Intimacy with the Client	/6
	4	함께해 주는 코칭, 코치로서의 존재감 Coaching Presence	/7
효과적인 의사소통 Communication	5	적극적으로 경청하기 Active Listening	/8
	6	강력한 질문하기, 효과적인 질문하기 Powerful Questioning	/4
	7	직접 대화법, 직접적인 커뮤니케이션 Direct Communication	/5
배움과 결과 촉진 Facilitation Learning and results	8	자각 인식하기, 의식 확대하기 Creation Awareness	/9
	9	행동 설계하기 Designing Actions	/9
	10	계획수립과 목표 설정, 세부 실행계획 Planning and Goal Setting	/5
	11	진행 상황과 책임 관리 Managing Progress and Accountability	/10

1) 기초 세우기

- 윤리지침과 직업 기준 충족시키기
- 코칭 윤리와 기준을 이해하고, 그 기준을 모든 코칭 상황에서 올바르게 적용할 수 있는 능력

a. 행동할 때 한국코치협회의 행동기준을 이해하고 보여 준다.
b. 한국코치협회의 윤리지침을 이해하고 따른다.
c. 코칭과 컨설팅, 심리치료, 기타 지원 관계에 있는 다른 전문 직종 간의 상이점을 분명하게 밝힌다.
d. 도움을 받을 수 있으면 필요할 때 고객을 다른 전문인에게 소개한다.

- 코칭관계에 합의하기
- 특정 코칭상황에서 무엇이 필요한지 이해하고, 새 고객과 코칭과정 및 관계에 대한 합의를 이끌어 낼 수 있는 능력

a. 고객과 코칭관계의 가이드라인과 구체적인 조건(이를테면, 세부 지원 사항, 코칭료, 일정, 기타 필요한 사항)
b. 코칭관계에서 적합한 것과 적합하지 않은 것, 제공되는 것과 제공되지 않는 것, 코치와 고객의 의무에 합의한다.
c. 코칭방법과 고객이 될 사람의 욕구가 일치하는지 판단한다.

2) 관계의 공동구축

- 고객과의 신뢰와 친분 쌓기
- 상호존중과 신뢰를 낳는 안전하고 지원적인 환경을 만들어 낼 수 있는 능력

a. 고객의 행복과 미래에 대해 진정한 관심을 보여 준다.
b. 지속적으로 개인적인 성실성, 정직성, 진실성을 보여 준다.

c. 합의사항들을 분명하게 정하고 약속을 지킨다.

d. 고객의 인식, 학습스타일, 개성을 존중한다.

e. 위험 감수와 실패의 두려움이 수반되는 새로운 태도와 행동을 지속적으로 지원하고 지켜본다.

f. 고객에게 민감한 부분에 대해 코칭하는 것을 허락해 줄 것을 요청한다.

• 코치의 존재감
 - 솔직하고, 유연하고, 자신감 넘치는 태도로 고객과 자연스러운 관계를 만들어 낼 수 있는 능력

a. 코칭과정에서 매순간 집중력과 유연성을 보여 준다.

b. 직관을 발휘하고 직감을 신뢰한다.-"직감에 의존한다."

c. 모른다는 것을 솔직하게 인정하고, 위험을 감수한다.

d. 고객과 함께 일할 수 있는 많은 방법들을 확인해 보고, 각 상황에 맞는 가장 효과적인 방법을 선택한다.

e. 가볍고 활기찬 분위기를 만들어 내기 위해 적절하게 유머를 섞어서 이야기한다.

f. 자신 있게 전환하고, 자신과 행동에 대한 새로운 가능성을 실험한다.

g. 확고한 태도로 코칭에 자신감을 보여 주고, 스스로를 관리하고, 고객의 감정에 휘둘리거나 휩쓸리지 않는다.

3) 효과적으로 의사소통하기

• 적극적으로 경청하기
 - 고객이 말하는 것과 말하지 않는 것에 집중하고, 고객의 욕구를 감안하여 말의 의미를 이해하고, 고객의 자기표현을 지원할 수 있는 능력

a. 자신이 고객에게 설정한 의제가 아닌, 고객과 고객의 의제에 집중한다.

b. 고객의 관심사, 목표, 가치, 가능한 것과 가능하지 않은 것에 대한 믿음에

귀를 기울인다.

c. 사용하는 단어, 말투, 보디랭귀지를 잘 헤아려서 듣는다.

d. 고객이 했던 말을 분명하게 이해하기 위해 요약하고, 다른 표현을 써서 말하고, 따라서 말하고, 반영해서 말한다.

e. 고객의 감정, 인식, 관심사, 믿음의 표현과 제안을 격려하고, 받아들이고, 탐구하고, 강화한다.

f. 고객의 아이디어와 제안을 종합 정리하고 그 토대 위에서 논의를 전개한다.

g. 고객이 말하고자 하는 것의 핵심을 이해하고, 그가 장황하게 설명하지 않고 간결하게 자신의 뜻을 전달할 수 있도록 도와준다.

h. 다음 단계로 넘어가기 위해, 판단하거나 집착하지 않고 고객이 상황을 정리하거나 종료하게 한다.

• 효과적인 질문하기
- 코칭관계와 고객에게 필요한 정보를 이끌어 내는 질문을 할 수 있는 능력

a. 적극적으로 경청하고 고객의 시각을 이해한 후에 질문한다.

b. 발견, 통찰, 약속, 행동을 이끌어 내는 질문을 한다(이를테면, 고객의 잘못된 생각에 도전하는 질문)

c. 무언가를 분명하게 하거나, 가능성을 높여 주거나, 새로운 것을 배우게 하는 개방형 질문을 한다.

d. 고객의 합리화를 하거나 뒤를 돌아보게 하는 질문이 아닌, 원하는 것을 향해 나아가게 하는 질문을 한다.

• 직접적인 커뮤니케이션
- 코칭 중에 효과적으로 의사소통하고, 고객에게 가장 큰 효과가 있는 언어를 사용할 수 있는 능력

a. 분명하게 말하고, 솔직한 피드백을 제공한다.

b. 고객이 자신이 무엇을 원하는지 혹은 무엇을 잘 모르는지 다른 관점에서

알게 하기 위해 재구성해서 분명하게 말해 준다.

c. 코칭목표, 의제, 기법이나 활동의 목적을 분명하게 말한다.

d. 고객에게 적절하고, 예의바른 언어를 사용한다(성차별, 인종차별적 언어나 기술용어나 전문용어를 사용하지 않는다).

e. 요점을 예시하거나 비유적으로 설명하기 위해 은유와 유추를 사용한다.

4) 학습촉진과 효과적인 목표달성

• 의식 확대하기

– 다원적 정보소스를 정확하게 평가하고 통합할 수 있는 능력과, 고객의 의식 확대를 도와주고 그렇게 함으로써 합의된 결과를 얻게 할 수 있는 능력

a. 고객이 무엇에 관심을 가지고 있는지 판단할 때 그의 말에만 의존하지 않고, 말하지 않는 것도 듣는다.

b. 고객이 더 많이 알고 의식을 확대하고, 분명하게 하기 위해 스스로 탐구하게 만든다.

c. 고객이 그의 드러나지 않은 관심사, 자신과 세계를 인식하는 방식, 사실과 해석의 차이점, 사고, 감정, 행동 간의 불일치를 확인하게 한다.

d. 고객이 행동을 강화시켜주고 그에게 중요한 것을 성취할 수 있게 하는 새로운 사고, 믿음, 인식, 감정, 기분을 스스로 발견하도록 도와준다.

e. 고객에게 다른 시각들을 보여 주고, 그가 시각을 바꾸고 새로운 행동 가능성을 찾게 한다.

f. 고객이 그와 그의 행동에 영향을 미치는 상호 연관된 요소들(이를테면, 사고, 강점, 신체, 배경)을 볼 수 있도록 도와준다.

g. 고객에게 유익하고 의미 있는 통찰을 보여 준다.

h. 학습과 성장을 하기 위한 고객의 중요 강점 대비 주요 분야를 분명히 하고, 코칭 중에 다뤄야 할 중요한 것을 확인한다

i. 고객에게서 말과 행동이 일치하지 않는 것이 발견될 때, 사소한 문제와 중요한 문제, 상황적 행동과 반복적 행동을 구분해 줄 것을 요청한다.

• 행농 설계하기
- 코칭 중에 그리고 직장이나 개인생활 속에서 고객과 함께 지속적으로 학습하고, 합의된 코칭 결과를 가장 효과적으로 얻을 수 있게 해주는 새로운 행동을 취할 기회를 만들 수 있는 능력

a. 고객이 새로운 사실을 배웠다는 것을 보여 주고, 배운 것을 실행하고, 학습을 심화시킬 수 있는 행동을 찾도록 도와준다.
b. 고객이 합의된 코칭 목표의 중심이 되는 구체적인 관심사와 기회에 초점을 맞추고 체계적으로 탐구할 수 있도록 도와준다.
c. 고객이 여러 가지 아이디어와 해결방안들을 탐구하고, 선택 방법들을 평가하고, 결정을 내리게 한다.
d. 고객이 코칭 중에 토의하고 배운 것을 직장이나 개인생활 속에서 즉시 적용할 수 있도록 적극적인 실험과 자기발견을 도와준다.
e. 고객의 성공과 미래의 성장 능력을 축하해 준다.
f. 새로운 생각을 하고 새로운 행동 가능성을 발견하도록 고객의 사고와 시각에 도전한다.
g. 고객이 자신의 목표와 방향이 일치하는 전향적 관점을 갖게 하거나 갖도록 지원하고, 자유롭게 그러한 관점을 고려하게 한다.
h. 코칭 중에 고객이 "당장 실행하도록" 도와주고 즉각적으로 지원한다.
i. 더 많이 노력하고 도전하도록 고무하되, 학습이 편안한 속도로 이루어지게 한다.

• 계획수립과 목표 설정
- 고객과 함께 효과적인 코칭계획을 수립하고 유지할 수 있는 능력

a. 고객과 함께 수집된 정보를 종합 정리하고, 학습 및 개발이 필요한 관심사를 다루기 위한 코칭 계획과 개발 목표를 정한다.
b. 달성 가능하고, 특정 가능하고, 구체적이고, 완수 날짜가 정해진 목표를 정하고 계획을 수립한다.
c. 코칭 과정에서 필요성이 입증되고 상황이 변하면 계획을 수정한다.

d. 고객이 학습을 위해 다른 자원(이를테면, 책이나 다른 전문인들)을 찾아서 이용할 수 있도록 도와준다.

e. 고객에게 중요한 초기의 성공을 목표로 정한다.

• 진행 상황과 책임 관리
– 고객이 중요한 것에 주의를 집중하게 하고, 그에게 행동의 책임을 부여할 수 있는 능력

a. 고객에게 스스로 정한 목표를 향해 나아가기 위해 행동을 취해 줄 것을 분명하게 요구한다.

b. 고객에게 지난번 코칭에서 약속했던 행동에 대해 질문하고 진행 상황을 점검한다.

c. 고객이 지난번 코칭 이후 했거나 하지 않은 것, 배운 것, 알게 된 것을 인정해 준다.

d. 고객과 함께 코칭 중에 얻은 정보를 효과적으로 준비하고, 정리하고, 검토한다.

e. 고객이 코칭계획과 그 결과, 합의한 행동계획, 그리고 앞으로의 코칭 주제에 주의를 기울이게 함으로써 고객이 계획대로 움직이게 한다.

f. 코칭계획에 초점을 맞추되 코칭프로세스와 코칭 중에 방향 전환이 일어나면 언제라도 태도와 행동을 수정한다.

g. 큰 그림 속에서 현재의 상황을 점검하며, 목표와 현재의 상황 사이를 자유롭게 오갈 수 있다.

h. 고객의 자기규율을 강화시키고 그의 약속, 의도된 행동의 결과, 혹은 시한이 정해진 구체적 계획에 대해 책임을 지게 한다.

i. 고객이 결정을 내리고 핵심 관심 사항을 다루고, 자신을 개발할 수 있는 능력을 키워 준다(피드백을 얻고, 최우선 목표를 정하고, 학습 속도를 정하고, 경험을 되돌아보고, 경험을 배우게 한다).

j. 고객이 합의한 행동을 취하지 않았을 때는 단호하지만 긍정적 태도로 그 사실을 지적해 준다.

• 국제코치연맹이 정한 코치의 11가지 역량과 이 교재의 목차를 연결해 보자.

그룹	no	코치 역량	모듈	소주제
기초 세우기	1	윤리 지침과 직업 기준 충족시키기		
	2	코칭 동의서 만들기, 코칭관계에 합의하기		
관계의 공동 구축	3	고객과의 신뢰 및 친밀감 조성, 친분 쌓기		
	4	함께해 주는 코칭, 코치로서의 존재감		
효과적인 의사소통	5	적극적으로 경청하기		
	6	강력한 질문하기, 효과적인 질문하기		
	7	직접 대화법, 직접적인 커뮤니케이션		
배움과 결과촉진	8	자각 인식하기, 의식 확대하기		
	9	행동 설계하기		
	10	계획 수립과 목표 설정, 세부 실행계획		
	11	진행 상황과 책임 관리		

6. Module 정리

배운 점	
느낀 점	
실천할 점	

PART

13

인성계발을 위한 그룹코칭

학습목표

1. 그룹으로 진행하는 인성코칭을 통해 상호작용을 이해할 수 있다.

2. 그룹코칭에 필요한 역량인 신뢰와 중립성을 활용할 수 있다.

3. 인성계발에서 회복탄력성을 적용할 수 있다.

인성계발을 위한 그룹코칭

그룹코칭 중심 설계는 리더들이 합의한 공통의 코칭 목표를 달성할 필요가 있을 때 적합하다. 그룹코칭의 장점은 각자 팀장의 역할을 수행하면서 직면했던 다양한 리더십 문제에 대한 해답을 찾게 되고 리더십 역량을 동일 수준으로 끌어 올리는 데 있다. 효과적인 코칭으로 팀장의 역할에 대한 눈높이와 상사와의 소통을 활성화할 수 있으며 팀의 효과성을 높이는 데 초점을 둔다. 그룹코칭 진행 중에 팀별로 개인 코칭 기회를 주어 그룹코칭에서 논의할 수 없는 개인 문제를 코치와 대화할 수 있도록 설계하면 더욱 효율적이다.

그룹코칭을 하는 경우에는 집단을 5~6명 정도 그룹으로 편성하고, 주제나 분석단계별로 진단 결과를 공유한다.

코칭 대상자에게 진단 결과에 대한 자기 피드백을 요청하면서 진단 결과를 보고 느낀 점, 생각하게 된 점을 서로 공유하게 된다. 또한 자신의 감정과 개발에 필요한 점도 제시할 수 있다.

1. 인성계발 그룹코칭 프로세스

- 공감을 공감하기
- 칠전팔기 마음 찾기
- 실천표지판 만들기

2. 공감을 공감하기(by 프로세스코칭)

- Equal: 내가 생각하는 공감은 (   )과 같다.
- Needs: 공감은 이런 이유로 꼭 필요한 것이다.
- Obstacle: 그러나 공감에는 이런 어려움이 예상된다.
- Way: 공감을 잘 할 수 있는 방안 찾기

〈표 13-1〉 공감하기

Equal	Needs
Obstacle	Way

3. 칠전팔기 마음 찾기

• 회복탄력성 9가지 중 8가지 마음(≠ 만다라트)

	감정 조절력			충동 통제력			원인 분석력	
	소통 능력			공감 능력			자아 확장력	
	자아 낙관성			생활 만족도			감사	

4. 실천표지판 만들기

- 개인별 활동
- 1인당 컬러 하드스틱(약 15cm 길이) 8개 및 접착제를 나눠 준다.
- 인성계발을 위해 앞으로 3개월간 실천해야 할 5가지를 하드스틱에 적는다.
- 하드스틱 2개는 지지대로, 1개는 이름표로, 5개는 실천사항으로 활용한다.

[그림 13-1] 실천표지판

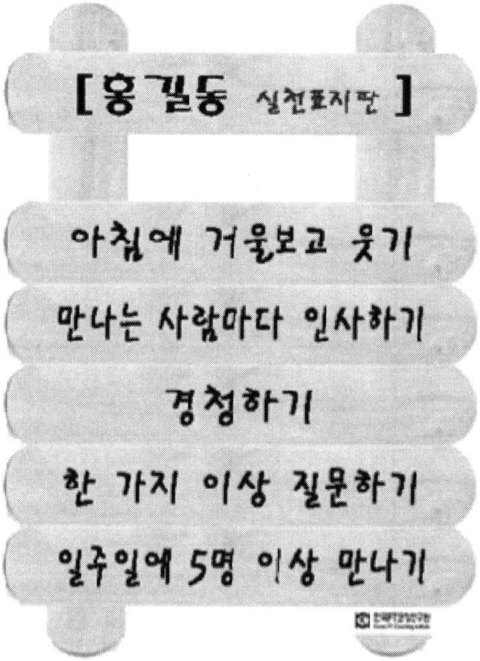

5. Module 정리

배운 점	
느낀 점	
실천할 점	

텔레(Tele)코칭 클래스

학습목표

1. 실제로 인성코칭을 실습함으로써 코칭능력을 배양한다.

2. 다른 사람들의 인성코칭 현장을 관찰한다.

3. 자신감을 얻어 고객과의 인성코칭 세션에 적용할 수 있다.

M7 텔레(Tele)코칭 클래스

90분 세션 2회에 걸쳐 다자간 통화 방식으로 수업 진행

1. 참가자 확인

- 출석 확인
- 그동안의 삶 나눔

2. 과제 점검

- 개인별 과제 점검
- 질의 응답

3. 코칭 시연

- 코치 1인 고객 1인 선정
- 관찰자 노트 기록

4. 피드백

- 고객의 피드백
- 코치의 피드백
- 관찰자들의 피드백
- FT강사의 피드백

5. Q&A

- 배우고 느낀 점 공유
- 개인별 과제 선정

6. Module 정리

배운 점	
느낀 점	
실천할 점	

부록

진로탐색을 위한 그룹코칭

◎ 직업의 종류 및 직업심리검사
• 한국산업인력공단이 운영하는 국가직무능력표준(ncs.go.kr)
 – NCS 및 학습 모듈 탐색 → 분야별 검색
 – 참고자료 "NCS(국가직무능력표준) 분야별 세분류" 참조

• 고용노동부가 운영하는 워크넷(work.go.kr)
 – 직업·진로 → 직업 정보 → 분류별로 찾기

• 교육부가 운영하는 커리어넷(caeer.go.kr)
 – 직업·학과정보 → 직업 정보

• 직업심리검사(워크넷 work.go.kr)
 – 직업·진로 → 직업심리검사 → 직업심리검사실시

① 청소년 대상 심리검사

청소년 직업흥미검사, 고등학생 적성검사, 청소년 적성검사(중학생용), 직업가치관검사, 청소년 진로발달검사, 청소년 직업인성검사 단축형, 청소년 직업인성검사 전체형, 고교계열흥미검사, 대학전공(학과) 흥미검사, 초등학생 진로인식검사

② 성인 대상 심리검사

성인용직업적성검사, 직업선호도검사 S형, 직업선호도검사 L형, 구직준비도검사, 창업적성검사, 직업전환검사, 직업가지관검사, 영업직무 기본역량검사, IT직무 기본역량검사, 준고령자 직업선호도검사, 대학생 진로준비도검사, 이주민 취업준비도 검사, 중장년 직업역량검사

◎ 진로탐색 그룹코칭 프로세스
• 다중지능 활용 경험그리기

- 성공경험을 통한 강점찾기
- 강점에서 출발하는 인과관계도
- 강점 강화를 위한 로드맵(실행계획) 작성

◎ 다중지능 활용 경험그리기
- 둘씩 짝을 지어 가장 성공했던 순간을 서로 인터뷰한다.
- 모조전지에 크레파스로 자신의 앞자리에 그림을 그린다.
- 주제는 "가장 성공했던 순간"이다.
- 그림에 기호나 말풍선 등을 추가할 수 있다.
- 돌아가며 자신의 경험을 이야기한다.

◎ 성공 경험을 통한 강점 찾기
- 둘씩 짝을 짓는다.
- A4용지나 노트를 준비하여 인터뷰에 임한다.
- 살아오면서 가장 성공했던 사건에 대해 서로 인터뷰를 한다.
  - 살아오면서 가장 성공한 어떤 사건이 있었나요?
  - 그 사건 속에 당신은 어떤 역할을 했나요?
  - 성공한 상황 속에서 무엇을 느끼셨나요?
  - 당신의 어떤 점이 그렇게 성공할 수 있도록 동기부여가 되었나요?
  - 기자 역할(인터뷰)을 한 사람이 발표를 한다.

- 동기부여 관련 참고사항
  - 이 일을 하면 재미있다.
  - 이 일은 어떤 상황에서나 편안하고 일관성이 있다.
  - 이 일을 하면 의미가 있고 가치가 느껴진다.
  - 이 일을 하면 성과가 높고 또 하고 싶다.
  - 이 일로 인정받는 일이 많다.
  - 이 일은 자신에게 동기를 부여한다.
  - 이 일을 할 때 열정이 나온다.
  - 이 일은 희생을 감수해서라도 하고 싶다.

– 이 일은 논과 시산을 가상 낳이 사용한나.

• 분야별 강점
– 직업
– 자기개발
– 취미

◎ 강점에서 출발하는 인과관계도
• 세 사람씩 한 조가 된다.
• 분야별로 접착메모지에 기록한 강점 3가지씩을 테이블 위의 모조전지 중간 정도에 가로로 나란히 붙인다.
• 강점을 충분히 발휘하기 위해 필요한 아이디어는 꼬리로 확장한다.
• 강점을 발휘하면 이루어지는 결과는 머리로 확장한다.

[그림 부록-1]

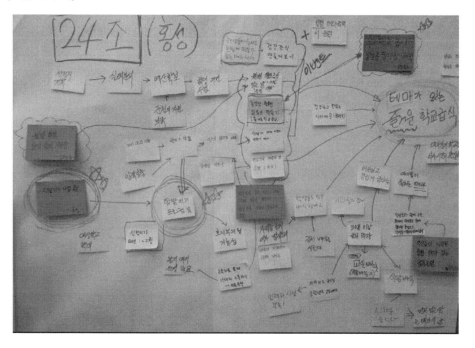

◎ 강점 강화를 위한 로드맵(실행계획) 작성

• 개인별로 작성한다.

강점 강화 실행 계획	기간	승인자(A)	조언자(C)	전달자(E)

관찰자 노트

단계	체크할 사항	잘한 점	개선 점
1. Hand 라포형성	안전한 분위기 조성? 편안한 관계 형성?		
2. Underline 목표설정	구체적인 목표설정? 목표의 수준 탐색? 목표의 명료화?		
3. Mapping 가능성	현재 상황 이해? 다른 생각회로? 확장?		
4. Action 실행계획	다양한 실행계획? SMART 기준으로 체크?		
5. Nature 마무리	후원환경 조성? 요점정리와 차기 약속?		

단계	체크할 사항	잘한 점	개선 점
1. Hand 라포형성	안전한 분위기 조성? 편안한 관계 형성?		
2. Underline 목표설정	구체적인 목표설정? 목표의 수준 탐색? 목표의 명료화?		
3. Mapping 가능성	현재 상황 이해? 다른 생각회로? 확장?		
4. Action 실행계획	다양한 실행계획? SMART 기준으로 체크?		
5. Nature 마무리	후원환경 조성? 요점정리와 차기 약속?		

코칭대화모델 연습노트

고객명함		연락처	
날 짜		시간	
코칭주제			
코칭대화모델	주요 질문		답변
1. Hand			
2. 라포형성			
3. Mapping			
4. Action plan			
5. Nature			.
깨달음			
피드백			
소감			
차기 일정			

고객명함			연락처	
날 짜			시간	
코칭주제				
코칭대화모델	주요 질문		답변	
1. Hand				
2. 라포형성				
3. Mapping				
4. Action plan				
5. Nature				
깨달음				
피드백				
소감				
차기 일정				

코칭실습리스트

고객명	날짜 (연/월/일)	시간 (시작~끝)	유료 시간(분)	무료 시간(분)	코치더 코치(분)	코칭 형태	연락처 (전화/ 이메일)
코칭실습시간 합계							

고객명	날짜 (연/월/일)	시간 (시작~끝)	유료 시간(분)	무료 시간(분)	코치더 코치(분)	코칭 형태	연락처 (전화/ 이메일)
코칭실습시간 합계							

수료식

- 수료증 수여

- 기 회장 선출

- 총무 지명

NOTE

인성코칭과정 강의평가 설문

인성코칭 워크숍에 대한 전반적인 만족도는 어느 정도입니까?

(1) 매우 낮다. (2) 낮다. (3) 보통. (4) 높다. (5) 매우 높다.

2. 인성코칭 워크숍 중 가장 도움이 되었던 것은 어떤 내용입니까?

3. 인성코칭과정의 개선점이나 제안사항은?

4. 인성코칭과정 참여에 추천하고 싶은 지인은?

성함	연락처

작성 후 사진을 찍어 FT강사에게 문자로 보내주세요.

한국FT연구원 귀중

코치 인증 절차

ACPK 지원(한국코치협회)

코치인증자격	KAC	KPC	KSC
지원자격		KAC 취득 후 6개월 이상	KPC 취득 후 1년 이상
지원서	별도 양식		
서약서	코치윤리강령준수 서약서		
교육기간	20시간	60시간	150시간
코칭시간	50시간	200시간	800시간
멘토코칭시간		2개월 이상 5시간	3개월 이상 10시간
코치더코치 받기		KAC 취득 후 5시간	KPC 취득 후 10시간
고객추천서	2인 각 1통(총 2통)		
코치추천서	2인 KAC 이상으로부터 각1통(총 2통)	2인 KPC로부터 각 1통 (총 2통)	2인 KSC로부터 각 1통(총 2통)
필기시험	온라인으로 실시		에세이 제출
실기시험	15분 시연	20분 시연	30~40분 시연
인증심사비	20만 원	30만 원	40만 원
코치자격 유지기간	3년 주기 연장	5년 주기 연장	
인증 후 보수교육사항	-30시간/3년	-50시간/5년	-50시간/5년
의무사항	-인증 후 인증자격별 자격유지보수교육 필수 인증자격 유지를 위해서는 협회 정회원 이상의 자격을 유지해야 함		

- KPC 응시를 위한 교육시간 60시간 중 기본인증프로그램은 최대 20시간이 인정되며, 심화 인증프로그램 20시간 이후는 필수이다. 나머지 20시간 이상은 심화 또는 역량강화 인증 프로그램 중 선택할 수 있다.
- 한국FT코칭연구원은 (사)한국코치협회 인증 심화프로그램 "러닝코칭" (ACPK01148)과 역량프로그램 "프로세스코칭"(ACPK01115)이 있다.

(사)한국코치협회 윤리 규정

윤리강령

1. 코치는 개인적인 차원뿐 아니라 공공과 사회의 이익도 우선으로 합니다.
2. 코치는 승승의 원칙에 의거하여 개인, 조직, 기관, 단체와 협력합니다.
3. 코치는 지속적인 성장을 위해 학습합니다.
4. 코치는 신의 성실성의 원칙에 의거하여 행동합니다.

윤리강령

제1장 기본윤리

제1조(사명)
1. 코치는 한국코치협회의 윤리 규정에 준거하여 행동합니다.
2. 코치는 코칭이 고객의 존재, 삶, 성공, 그리고 행복과 연결하여 있음을 인지합니다.
3. 코치는 고객의 잠재력을 극대화하고 최상의 가치를 실현하도록 돕기 위해 부단한 자기성찰과 끊임없이 공부하는 평생학습자(life learner)가 되어야 합니다.
4. 코치는 자신의 전문분야와 삶에 있어서 고객의 Role 모델이 되어야 합니다.

제2조(외국윤리의 준수)
코치는 국제적인 활동을 함에 있어 외국의 코치 윤리 규정도 존중하여야 합니다.

제2장 코칭에 관한 윤리

제3조(코칭 안내 및 홍보)
코치는 코칭에 대한 전반적인 이해나 지지를 해치는 행위는 일절 하지 않습니다.

코치는 코치와 코치단체의 명예와 신용을 해치는 행위를 하지 않습니다.

코치는 고객에게 코칭을 통해 얻을 수 있는 성과에 대해서 이도저으로 과장하거나 축소하는 등의 부당한 주장을 하지 않습니다.

코치는 자신의 경력, 실적, 역량, 개발 프로그램 등에 관하여 과대하게 선전하거나 광고하지 않습니다.

제4조(접근법)

코치는 다양한 코칭 접근법(approach)을 존중합니다. 코치는 다른 사람들의 노력이나 공헌을 존중합니다.

코치는 고객이 자신 이외의 코치 또는 다른 접근 방법(심리치료, 컨설팅 등)이 더 유효하다고 판단되어질 때 고객과 상의하고 변경을 실시하도록 촉구합니다.

제5조(코칭 연구)

코치는 전문적 능력에 근거하며 과학적 기준의 범위 내에서 연구를 실시하고 보고합니다.

코치는 연구를 실시할 때 관계자로부터 허가 또는 동의를 얻은 후 모든 불이익으로부터 참가자가 보호되는 형태로 연구를 실시합니다.

코치는 우리나라의 법률에 준거해 연구합니다.

제3장 직무에 대한 윤리

제6조(성실 의무)

코치는 고객에게 항상 친절하고 최선을 다하며 성실하여야 합니다.

코치는 자신의 능력, 기술, 경험을 정확하게 인식합니다.

코치는 업무에 지장을 주는 개인적인 문제를 인식하도록 노력합니다. 필요할 경우 코칭의 일시 중단 또는 종료가 적절할지 등을 결정하고 고객과 합의합니다.

코치는 고객의 모든 결정을 존중합니다.

제7조(시작 전 확인)

코치는 최초의 세션 이전에 코칭의 본질, 비밀을 지킬 의무의 범위, 지불 조건 및 그 외의 코칭 계약 조건을 이해하도록 설명합니다.

코치는 고객이 어느 시점에서도 코칭을 종료할 수 있는 권리가 있음을 알립니다.

제8조(직무)

코치는 고객, 혹은 고객 후보자에게 오해를 부를 우려가 있는 정보 전달이나 충고를 하지 않습니다.

코치는 고객과 부적절한 거래 관계를 가지지 않으며 개인적, 직업적, 금전적인 이익을 위해 의도적으로 이용하지 않습니다.

코치는 고객이 고객 스스로나 타인에게 위험을 미칠 의사를 분명히 했을 경우 한국코치협회 윤리위원회에 전달하고 필요한 절차를 취합니다.

제4장 고객에 대한 윤리

제9조(비밀의 의무)

코치는 법이 요구하는 경우를 제외하고 고객의 정보에 대한 비밀을 지킵니다.

코치는 고객의 이름이나 그 외의 고객 특정 정보를 공개 또는 발표하기 전에 고객의 동의를 얻습니다.

코치는 보수를 지불하는 사람에게 고객 정보를 전하기 전에 고객의 동의를 얻습니다.

코치는 코칭의 실시에 관한 모든 작업 기록을 정확하게 작성, 보존, 보관, 파기합니다.

제10조(이해의 대립)

코치는 자신과 고객의 이해가 대립되지 않게 노력합니다. 만일 이해의 대립이 생기거나 그 우려가 생겼을 경우, 코치는 그것을 고객에게 숨기지 않고 분명히 하며, 고객과 함께 좋은 대처방법을 찾기 위해 검토합니다.

코치는 코칭관계를 해치지 않는 범위 내에서 코칭 비용 서비스, 물품 또는 다른 비금전적인 것으로 상호교환(barter)할 수 있습니다.

부칙

제1조 이 윤리 규정은 2012년 1월 1일부터 시행한다.

제2조 이 윤리 규정은 언급되지 않은 사항은 한국코치협회 윤리위원회의 내규에 준한다.

윤리 규정에 대한 맹세

나는 전문코치로서 (사)한국코치협회 윤리 규정을 이해하고 다음의 내용에 준수합니다.

1. 코치는 개인적인 차원뿐 아니라 공공과 사회의 이익을 우선으로 합니다.
2. 코치는 승승의 원칙에 의거하여 개인, 조직, 기관, 단체와 협력합니다.
3. 코치는 지속적인 성장을 위해 학습합니다.
4. 코치는 신의 성실성의 원칙에 의거하여 행동합니다.

만일 내가 (사)한국코치협회의 윤리 규정을 위반하였을 경우, (사)한국코치협회가 나에게 그 행동에 대한 책임을 물을 수 있다는 것에 동의하며, (사)한국코치협회 윤리위원회의 심의를 통해 법적인 조치 또는 (사)한국코치협회의 회원자격, 인증코치자격이 취소될 수 있음을 분명히 인지하고 있습니다.

과정 정리

배운 점	
느낀 점	
실천할 점	

색인

영문 색인

참고문헌

|국내문헌|

강선보(2015) "인성교육을 위한 '핵심 가치덕목'과 '핵심역량'의 연구 모형에 관한 고찰" 교육의 이론과 실천 Vol20(2), 21 – 45.

게리콜린스, 양형주 외(2011). 《코칭바이블》. IVP.

김기수, 전재완, 한하늘(2011). 《경영학원론》. 백산출판사.

김기숙(2003) 《코메니우스의 인간성 교육론과 기독교 대학》. 한들출판사.

김상복(2017) 《코칭튠업 21》. 한국코칭수퍼비전 아카데미.

김성철(2007). 《사회복지적 리더십》. 한국학술정보(주).

김성철(2012). 《복지경영론》.한국평화사회복지연구소.

김성철(2016). 《복지경영론》. 한국평화사회복지연구소.

김성철외(2013). 《사회복지시설경영론》. 양서원.

김성철(2018). 《사회복지경영학》. 공동체.

김용범(2010). 《사회복지행정실무》. 양서원.

김은성(2011). 《나를 변화시키는 지저스 코칭》. 위즈덤하우스.

김정린(2005). 《비영리조직 경영》. 아르케.

김주환(2011). 《회복탄력성》. 위즈덤하우스.

김찬목(2013). "기독교 교육에 대한 지각수준이 영성과 인성에 미치는 영향" 로고스경영연구, Vol.11(4), 221 – 246.

김찬아(2008). 사회복지 비영리조직의 기금조성을 위한 PR활동의 의미공유와 기부동기. 한국학술정보(주).

데니스 영 리차드 스타인버그(2008). 《비영리 경제학》. 이형진 역. 아르케.

도모생애교육연구소(2001). 《비영리단체 비정부기구의 전략경영과 기금 개발》. 예영커뮤니케이션.

린 업쇼(2012). 《정직이 전략이다》. 미다스 북스.

마셜 B · 캐서린 한(2017). 《비폭력 대화》. 한국NVC출판사.

문순영(2005). 《한국의 민간 비영리 사회복지부문에 대한 이해》. 한국학술정보(주).

빌 & 수 뱅크스 · 최아성 외(2006). 《혼의 묶임을 파쇄하라》. 순전한나드.

사카구치 다이와(2008). 《경영학 산책》. 김하경 역. 비즈니스 맵.

성세실리아 · 조대연(2016). "HRD 분야에서 코칭관련 연구 동향 탐색: 2000 – 2015년 국내

학술지 중심으로" HRD연구. 11(3) 1-24.

손원익·박태규 외(2012).《민간비영리조직을 통한 재정지출의 효율성 제고방안 - 문화예술
　　분야를 중심으로》. 한국조세연구원.

신수림(2019). "역량학적 관점에서의 인성에 대한 고찰 - 인성지능을 중심으로" 교양교육
　　연구학회. p.429-447.

심재영(2012).《비영리조직경영론》. 한국방송통신대학교.

심재영(2014).《정부 및 비영리조직 회계기준의 생성과 발전》. 에스피테메.

스즈키 도모코(2005).《Smile days》. 명진출판사.

안광호 외(2007).《마케팅원론》. 6판. 학현사.

알프레드 아들러·홍혜경(2017).《아들러의 인간이해》. 을유문화사.

앤서니 기든스·김미숙 외(2018).《현대 사회학》. 을유문화사.

에노모토 히데타케·황소연(2004).《마법의 코칭》. 새로운 제안.

에드가 스토에스 외(1997).《비영리단체 경영핸드북》. 권영석 역. 참미디어.

오세진 외(2005).《비영리조직 품질경영》. 창지사.

오현주(2017). "무배우자 남성노인의 성생활 경험과 그 의미에 대한 근거이론 연구" 서울
　　신학대학교 박사논문.

원종학·손원익 외(2011). 복지사업 효율성 제고방안. 한국조세연구원.

윤미선(2016). "기독교적 인성 개념 측면에서 본 디지털 사회의 인성 연구" 서울여자대학
　　교 박사논문. p. 116-119.

윤홍준(2013).《성균관대학교 인성교육 강화방안 추계전국학술대회 자료집》.

이동규(2009).《정부 및 비영리조직의 회계》. 선학사.

이동운(2017).《코칭의 정석》. 뷰티플 휴먼.

이원규(2006).《비영리조직운영》. 예영커뮤니케이션.

이정숙(2009).《셀프코칭의기술》. 청림출판사.

이종복 외(2013).《사회복지시설경영론》. 양서원.

이태식 외(2009).《경영학의 이해》. 삼영사.

이해익·김정훈(2011).《운영관리론(비영리조직)》. 양서원.

이학식(2010).《마케팅》. 법문사

이학식(2013).《마케팅》. 법문사.

이현승, 김현진(2004).《늙어가는 대한민국》. 삼성경제연구소.

이학식(2013).《마케팅조사》. 집현재.

임창희(2011).《경영학원론》. 학현사.

임태순(2010).《행복한 생활경영》. 교문사.

장미화·탁진국(2019). "국내 코칭과 조직유효성의 관계: 체계적 문헌고찰 및 메타분석 " 한국인적자원개발학회 Vol.21, pp.189－219.

장창우(2015).《인성교육의 이해와 실천》. 교육과학사 69－72.

조벽(2016).《인성이 실력이다》. 해냄출판사.

조성진(2019).《코칭에센스》. 양성원.

조성진(2020) "PBL과 코칭을 활용한 대학 교양수업 개발 연구 – 인성 교과목을 중심으로" 한국교양교육학회 14(4), 67－80.

조영재(2014).《비영리법인 회계와 세무 실무》. 삼일인포마인.

정익준(1999).《비영리조직 마케팅》. 영풍문고.

제프리 페퍼(2009). 포스코경영연구소.《사람이 경쟁력이다》. 21세기북스.

지그문트 바우만(2009).《액체근대》. 이일수 역. 강.

지은구(2012).《비영리조직변화연구. 청목출판사.

칼로저스(2000).《카운셀링의 이론과 실제》. 학지사.

키비 르루(2012).《비영리마케팅》. 조성숙 역. 신정.

폴라이트(2013).《비영리조직의 역량강화》. 박시종 역. 나남.

피터 드러커(1995).《비영리단체의 경영》. 현영하 역. 한국경제신문사.

피터 드러커(2002).《자본주의 이후의 사회》. 이재규 역. 한국경제신문사.

필립코틀러 & 케빈켈러(2006).《마케팅관리론》. 12판. 윤훈현 역. 석정출판사.

한국코치협회(2020) www.kcoach.or.kr.

현외성외(2013).《사회복지시설운영론》. 양서원.

홍삼열(1999).《정보화시대의 영적문제와 치유 1, 2권》. 은혜출판사.

홍삼열(2003).《하나님의 능력에 접속하라》. 토기장이.

홍삼열외(2011).《트위터와 페이스북의 선교적 활용》. 프리칭아카데미.

홍삼열(2017).《프로세스코칭 워크북》. 좋은땅.

홍삼열(2018).《인성코칭 워크북》. 좋은땅.

홍삼열(2019).《러닝코칭 워크북》. 좋은땅.

홍삼열외(2018).《목회코칭 리더십」. 좋은땅.

홍삼열외(2020).《임마누엘코칭》. 좋은땅.

Lawrence L. Martin(2007).《사회복지행정가를 위한 재무관리》. 양서원.

LG 경제연구원(2010).《2020 새로운 미래가 온다》. 한즈미디어(주).

TALC(2015)《TALC 조직의 가면을 벗어라: 코칭으로 만드는 미래》. 인코칭.

|국외문헌|

Adrian Sargeant(1999). *Marketing management for nonprofit organizations.* SAGE.

Chao Guo & Wolfgang Bielefeld(2014). *Social Entrepreneurship : An Evidence−Based Approach to Creating Social Value(Bryson Series in Public and Nonprofit).*

David, M. Austin. *Human Service Management Organizational Leadership in Social Work Practice.*

David O. Renz(2010). *The Jossey−Bass Handbook of Nonprofit Leadership and Management.*

David Whitford(2007). *The strange existence of Ram Charan, ,* Fortune, April 24, 2007; accessed online May 3, 2007

Georgia Levenson Keohane(2013). *Social Entrepreneurship for the 21st Century : Innovation Across the Nonprofit, Private, and Public Sectors.*

Judith A. Lewis & Thomas R. Packard(2011). *Management of Human Service Programs*(SW 393T 16−Social Work Leadership in Human Services Organizations)

Helmut K. Anheier(2014). *Nonprofit Organizations : Theory, Management, Policy.* Routledge. Michael J. Worth(2008). *Nonprofit Management : Principles and Practice.* SAGE.

Seligman, M. E. P(2000) Positive psychology: An introduction American Psychologist: 1, 5−14

|인터넷 사이트|

고용노동부 http://www.molab.go.kr/

고용보험 http://www.ei.go.kr/

김성철

학력사항

서울신학대학교(B.A, 사회복지학)

서울신학대학교(M.Div, NPO Mission)

중앙대학교 일반대학원(M.A, 사회복지정책학)

숭실대학교 일반대학원(Ph.D, 사회복지정책행정학)

인천대학교 일반대학원(Ph.D.cand, NPO Management)

경력사항

사회보장정보원 평가위원

보건복지부 사회복지기관 평가위원

한국복지경영학회장

백석대 보건복지대학원장

백석대 대학원 복지경영학, NPO경영학 전공교수

연구실적

김성철(2015). 《변화하는 사회속에서 복지경영의 필요성에 대한 고찰》. 유관순연구소.

김성철(2016). 《섬김의 리더십과 자원봉사자의 역할과 비전》. 유관순연구소.

김성철(2020). 《사회갈등해결을 위한 Matthieu Ricard와 R.M Titmuss의 "Altruism"의 탐색 고찰》. 유관순연구소.

지서

김성철 외(2017). 《NCS사회복지현장실무론》. 양서원.

김성철 외(2018). 《사회복지경영리더십》. 21세기사.

김성철(2018). 《사회복지경영학》. 공동체.

김성철(2019). 《사회복지실천학》. 공동체.

김성철 외(2020). 《사회복지행정론》. 양성원.

김성철 외(2020). 《자원봉사론》. 양성원.

김성철 외(2020). 《가족복지론》. 양성원 외 다수.

오현주

학력사항
서울신학대학교 사회복지대학원(사회복지학석사)
서울신학대학교 일반대학원(Ph.D.사회복지학)

경력사항
한국복지경영&코칭연구원 대표 / 현주재가노인복지센타장
(사)한국코치협회 인증 전문코치(KPC)
MBTI 일반 강사
한국산업관계연구원 연구위원
한국평화사회복지연구소 연구원
사회복지정보자원연구소 연구원

연구실적
오현주 외(2011). "노인장기요양서비스 만족도 및 욕구조사 보고서" (사)서울가톨릭사회복지회.
오현주 외(2013). "강화복지재단 설립 타당성 및 운영방향에 대한 연구" 강화군청.
오현주(2015). 《양로시설에서의 문제노인에 대한 대응책 연구》. 사회복지정보자원.
오현주 외(2016). "한국여성노인의 삶의 질 실태조사 −노인인권과 학대를 중심으로−" 성
　　안나재단 연구보고서.
오현주(2017). 《무배우자 남성노인의 성생활 경험과 그 의미에 대한 근거이론 연구》. 서울
　　신학대학교.
오현주 외(2017). 《독신 남성노인의 성생활 경험과 유형에 관한 연구》. 인문사회과학기술
　　융합학회.
오현주(2018). 《사회복지사 역량과 코치역량에 관한 탐색 연구》. 인문사회과학기술융합학회.

저서

오현주 외(2020). 《사회복지실천기술론》. 양성원.

오현주 외(2020). 《지역사회복지론》. 양성원.

오현주 외(2021). 《노인복지론》. 양성원.

오현주 외(2021). 《여성복지론》. 양성원.

홍삼열

학력사항

California Graduate School of Theology(M.Div, 리더십)

Benjamin University(D.Min, 조직신학)

국립순천대학교 정보과학대학원(이학석사, e-비즈니스)

국립순천대학교 대학원(Ph.D, 조직코칭/집단지성)

경력사항

한국FT코칭연구원 대표 / 기독교대한성결교회 한국코칭선교회 대표

(사)한국코치협회 인증 전문코치(KPC)

America Evangelical University 교수

한국퍼실리테이터협회 인증 전문퍼실리테이터(CPF)

(사)한국코치협회 이사 역임

(사)한국코치협회 기독교코칭센터 초대센터장 역임

행정안전부 실패박람회 민간기획단 위원 역임

연구실적

홍삼열(2012). 《Study on the Effect of Social Network Service on the Formation of Social Capital》. Socail Media & Application.

홍삼열(2015). 《집단지성과 프로세스코치 연구》. 한국전자통신학회.

홍삼열(2017). 《코치역량의 구성요소와 인성덕목간의 관계에 대한 탐색적 연구》. 인적자원 개발학회.

저서

홍산열(2009). 《하나님의 능력에 접속하라》. 투기장이.

홍삼열(2017). 《프로세스코칭 워크북》. 좋은땅.

홍삼열(2018). 《인성코칭 워크북》. 좋은땅.

홍삼열(2019). 《러닝코칭 워크북》. 좋은땅.

홍삼열외(2018). 《목회코칭 리더십》. 좋은땅.

홍삼열외(2019). 《공동체개발ISP》. 좋은땅.

홍삼열외(2020). 《임마누엘코칭》. 좋은땅.

비영리경영과 인성코칭

초판발행	2021년 7월 20일
지은이	김성철·오현주·홍삼열
펴낸이	안종만·안상준
편 집	배규호
기획/마케팅	정연환
표지디자인	BEN STORY
제 작	고철민·조영환
펴낸곳	(주)**박영사**
	서울특별시 금천구 가산디지털2로 53, 210호(가산동, 한라시그마밸리)
	등록 1959. 3. 11. 제300-1959-1호(倫)
전 화	02)733-6771
f a x	02)736-4818
e-mail	pys@pybook.co.kr
homepage	www.pybook.co.kr
ISBN	979-11-303-1292-7 93320

정 가	20,000원